Guía Visual de Introducción a la Informática

AF859613

Juan Diego Pérez Villa

ANAYA MULTIMEDIA

GUIAS VISUALES

RESPONSABLE EDITORIAL:
Victor Manuel Ruiz Calderón
Susana Krahe Pérez-Rubín

ILUSTRACIÓN DE CUBIERTA:
Sandra Cordova Yusta

Todos los nombres propios de programas, sistemas operativos, equipos hardware, etc. que aparecen en este libro son marcas registradas de sus respectivas compañías u organizaciones.

Reservados todos los derechos. El contenido de esta obra está protegido por la Ley, que establece penas de prisión y/o multas, además de las correspondientes indemnizaciones por daños y perjuicios, para quienes reprodujeren, plagiaren, distribuyeren o comunicaren públicamente, en todo o en parte, una obra literaria, artística o científica, o su transformación, interpretación o ejecución artística fijada en cualquier tipo de soporte o comunicada a través de cualquier medio, sin la preceptiva autorización.

Edición española:
© EDICIONES ANAYA MULTIMEDIA (Grupo Anaya, S.A.), 2008
Juan Ignacio Luca de Tena, 15. 28027 Madrid
Depósito legal: M-45.801-2007
ISBN: 978-84-415-2308-1
Printed in Spain
Imprime: Peñalara, S. A. - Fuenlabrada (Madrid)

Capítulo 1
¿Qué es la informática?

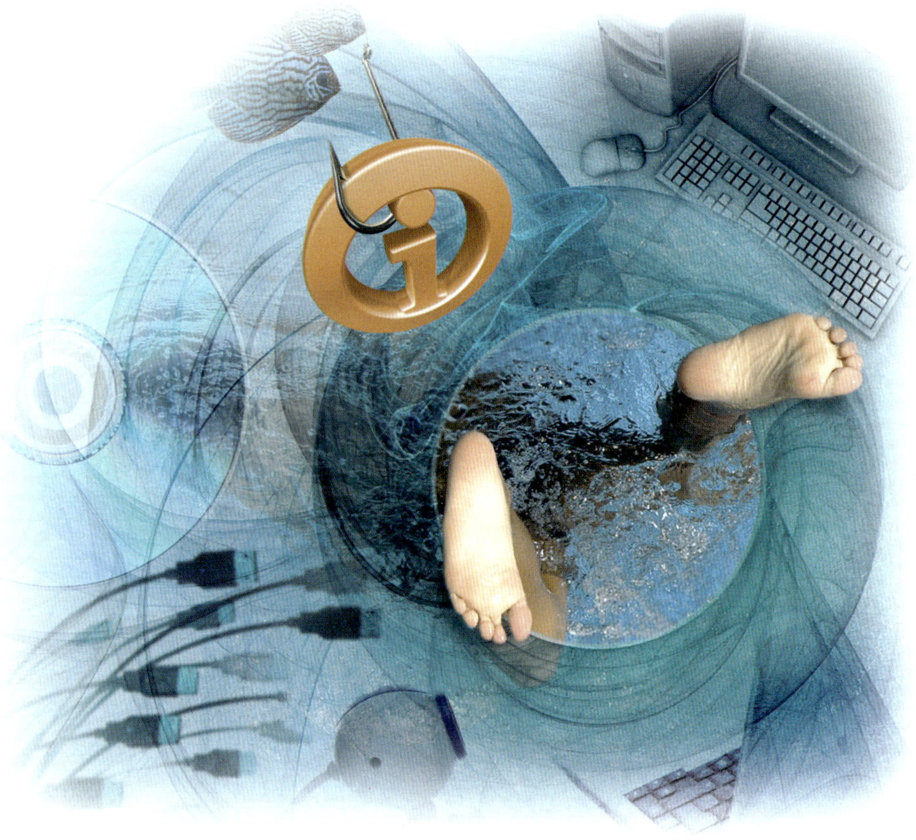

Hardware y software

Si está abriendo este libro posiblemente se pregunte en qué consiste la informática y, lo más importante, qué utilidad puede obtener de un ordenador personal. La primera impresión que todos tenemos es que los ordenadores están diseñados para trabajar o para jugar. Pero estos conceptos se han visto redefinidos dada la imparable revolución que ha sufrido este campo durante los últimos años. Hoy en día, un ordenador no sólo le permite trabajar o pasar un rato disfrutando de un videojuego, sino que muchas veces y sin que nos demos cuenta, gestiona una serie de operaciones fundamentales para la vida cotidiana: cajeros automáticos, máquinas expendedoras, reproductores de música y vídeo, fotocopiadoras, e incluso la cabina de un avión, todo ello se puede considerar un terminal informático.
En este libro vamos a intentar mostrarle cuáles son las posibilidades que la informática nos puede proporcionar tanto en el ámbito doméstico como en el profesional, así como guiarle a la hora de qué ordenador se ajusta más a sus necesidades, o que le saque partido al que tiene abandonado en la mesa del estudio.

Hoy en día, tener un ordenador personal es algo muy común en todo el mundo (además teniendo en cuenta la cantidad de nuevos dispositivos), y las posibilidades y aplicaciones de estas máquinas son cada vez más amplias. A lo largo de este libro vermos las más importantes, desde el ámbito doméstico y profesional, al ocio y los dispositivos multimedia, uno de los aspectos que más ha cambiado en los últimos años y que es actualmente de los más punteros en la industria informática.
Según el Diccionario de la Real Academia de la Lengua Española, la informática hace referencia al "conjunto de conocimientos científicos y técnicas que hacen posible el tratamiento automático de la información por medio de ordenadores". Aunque esta definición se queda algo corta para describir esa evolución de la que hablábamos, lo cierto es que pone de relieve que más que hablar de algo físico (el ordenador y sus componentes), hay una parte fundamental menos tangible, y que no es sino la información y la forma en que la gestiona ese ordenador. Con esto no estamos sino refiriéndonos a la diferencia entre "hardware" y "software".

Estos dos conceptos son fundamentales para entender cualquier aspecto de la informática. El hardware lo forman los aparatos físicos (que se pueden tocar), es decir, el ordenador y sus componentes. Con esto nos estamos refiriendo a todo tipo de dispositivo electrónico y electromecánico, circuitos, cables, tarjetas, armarios o cajas, periféricos de todo tipo y cualquier otro elemento físico.

Pero para que todo este conglomerado de cables funcione, necesita instrucciones, órdenes que le expliquen lo que deben hacer. Los programas de software son intermediarios entre nosotros y el hardware. Primero nosotros queremos hacer algo, se lo comunicamos al programa y éste envía la orden al ordenador (al hardware) para que la ejecute. Del mismo modo el software servirá de intermediario entre el ordenador y nosotros ante, por ejemplo, cualquier error. Para que esta información de ida y vuelta funcione se usan normalmente ciertos periféricos: el teclado y el ratón son los más destacados y utilizados.

Existe un software específico para todo lo que queramos hacer: escribir, retocar fotografías, calcular los gastos de la casa, etc. Más adelante veremos cuáles son los programas más utilizados para estas labores. Dedicaremos también un apartado al software y los dispositivos multimedia. También forman parte del software, y quizá lo más importante, los sistemas operativos (Windows, Linux, Mac OS), ya que éstos son los verdaderos intermediarios entre el software y el hardware.

Nota

No debe confundirse un programa de software con el CD-ROM, DVD u otro soporte en el cual puede haber sido almacenado, soporte que sí es un objeto físico en el que se ha guardado el programa para, por ejemplo, poder instalarlo varias veces o en varios ordenadores.

Del ábaco a nuestros días

Casi todos los especialistas coinciden en que existen cinco etapas o generaciones en la historia de la informática moderna:

- **Primera generación:** Se desarrolla entre finales de los años 30 e inicios de los 50.
- **Segunda generación:** Comprendería la década que va desde los primeros años 50 a los primeros 60.
- **Tercera generación:** La siguiente década, hasta principios de los 70.
- **Cuarta generación:** El final de la década de los 70. Aunque la más breve, posiblemente la más intensa, ya que viene marcada por dos grandes nacimientos: Microsoft y Apple.
- **Quinta generación:** Desde inicios de los 80 hasta nuestros días, aunque se discute si realmente ya podríamos hablar de una sexta generación tras la evolución de los últimos años.

En 1938 Konrad Zuse creó la primera computadora programable: la Z1, a la que le siguieron la Z2 y la Z3. Pero la primera revolución vino de la mano, como en muchos otros casos, de proyectos militares. En 1943 surge el proyecto ENIAC (*Electronic Numerical Integrator and Computer*), la primera computadora que podía hacer cosas hasta el momento increíbles y a una velocidad extraordinaria para su tiempo. Entre 1947 y 1948, el gobierno norteamericano comienza a usar el proyecto ENIAC y Mark 1, éste último desarrollado durante la Segunda Guerra Mundial con las investigaciones de Alan Turing, quien consiguió descifrar los códigos secretos alemanes de la máquina Enigma.

Posteriormente saldrían a la luz las computadoras UNIVAC (1951) y EDVAC (1952), mucho más desarrolladas y que abrieron la época electrónica. Pero el hecho fundamental de esta segunda generación de computadoras ocurrió en 1953: la creación del IBM 650. No obstante, no sería hasta 1964 cuando IBM comenzó a comercializar el IBM 360.

Este ordenador cambió la forma de concebir la informática, en particular los componentes del hardware. Comenzaron a sustituirse las viejas placas de circuitos electrónicos por un nuevo y revolucionario componente: los *chips* de silicio de los que nacerían los modernos microprocesadores.

No es casualidad que sólo cuatro años después, en 1968, se crease una de las compañías más importantes en la fabricación de estos componentes, Intel Corporation. En un principio la compañía se dedicó a la fabricación de memorias, pero en 1971 dio el gran salto y comenzó a realizar microprocesadores, lo que le ha proporcionado la fama mundial que tiene.

Durante estos mismos años (entre 1971 y 1974) se produce otra gran revolución: se desarrolla el primer programa para enviar correo electrónico y la transferencia de archivos FTP.

Comienza así el interés por la transmisión y almacenamiento de información. También ven la luz los primeros dispositivos para guardar datos: los disquetes de 8 y 5.25 pulgadas. Hoy en día, éste es uno de los aspectos más importantes de la informática, ya que hagamos lo que hagamos con nuetsro equipo, la gestión de la información y el almacenamiento de datos de una forma rápida y eficaz es algo fundamental.

Pero es a partir de 1975 cuando se inicia quizá la etapa más importante del desarrollo de la informática. En ese mismo año, comienza a comercializarse el que ha sido considerado el primer ordenador personal o PC, el Altair 8800 (con sus 256 bytes de memoria RAM). Su precio estaba dentro de lo permisible para cualquier usuario (397 dólares), pero se requerían amplios conocimientos de programación para manejarlo.

Fueron dos jóvenes quienes ofrecieron a la empresa MITS (desarrolladora del Altair) un interpretador BASIC que hacía mucho más sencillo manejar esta máquina. Estos dos jóvenes se llamaban Bill Gates y Paul Allen, y la nueva empresa que fundaron Microsoft. Lo que ha día de hoy digamos de Microsoft Corporation y de uno de los hombres más ricos del mundo (su presidente Bill Gates), se ha de quedar necesariamente corto para la intención de este libro. No obstante sí dedicaremos bastantes páginas para hablar de sus sistemas operativos, MS-DOS y su "gran hijo" Windows en todas sus versiones.

©Copyright Microsoft Corporation

Sólo un año después (1976) se funda Apple Computer. Steve Jobs y Steve Wozniac habían creado en un garaje el Apple I y, una vez mejorado, se lanza al mercado el Apple II, que obtiene una enorme acogida, convirtiéndose posiblemente en el primer PC tal y como lo conocemos hoy en día (aunque en este tema, como en el de la interfaz gráfica, siempre ha habido una gran polémica con Microsfot). Apple comienza a comercializar para su ordenador procesadores de texto (WorStar). Durante estos años se comienzan también a crear las primeras hojas de cálculo (VisiCalc, Lotus 1-2-3, Quattro Pro y posteriormente Excel).

Apple había realizado una gran innovación con su ordenador (era relativamente fácil de manejar, tenía gráficos en color y la carcasa era de plástico). Pero en 1981 se produce un acontecimiento que nuevamente revolucionaría la informática: se lanza al mercado el IBM PC acompañado de un sistema operativo de Microsoft, el MS-DOS (*Microsoft Disk Operating System*).

Ese mismo año comienzan los disquetes de 3.5 pulgadas, y al año siguiente, el primer clónico de IBM: objetivo, luchar por la supremacía del mercado que tenía copada Apple.

Lo que pretendió IBM con su ordenador clónico fue que el usuario tuviese la posibilidad de ampliar sus capacidades y funciones mediante nuevos componentes, siempre y cuando éstos fuesen compatibles con IBM. Para ello modificó completamente la arquitectura del PC, pasando a una arquitectura abierta. Ahora los componentes van insertados en pequeñas ranuras o *slots*, lo que permite esa ampliación de un modo cómodo para el usuario, aunque bien lejos todavía de las posibilidades actuales.

Nota

Habitualmente entendemos por ordenador clónico un ordenador hecho a base de "piezas sueltas" (no siempre de marca) y a gusto del cliente. Hay que tener cuidado al adquirir un ordenador clónico y en caso de que no tengamos los suficientes conocimientos dejarnos asesorar por un experto. No debemos confundir, como se ha hecho muy a menudo, la posibilidad de ampliar y hacer un ordenador a nuestro gusto, con hacernos un ordenador de piezas de menor calidad para que sea más económico.

Pero en 1983 Apple da un paso más para asegurarse el mercado: comercializa el Lisa, el primer ordenador con interfaz gráfica de usuario (GUI), lo que permite al usuario interactuar con el ordenador de un modo sencillo, olvidándose de códigos de programación.

Además, un año después realizarán una nueva innovación con su Macintosh, con el sistema operativo Mac OS, y que ya incorpora además del teclado un ratón, con lo que la interfaz resulta completamente funcional para el usuario. De ahí que los Mac durante mucho tiempo hayan sido (y sigan siendo) los ordenadores preferidos por los prefesionales que trabajan mucho con la interfaz gráfica.

Para intentar luchar contra esto, IBM lanza el AT con procesador Intel 286 y con el sistema BIOS (*Basic Input-Output System*, Sistema básico de entrada y salida), que guarda los códigos básicos de funcionamiento y las rutinas de control, cargando el sistema operativo en la memoria.

Con ello, los IBM con MS-DOS recuperan gran parte del mercado, especialmente cuando Microsoft le añade un nuevo software que interactúa con su sistema operativo (aunque técnicamente no lo es) e incorpora una interfaz gráfica de usuario de muy fácil manejo: en 1985 viene a este mundo Windows en su versión 1.0.

Aunque sólo un año después (1986), COMPAQ desarrolla una tecnología muy similar, lanzando el 386 al mercado, totalmente compatible con IBM y con su propia BIOS.

Durante estos mismos años comienza otra "guerra" dentro de la informática, que todavía hoy en día sigue en pie entre sus dos grandes contendientes: Sony y Philips crean los CD-ROM para los ordenadores, a los que posteriormente seguirán todo tipo de reproductores y grabadores de CD y DVD con sus consabidos formatos. Es la época del surgimiento del concepto de "ordenador multimedia". La interfaz gráfica se ha quedado corta: es tiempo de jugar, de oír música, de reproducir contenidos mucho más amplios y de interactuar con ellos. Un ejemplo de ello es la fundación en 1988 de la compañía Creative Labs y la presentación un año después de la primera tarjeta de sonido, la Sound Blaster.

Esta guerra continúa hoy en día, con los tipos de reproductores multimedia. En la actualidad, la compañía Sony también está embarcada en el intento de acaparar el mercado con sus videoconsolas, que no deja de ser otra forma de ocio multimedia, manteniendo una dura pugna con Microsoft y Nintendo.

Durante los siguientes años la evolución de los ordenadores ha estado marcada por diferentes aspectos. Desde el punto de vista del hardware, lo más importante ha sido:

- Equipos cada vez más potentes que son capaces de realizar un mayor número de tareas en menos tiempo.
- Un diseño mucho más sofisticado, característica especialmente común a los ordenadores de la marca Apple.
- Una mayor comodidad y adaptación a los usuarios de los dispositivos. Ordenadores portátiles, memoria extraíbles, conexiones inalámbricas, etc.

Nota

Hoy en día éste es uno de los aspectos que determinan la evolución de los equipos. Cada vez los usuarios y los contenidos multimedia demandan una mayor potencia del hardware, de modo que las tarjetas de sonido, las tarjetas gráficas y la memoria RAM han tenido que evolucionar a la misma velocidad.

Desde el lado del software, las principales preocupaciones se han centrado y se siguen centrando en los siguientes aspectos:

- El desarrollo de sistemas operativos cada vez más sencillos y visuales para el usuario pero, al mismo tiempo, que sean capaces de proporcionar la mayor funcionalidad y estabilidad al equipo.
- La creación de nuevos contenidos multimedia que han convertido a los ordenadores en un componente esencial para el ocio doméstico, siendo algunos de estos programas tan exigentes con el propio hardware, que ha sido necesario redefinir el propio concepto de ordenador personal.

©Copyright Microsoft Corporation

De este modo, los ordenadores personales han llegado a ocupar un espacio más en nuestra casa, de modo que casi podríamos hablar considerar al PC como un electrodoméstico más. Su uso hoy en día es indescriptible y nadie podía imaginar hace tansólo diez o quince años hasta dónde podrían llegar los modernos equipos, lo que nos hace preguntarnos también ahora cómo serán los ordenadores dentro de otros diez años.

©Copyright Microsoft Corporation

Y no sólo han sido los ordenadores, sino una serie de productos informáticos que han ido surgiendo al amparo de la revolución informática: reproductores y grabadores de MP3, CD y DVD, cámaras fotográficas y de vídeo, videoconsolas que son capaces de superar a cualquier ordenador personal, dispositivos portátiles que pueden realizar cualquier función, capturadoras de vídeo y televisión, y un largo etcétera que, como comentábamos, hace del ordenador personal algo más que una máquina para trabajar.

Supercomputadoras

Las supercomputadoras son, más que un tipo de ordenador, una serie de procesadores reunidos y conectados a través de una sólo máquina, de modo que cada parte se encargue de funciones distintas. Gracias al uso de este tipo de superordenadores los investigadores de entidades gubernamentales, educativas, sanitarias, etc. pueden realizar pruebas que a la vista de cualquiera de nosotros resultarían formar parte de una película de ciencia ficción.

Pensemos, por ejemplo, en los ordenadores utilizados por entidades como la NASA, o incluso para la seguridad, como puede ser el FBI.

La importancia de estos ordenadores no consiste sólo en su potencia y en la cantidad de datos que pueden almacenar y procesar en cuestión de milisegundos, sino en que sus funciones están totalmente personalizadas por el propio diseñador de la computadora. En otras palabras, no tienen nada que ver con lo que cualquier usuario puede entender con la palabra "ordenador".

PC

Con el término PC (*Personal Computer*, Ordenador Personal) conocemos al tipo de ordenador más conocido y utilizado hoy día. El PC deriva del IBM PC. Los IBM PC y compatibles basados en procesadores Intel han convertido la informática en algo habitual. Debido al éxito del IBM PC, el término genérico PC se convirtió en algo común para todos los ordenadores compatibles con IBM.

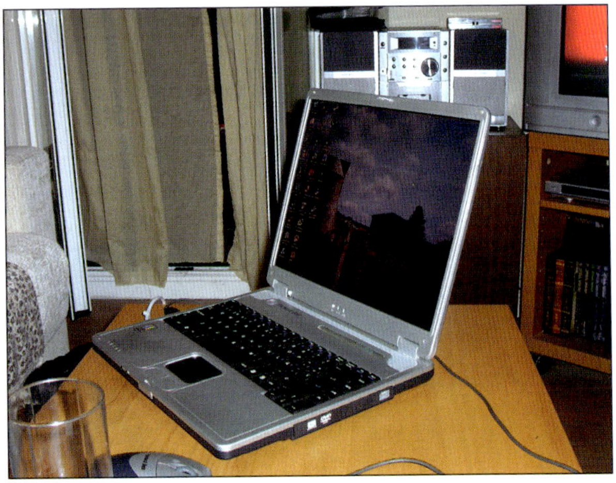

Diferentes tamaños y formatos: El futuro de la informática

Hemos visto las supercomputadoras (aquellas que iniciaron la historia de la informática y que actualmente pertenecen a las grandes entidades) y el PC u ordenador personal, el que puede tener cualquier usuario en su casa. Cuando hablamos de un PC nos viene a la mente el típico ordenador personal de sobremesa, con su torre rellena de componentes, el monitor, teclado, ratón y una serie de periféricos conectados. No obstante, hoy en día esta idea del PC es algo que se está quedando obsoleta, debido a la gran evolución de los componentes. Tenemos que tener en cuenta varias cosas que han cambiado nuestra forma de entender un ordenador personal:

- **La creciente proliferación de ordenadores y dispositivos portátiles:** Aunque técnicamente un ordenador portátil también es un PC, lo cierto es que dadas sus características rompe un poco el molde con respecto a lo habitual. Pero lo cierto es que no todos los dispositivos portátiles son ordenadores. Además, la bajada de los precios de los ordenadores portátiles ha facilitado que muchos usuarios prefieran actualmente un portátil.
- **La enorme evolución de los componentes y periféricos:** Cada vez es más normal encontrar periféricos y componentes para los ordenadores de mayor potencia y en muchos casos externos, mediante conexiones USB o *Bluetooth*. Esto hace que con unos simples y rápidos cambios de conexiones, nuestro ordenador pueda cambiar de función en unos pocos minutos.

Actualmente podríamos incluso plantearnos con firmeza en qué consiste realmente un ordenador personal. Hoy en día podemos encontrar alguna PDA que aúna la función de teléfono móvil, agenda, correo electrónico, navegador Web, etc., lo que hace de estos dispositivos auténticos ordenadores.

Nota

Hoy en día se sigue aplicando esta diferencia entre los PC (compatibles con IBM) y los Mac de Apple, aunque podríamos decir sin caer en ninguna incorrección que en ambos casos se trata de ordenadores personales.

Capítulo 2
Componentes del ordenador

CPU o procesador

Normalmente se entiende por CPU el cuerpo físico del ordenador salvo los periféricos, lo que viene a ser la torre, pero esto no es cierto. La CPU (*Central Process Unit* o Unidad Central de Procesamiento), hace referencia a una serie de circuitos integrados que componen el auténtico cerebro del ordenador, siendo la parte más importante del mismo. Este cerebro es el procesador, más comúnmente conocido como microprocesador, dado el pequeño tamaño que tiene para la cantidad de diminutos *chips* que lo componen y las funciones que puede desarrollar. El microprocesador es una pequeña placa cuadrangular con una serie de *pins*, y que se inserta directamente en un *socket* o zócalo que hay para tal efecto en la placa base, incorporando también un ventilador justo encima. Los primeros procesadores iban directamente soldados, pero como ya vimos, una parte importante de la evolución de los ordenadores consistió en hacer sus piezas de "quita y pon", para favorecer su ampliación, modernización y personalización.

El microprocesador está formado por *chips* de silicio y ejecuta una serie de órdenes a gran velocidad. Ésta se mide en megahercios (MHz) o directamente en gigahercios (GHz). De la velocidad del procesador dependerá el comportamiento del sistema, e incluso el software que podamos usar en él. Los ordenadores más modernos están entre los 3 y los 4 GHz, aunque podemos encontrar procesadores más lentos pero mucho más potentes, como son los de "doble núcleo".

Nota

Actualmente la CPU no es el único procesador que podemos encontrar en un ordenador. Algunas tarjetas gráficas y de sonido poseen coprocesadores que alivian de parte de la carga de trabajo al procesador del ordenador, consiguiendo con ello grandes resultados en su campo (una excelente calidad de gráficos y aceleración de los mismos) sin tener que absorber esa potencia del procesador principal.

La evolución de los microprocesadores ha sido fundamental dentro del desarrollo de los ordenadores personales. Desde los primeros Intel de inicios de los 70 hasta los actuales Pentium IV (también de Intel), podemos encontrar diversas compañías que han comercializado procesadores. IBM, Motorola (quien en un inicio se dedicó en exclusiva a los procesadores e incluso la fabricación de los Mac de Apple), AMD o la ya citada Intel. Pero también ha habido otros menos recordados, como Zilog, quien puso el procesador a auténticos clásicos como el Amstrad CPC o al Spectrum de Sinclair.

Placa Base

Cuando hemos hablado de ordenadores clónicos y de microprocesadores ya hemos hecho alguna referencia a este componente fundamental del ordenador. La placa base o placa madre (del inglés *Mainboard* o *Motherboard*) consiste en una tarjeta de circuitos electrónicos impresos donde se inserta el procesador y la memoria del ordenador. Además, contiene unas ranuras denominadas *slots* que sirven para introducir las tarjetas de control de todos los componentes (discos duros, unidades de CD, tarjeta gráfica, de sonido, módem, tarjeta de red, etc.) y que hacen posible la ampliación del ordenador o la sustitución por otros componentes en cualquier momento. La placa también lleva el regulador de voltaje para reducir la señal de corriente y que cada parte del hardware reciba únicamente el voltaje que necesita, evitando así el recalentamiento de los componentes.

Aunque no forma parte propiamente de la placa, todas las torres incorporan un alimentador con ventilador, que sirve de puente entre la red eléctrica y la placa. Hoy en día, la personalización o *customización* ha llegado hasta tal punto que podemos encontrar auténticas obras de arte en el diseño interno de los ordenadores.

Por último, la placa contiene un chip, el CMOS, que se encarga de mantener la configuración de la BIOS gracias a la pila del ordenador. Dentro de esta configuración se encuentran los discos duros y demás unidades del ordenador. Aunque hoy en día la BIOS encuentra automáticamente las unidades, siendo independiente en este sentido de la memoria conservada por la pila, otras configuraciones, como el reloj interno que mantiene la fecha, sí depende de esta memoria.

Nota

Los *slots* nos permiten "clonar" el ordenador a nuestro gusto, lo único que tenemos que tener en cuenta es que esos nuevos componentes sean siempre compatibles con el tipo de placa. Sin entrar en detalles diremos que hay dos tipos fundamentales de *slots*, PCI y AGP. La memoria RAM también requiere diferentes módulos dependiente del tipo que sea. Además tenemos que comprobar que el voltaje del nuevo hardware esté soportado por la placa, ya que podríamos provocar un sobrecalentamiento de la misma.

Bus de datos

Al hablar de Bus de datos podemos referirnos a dos cosas:

- Los circuitos eléctricos impresos en la parte superior e inferior de la placa.
- La transferencia de datos que esos mismos circuitos impresos permiten dentro de la propia placa.

Como vemos, es difícil hacer una distinción clara del Bus respecto a la placa, ya que el primero está físicamente en ésta. De hecho, algunas de las ranuras de expansión pueden considerarse parte del Bus (como son las PCI o Bus PCI para la mayor parte de tarjetas gráficas y de sonido). La tarea principal del Bus es transportar a velocidades asombrosas la información entre el procesador y el resto de componentes para que el ordenador funcione correctamente.

La velocidad del Bus se mide según el número de bits que es capaz de transmitir al mismo tiempo. Así, podemos encontrar ordenadores que, dependiendo de su Bus y de su procesador, sean de 32 ó 64 bits. Los propios sistemas operaativos están adaptados a esta diferencia, con lo que a la hora de cargar un sistema u otro debemos prestar especial atención a los problemas de comtabilidad que puedan surgir.

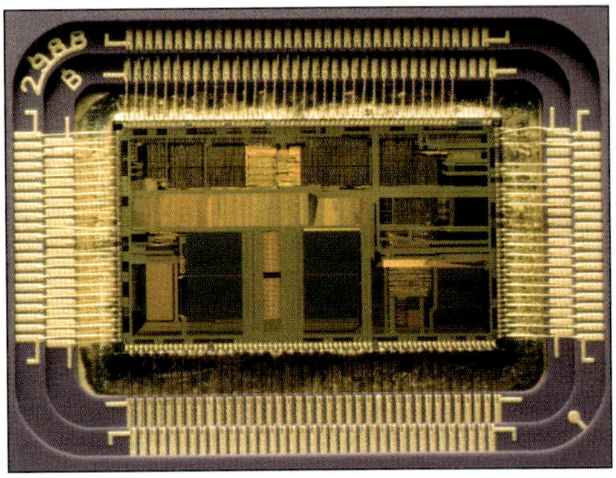

Nota

Es importante no confundir los *bits* con los *bytes*. Un bit es una unidad básica de información, que puede tener el valor de 0 ó 1 (debido al sistema binario), mientras que el byte es la representación de esa información o, de un modo más fácil de entender, el espacio que ocupa ese conglomerado de bits. De este modo, mientras uno se refiere a la información, el otro hace referencia al almacenamiento de la misma.

BIOS

La BIOS (*Basic Input-Output System*, Sistema Básico de Entrada y Salida) consiste en una memoria permanente del ordenador que, como dijimos antes, se mantiene gracias a una pila de larga duración. Aquí se almacenan los datos básicos de nuestra máquina como son: la fecha y la hora, el número y tipo de discos duros, unidades de CD y DVD, disqueteras, etc. Además también tiene una serie de opciones avanzadas en donde podemos realizar cambios, como elegir cuál es la unidad desde la que se inicia el ordenador (lo que normalmente se llama *boot*). También, y dependiendo del tipo de BIOS, podemos realizar ajustes del rendimiento de la tarjeta gráfica (en caso de que tenga parte de su memoria compartida con la memoria RAM del ordenador). En todos los PC podemos acceder fácilmente a la BIOS pulsando la tecla **Supr** justo cuando se inicia el ordenador. No obstante, antes de realizar algún cambio en la BIOS debemos estar bien seguros de lo que hacemos.

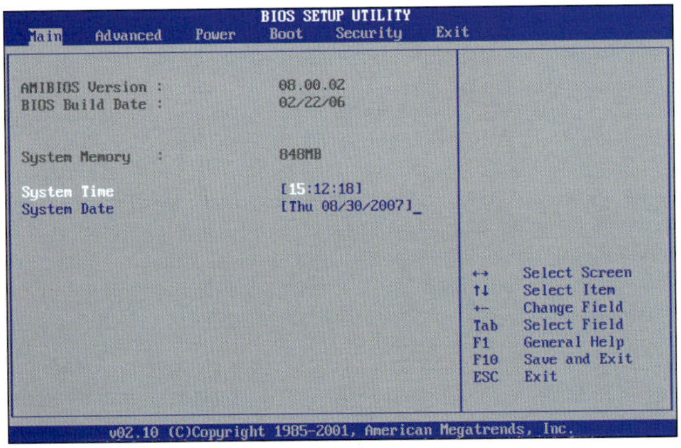

Memoria

Existen muchos tipos de memoria en un ordenador. Vamos a comentar las más importantes:

- **Memoria física:** Se mide en Bytes (o más normalmente en Megabytes, Gigabytes, Terabytes o, incluso, Petabytes), y consiste básicamente en la memoria almacenada por los discos duros del equipo, es decir, toda esa serie de archivos que permanecen incluso después de apagar el quipo.
- **Memoria RAM:** Esta memoria se usa para un almacenamiento temporal de los procesos que el ordenador está llevando a cabo mientras está en funcionamiento, así como gran parte de los archivos de sistema. Cuando se apaga el ordenador, esta información se pierde. La unidad de medida es la misma que para la memoria física, el Byte. Los ordenadores modernos suelen llevar entre 1024 y 2048 MB. De la cantidad de memoria dependerá en gran medida la velocidad del ordenador, ya que no tendrá que estar constantemente accediendo al disco duro.
- **Memoria caché:** La encontramos en los microprocesadores, discos duros y otros componentes del ordenador, y está dedicada a que trabajen a una velocidad mayor. Guarda ciertas similitudes con la memoria RAM, ya que cuando se accede por primera vez a un dato, éste se guarda en la memoria caché. Pero a diferencia de la RAM, la caché no es temporal, sino que se mantiene. De hecho, el llamado "caché de disco" suele ser una pequeña cantidad de la propia RAM.

La memoria RAM (*Random Access Memory*, Memoria de Acceso Aleatorio) es, como decíamos, uno de los elementos más importantes del ordenador, ya que permite que éste ejecute una serie de procesos mucho más rápido. De hecho, sin una cantidad suficiente de memoria RAM, habrá muchos programas que no podrán ejecutarse en nuestro ordenador. En los últimos años se ha producido una reducción en el coste de estos módulos, de modo que cada vez podemos encontrar más tipos y con diferentes características. El tipo de memoria de nuestro ordenador dependerá de cuál admita la placa base (DIMM, DDR, DDR 400, DDR 2, etc.). También existen las llamadas "memorias extraíbles", normalmente conectadas al ordenador mediante puertos USB, de pequeño tamaño y bajo coste.

Unidades de almacenamiento de datos

Disco duro

El disco duro es la principal forma de almacenamiento permanente de datos, es decir, de la memoria física del ordenador. El nombre viene del inglés *Hard Disc* y a menudo se abrevia como *HD*. En el disco duro residen los datos que el ordenador necesita con más asiduidad como, por ejemplo, los programas instalados y el sistema operativo. Los discos duros permiten un acceso mucho más rápido a los datos que se encuentran grabados dentro. Los programas y los archivos son cada vez de mayor tamaño y por eso los discos duros deben tener, cada vez más, una gran capacidad para guardar datos.

Dentro de un disco duro podemos tener varias particiones lógicas que distribuyen su contenido. Es decir, tenemos un solo disco duro físico pero el ordenador reconoce dos o más discos duros. Esto nos puede servir para instalar distintos sistemas operativos en cada partición, o para tener almacenados archivos y programas de una forma mucho más organizada. También hay que tener en cuenta que el disco duro es la unidad desde la que la BIOS hace el arranque o *boot* del sistema. En caso de tener más de un disco duro, siempre tenemos que poner como "maestro" al del sistema operativo y como "esclavo" al que utilizamos únicamente para almacenar datos.

Nota

Como hemos dicho antes, el tamaño de los discos duros se mide en bytes. Actualmente los discos duros más habituales están entre los 160 y los 500 GB, dependiendo también del tipo de ordenador, ya sea portátil o de sobremesa, y de si el disco es interno o externo. Hay que tener muy presente que no siempre es mejor un disco duro con más "Gigas", ya que un dato muy importante en un disco duro es la velocidad de transferencia que tiene y, por tanto, la facilidad para grabar o leer datos en él.

Actualmente, además de discos duros rápidos en acceder a las decenas de gigas de datos que contienen, podemos disfrutar a precios asequibles de las prestaciones de discos duros externos pequeños en tamaño pero grandes en capacidad de almacenamiento. Normalmente se conectan al ordenador mediante puertos USB o FireWire, aprovechando así las óptimas velocidades de transmisión de estos dos tipos de puerto.

Además, para instalar este tipo de dispositivos no se requieren los conocimientos técnicos necesarios como para instalar un disco duro interno, lo cual es una ventaja a tener en cuenta sobre todo si se necesita almacenar y compartir una gran cantidad de datos entre varios equipos, además de la gran comididad de poder transportar una neorme cantidad de Gigas en un bolsillo.

Disquetera

Los discos magnéticos, al igual que los discos duros, tienen los datos dispuestos en círculos concéntricos denominados pistas, que se dividen radialmente en sectores. El disco magnético gira a una velocidad constante y los datos se leen o se graban mediante cabezas lectoras/grabadoras. Este sistema permite una rápida recuperación de los datos. Las disqueteras contienen unos cabezales que permiten leer y grabar en las superficies magnéticas de estos discos.

A pesar de las nuevas formas de almacenamiento como los CD-ROM o los DVD-ROM, de mayor capacidad y cada vez más baratos, el disquete sigue siendo una forma útil de almacenar pequeñas cantidades de datos. Las unidades de disco actuales son de 3,5" (atrás quedaron los de 8" y 5,25") y sus capacidades oscilan entre 720 kilobytes y 2,88 Mb.
Con todo, en la actualidad han entrado en desuso por su poca capacidad, y en es bastante común que los equipos nuevos no vengan dotados con ninguno de estos dispositivos.

Unidad Zip

Los discos Zip (comercializados por la marca Iomega) son un tipo de disco magnético similar al disquete, pero de mayor tamaño y capacidad. También tienen una durabilidad mucho mayor que la del disquete; su dura cubierta de plástico los protege del deterioro por golpes, lo cual hace del Zip un soporte ideal para transportar con seguridad cantidades de datos de entre 100 y 750 Mb. La Unidad Zip es el dispositivo necesario para grabar y leer datos en un disco Zip, y podemos encontrar tanto modelos internos como externos.

©Copyright Linux Media AG

CD-ROM

El CD-ROM, al igual que en otros muchos campos, ha revolucionado el campo de la informática, ya que multiplicó la capacidad de los soportes de almacenamiento. Si una unidad de disquete puede contener 1.44 Mb, un CD-ROM puede almacenar 650 Mb como mínimo.
El nombre viene del inglés *Compact Disc-Read-Only Memory*, es decir, es un disco compacto con memoria de sólo-lectura, con lo cual los datos contenidos en él no pueden modificarse ni borrarse. Los datos se recuperan con la unidad de CD-ROM, mediante un rayo láser, por un sistema muy parecido al de los discos compactos de música.

Al contrario que los discos magnéticos que hemos visto antes, en los discos CD-ROM los datos están contenidos en una sola pista que se desarrolla en espiral, partiendo desde el centro hacia afuera. Esta disposición permite que los discos compactos puedan contener más datos.

Nota

Un CD de audio se reproduce a una velocidad de 150 KB por segundo. Esta velocidad se usa como referencia para identificar las unidades lectoras de los ordenadores, de modo que si un lector viene indicado como 24x, significa que lee 24 x 150 = 3600 KB por segundo.

DVD-ROM

El DVD (*Digital Versatile Disc*, Disco Versátil Digital) es el estándar para los próximos años, tanto en vídeo digital (comercialización de películas) como en datos (comercialización de software). El formato DVD tiende a sustituir al CD, ya que la capacidad de sus discos puede llegar a 17 Gb. Además, los reproductores DVD-ROM pueden leer también los tradicionales discos compactos sin problemas. Aunque los discos DVD parecen idénticos a los CD-ROM, por dentro están estructurados de forma diferente y por eso tienen más capacidad; que aparte pueden ser escritos y leídos por las dos caras y por un máximo de dos capas de datos en cada cara. Además, las unidades lectoras DVD-ROM son más rápidas que las de CD, por lo que accedemos antes a los datos.

Nota

La velocidad de transferencia de datos de un disco DVD está dada en múltiplos de 1350 kB/s, lo que significa que un disco 16X permite una transferencia de datos de 16 x 1350 = 21600 kB/s (21.09 MB/s).

Existen diversos tipos de discos y unidades DVD cada uno con una capacidad distinta. Los más utilizados son:

- **DVD Vídeo:** Se utiliza para distribución comercial de películas, normalmente en formato MPEG-2. Si se ocupan las dos capas de cada una de las caras, puede alcanzarse un total de 17 Gb.
- **DVD-ROM:** Muy similar al anterior, pero además puede incluir cualquier tipo de formato de archivo. Se utilizan para almacenamiento de datos y distribución de software.
- **DVD-R y DVD+R:** Tienen una capacidad de 4,7 Gb (8,5 Gb si son de doble capa o *Double Layer*) y, utilizando el dispositivo correspondiente, puede grabarse, aunque sólo una vez.
- **DVD-RW y DVD+RW:** Tienen una capacidad de 4,7 Gb y pueden ser regrabados unas 1.000 veces aproximadamente.

Grabadoras de CD y DVD

Las unidades grabadoras, además de leer CD, pueden grabar discos y también pueden utilizar CD regrabables en los que se puede escribir y varias veces. Estas unidades y sus discos, se suelen denominar CD-R o DVD-R, si son grabadoras de CD-ROM o DVD-ROM, y los discos reutilizables se denominan CD-RW y DVD-RW.

La característica más importante de estas unidades es la velocidad, que se suele mostrar con tres cifras (x/y/z), donde *x* es la velocidad de grabación, *y* a la que se puede regrabar y *z* la de lectura.

Actualmente las unidades más interesantes en este campo son regrabadoras de DVD capaces de grabar discos de doble capa que además también regraban CD y leen tanto CD como DVD. Otro tipo de unidad fácil de encontrar en los ordenadores más nuevos es la llamada "Combo", que normalmente aúna las funciones de regrabadora de CD y lector de DVD.

Para ayudarnos en la grabación podemos utilizar cualquier aplicación software de las muchas actualmente disponibles para esta función, algunas de las cuales incluso son proporcionadas al comprar una grabadora.

Por otro lado, como ocurre con otros tipos de periféricos, podemos encontrar grabadoras de CD y DVD tanto internas como externas, y entre éstas últimas la mayoría se conectan al ordenador por el puerto USB, aunque existen modelos que utilizan el puerto FireWire.

También existen diferencias con respecto al método de introducción o carga de los discos ópticos. Lo más usual es que al pulsar el botón **Abrir** el dispositivo extraiga de su interior una bandeja en la cual depositamos el disco. Pero además existen unidades que tienen una pequeña ranura a través de la cual, tras introducir parte del disco, el CD o DVD es literalmente absorbido por la unidad.

Memorias USB

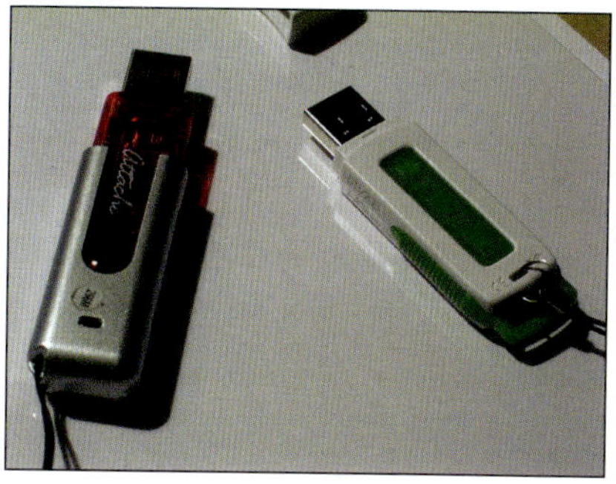

Anteriormente nos hemos referido a las memorias extraíbles con conexión USB, también llamados *Pen Drive* o memorias *Flash*. Tienen enormes ventajas sobre otras unidades: su escaso tamaño (especialmente si tenemos en cuenta lo que puede almacenar), su bajo precio y su facilidad de uso. Por unos 25 euros podemos tener 4GB de memoria que no tenemos más que conectar a un puerto USB y empezar a usarla y, al finalizar, guardarla en el bolsillo de la camisa.

Nota

Aunque los dispositivos de memoria USB tienen como principal función el almacenamiento de datos (es decir, son memoria física), también pueden ser utilizados como memoria RAM. Si tiene instalado en su ordenador el sistema operativo Windows Vista, al insertar una de estas unidades en un puerto USB el sistema le dará la opción de utilizar *Ready Boost*. Este sistema utiliza la memoria USB como memoria RAM, aumentando así la velocidad y el rendimiento del equipo.

Tarjeta gráfica

La tarjeta gráfica es un componente fundamental, ya que comunica la información del procesador con el monitor. Gran parte del avance informático de los últimos tiempos ha estado centrado en la capacidad gráfica (no tenemos más que comparar los primeros PC con MS-DOS en una pantalla monocromo y las interfaces gráficas que hoy en día nos puede ofrecer cualquier programa). De la calidad de la tarjeta gráfica va a depender mucho lo que podamos hacer en nuestro ordenador, no sólo en cuanto a la calidad de los propios gráficos, sino en cuanto a la velocidad en que estos se procesan. Actualmente, las tarjetas gráficas poseen su propia memoria. En cualquier tienda de informática podemos encontrar tarjetas desde los 128 MB hasta incluso los 768 MB y de diferente calidad . Poseen incluso un pequeño coprocesador y un ventilador, ya que se encargan de acelerar los procesos gráficos por sí mismas y aliviar de esta carga al procesador. Su conexión al ordenador es de tipo AGP o PCI (las modernas más bien PCI Express).

Nota

A la hora de comprar un ordenador asegúrese bien de la velocidad de la tarjeta gráfica. Hay algunas que toman parte de la memoria de la RAM, lo que se llama "memoria compartida". La memoria compartida entre la tarjeta gráfica y la RAM podemos gestionarla desde la BIOS (dependiendo del modelo), pero una memoria compartida nunca será tan eficiente como una memoria dedicada plenamente a la tarjeta gráfica.

La importancia de tener una tarjeta gráfica de calidad hoy en día está clara. Pensemos en todas las ventajas que nos ofrece: una buena calidad gráfica simplemente a la hora de "ver" la pantalla, lo que nos cansará menos la vista; poder trabajar con programas de edición fotográfica y de gráficos de un modo mucho más eficiente; un amplio abanico de posibilidades dentro del mundo multimedia y de ocio, como puede ser ver películas en máxima calidad o disfrutar de juegos que serían inalcanzables para otro tipo de tarjeta gráfica. Y no digamos nada si además queremos ejecutar en nuestro PC alguno de los juegos de última generación: si no disponemos de una tarjeta gráfica medianamente potente será imposible ejecutarlos correctamente y no se verá anada o funcionarán "a saltos".

También es necesario que sean compatibles con las últimas tecnologías (DirectX 9.0, por ejemplo), ya que de no ser así puede que incluso perdamos funcionalidad en nuestro sistema operativo (pensemos en la nueva interfaz gráfica de Windows Vista).

Tarjeta de sonido

Como su propio nombre indica, las tarjetas de sonido se encargan de transferir cierta información del ordenador a unos altavoces, permitiendo así reproducir desde cualquier pequeño sonido de un programa, hasta música digital de alta calidad. Las tarjetas de sonido tienen conexiones no sólo para altavoces, sino para auriculares, micrófono y una entrada MIDI, que sirve para digitalizar cualquier tipo de señal musical. Suelen venir también dotadas de un puerto de juegos para mandos (*gamepad*, volantes, etc.), pero este tipo de conexión ha caído totalmente en desuso, ya que ahora todos estos dispositivos usan preferiblemente el USB.

Las tarjetas de sonido son otro de los componentes que más han evolucionado debido al auge de la tecnología multimedia. Hoy en día también poseen su propia memoria de modo que liberan de esta carga a la CPU. Podemos encontrar incluso tarjetas de sonido con salida externa para conectar todo tipo de altavoces. Incluso las hay con mando a distancia.

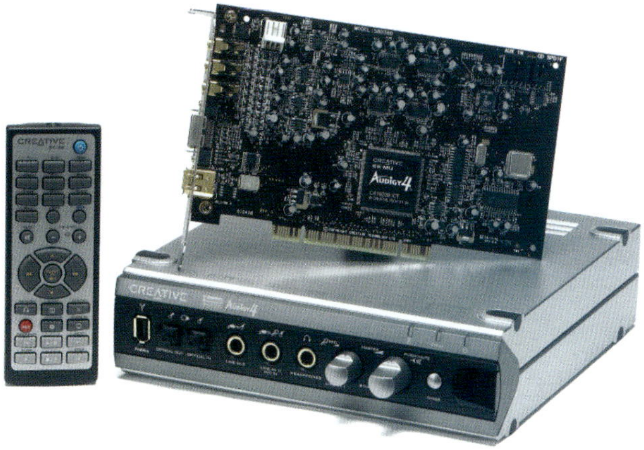

©Copyright Creative Technology Ltd.

Capturadoras de vídeo y sintonizadoras televisión, TDT y radio

Actualmente existe una amplia gama de productos para capturar vídeo, televisión, TDT (Televisión Digital Terrestre) y radio. De este modo podemos utilizar el ordenador como un auténtico centro multimedia. Estos dispositivos pueden ser tanto internos (tarjetas con conexión PCI) como externos (conexiones USB o inalámbricas). Además no sólo sirven para captar la señal de radio o televisión, sino que la mayor parte de ellos incluyen conectores de entrada y salida para que podamos grabar esa misma señal en archivos digitales (MPEG o AVI para vídeo y MP3 para audio).

©Copyright Diamond Multimedia

Además, este tipo de dispositivos poseen una amplia gama de funciones (especialemente los externos): son programables, tienen sintonización automática de canales, y algunos tienen la función *Time Shifting*, que permite pausar e incluso volver atrás en la retransmisión de un programa mientras el ordenador sigue grabándolo, ya que lo que realmente reproduce está en memorial temporal. Este almacenamiento puede producirse en el disco duro (si la tarjeta es interna y así lo permite) o en la memoria de la propia tarjeta (en el caso de las externas).

Tipos de conexiones

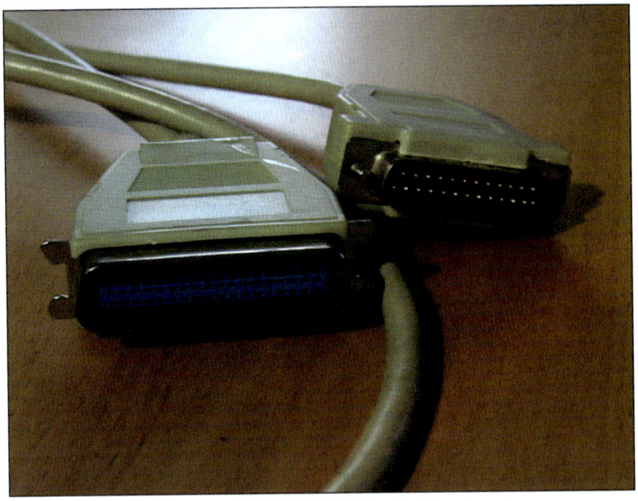

Todos los ordenadores disponen de diversos tipos de conexiones con el fin de poder conectar los periféricos a la placa base. Hay que tener en cuenta que hay periféricos que no siempre tenemos disponibles, pero hay otros que son imprescindibles, como el ratón, el teclado y la impresora en casi todos los casos. Además, debemos pensar que cualquier otro periférico que podamos necesitar (un escáner, una memoria USB, etc.) va a requerir de una conexión, con lo cual es conveniente tener habilitadas las más importantes conexiones en nuestro ordenador y si podemos alguna "de sobra".

Hay que destacar que algunas de las conexiones son internas (como las USB, que en el fondo dependen de la placa base), pero sus "salidas" están habitualmente en la parte trasera o en el frontal de la carcasa, con lo que conviene saber cuántas conexiones "reales" tenemos a la hora de instalar o ampliar nuestro equipo.

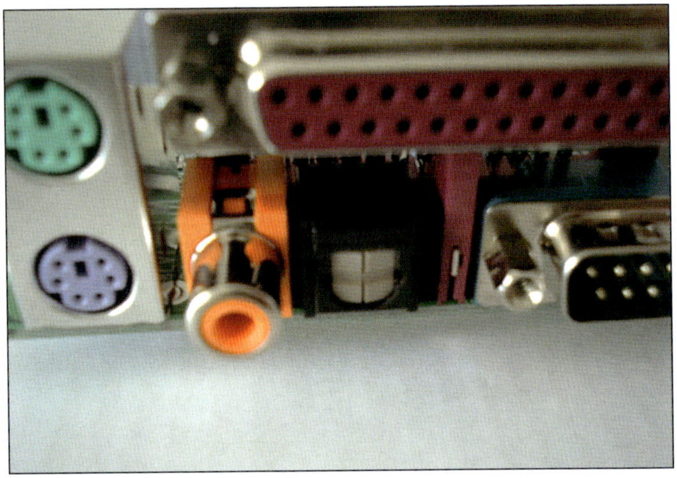

Existen tres tipos de conexiones algo desfasadas y en desuso: el puerto de serie, el paralelo y el de juegos. Hoy en día, casi todos los dispositivos modernos tienen la opción de puerto USB, pero todavía podemos encontrar impresoras, escáneres o algún módem externo que usen este tipo de conexión, por lo que puede ser interesante tener al menos un puerto paralelo. Los ratones y teclados solían usar este tipo de conexion (la de serie), pero actualmente todos usan PS/2 o USB, por su versatilidad y la facilidad de conexión e identificación por parte del sistema operativo.

La conexión USB (*Universal Serial Bus*) constituye la conexión actual más utilizada por casi todos los dispositivos. Sustituyó a las antiguas fundamentalmente por su mejor velocidad de transmisión de datos y por su comodidad, ya que son clavijas muy pequeñas en comparación con las de los puertos paralelos. Además, casi todos los dispositivos USB son reconocidos fácilmente por el sistema operativo mediante la tecnología *Plug and Play* (enchufa y funciona).

Podemos encontrar en el mercado los llamados *hubs* o concentradores, que nos permiten acomodar diversas conexiones USB en una sola. Debemos saber también que hay dos tipos de conexiones USB, la 1.0 (y su evolución a la 1.1) y la 2.0 (esta última más rápida), aunque hoy en día casi todas son 2.0. También existen los USB inalámbricos (*Wireless* USB) que nos permiten usar un periférico sin cables.

Como acabamos de decir, todas las conexiones dependen en definitiva de la placa, y es de ella de la que depende la posibilidad de ampliar nuestro ordenador (una buena placa es fundamental a la hora de comprar un equipo nuevo). Por eso siempre debemos estar seguros de cuántas salidas tenemos en el ordenador y cuántas podemos tener (especialemente si queremos conectar un dispositivo interno a USB, como por ejemplo un lector multitarjetas).

Nota

Hay que anotar, aunque parezca obvio, que las conexiones *wireless* no tienen cable desde el periférico al ordenador, pero sí pueden tener cable desde la conexión USB a la toma de señal de la que depende el periférico. Otras, sin embargo, emiten la señal directamente desde la conexión USB, sin necesidad de ningún tipo de cable.

Otra de las ventajas de la conexión USB es que es válida tanto para PC como para Mac, lo que hace que los dispositivos que funcionan a través de esta conexión funcionen en ambos equipos. Esto hace que hoy en día sea la conexión más versátil y utilizada por todo tipo de dispositivos y, en general, la prepreferida por los usuarios.

En el caso de Apple, a mediados de los años 90 creó el tipo de conexión FireWire, después conocida como IEEE 1394 o como el i.Link en el caso de Sony. Es una conexión multiplataforma que permite la transferencia de datos a una gran velocidad (cuando se creó superaba en 30 veces al USB 1.1, es decir, más o menos lo que hoy puede transferir un USB 2.0). Esta conexión revolucionó la industria y fue utilizada especialmente para dispositivos que requerían de esa velocidad de transmisión de datos, como videocámaras, cámaras digitales y dispositivos de sonido profesional.

Módems y tarjetas de red

Estos componentes sirven para conectar nuestro ordenador a otro ordenador, a una red o la red de redes, Internet. La tarjeta de red también es necesaria para conectar un ordenador a Internet a través de un cablemódem o un módem ADSL (aunque algunos de estos dispositivos ya disponen de puertos USB). Todo esto es posible gracias a que la tarjeta de red habilita uno o varios puertos Ethernet, un tipo especial de puerto para comunicaciones.

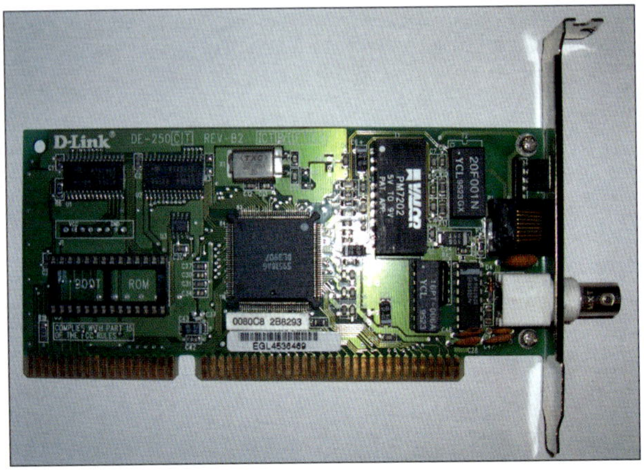

©Copyright Fire Wire Depot

Como acabamos de ver, muchos de los módems de alta velocidad pueden ya conectarse a través de puertos USB. No obstante, la elección de la tarjeta de red es mejor, por la calidad de transferencia de datos. El USB ofrece por el contrario la facilidad de conexión y de configuración, aunque hoy en día una conexión mediante tarjeta de red es muy sencilla de configurar.

Por otro lado, los módem (bien como tarjeta PCI o como dispositivo externo) permiten realizar conexiones a Internet mediante la línea de teléfono. Los módem internos normalmente se corresponden con modelos que alcanzan como máximo una velocidad de 56 kbps y aún podemos encontrarlos en ordenadores relativamente nuevos, ya que los que permiten conexiones más rápidas suelen ser externos y requieren de conexión Ethernet. En cambio, mediante módems ADSL un usuario doméstico se puede conectar actualmente a velocidades superiores a los 10 Mbps.

¿Qué es un periférico?

Un periférico es un componente accesorio al ordenador, que si bien no es indispensable puede ser muy importante para sacarle todo el partido a nuestro equipo, ya sea en cuanto a facilitarnos el manejo como a brindarnos nuevas funcionalidades. Los periféricos se suelen dividir en periféricos de entrada (teclados, ratón, un escáner, etc., es decir, desde los que nosotros enviamos información al ordenador) y periféricos de salida (una impresora, por ejemplo, que recibe la información del ordenador).

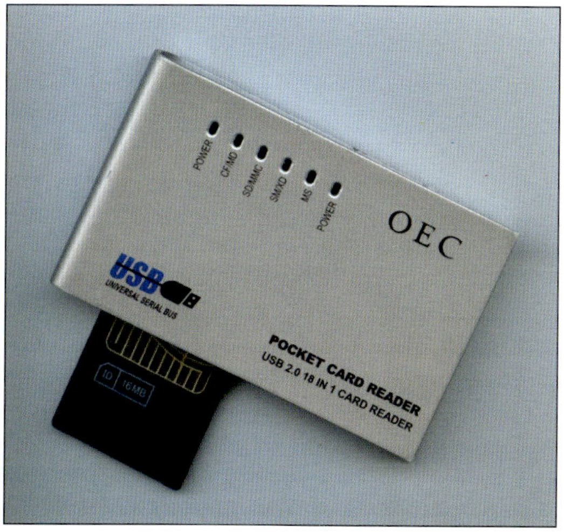

Los periféricos se conectan al ordenador usando los distintos tipos de conexiones que hemos visto con anterioridad. A través de estas conexiones el ordenador es capaz de recibir la información que nosotros le suministramos y de enviarla a un dispositivo. Pensemos por ejemplo en escribir un texto con el teclado y de la impresión de ese mismo texto como doble ejemplo de este uso. Lógicamente, dependiendo de la velocidad de la CPU y la RAM, de la calidad del periférico, del tipo de conexión y del trabajo que estemos haciendo, todo este proceso será más o menos rápido.

A pesar de que hemos dicho que los periféricos son elementos accesorios al ordenador (no componen parte de lo que es la estructura del mismo) existen por lo menos tres que son imprescindibles, como son el ratón y especialmente el teclado y el monitor. Sin ellos, por muy primitivo que sea nuestro sistema operativo seríamos incapaces de interactuar con el equipo.

Nota

No obstante, hoy en día podemos encontrar ordenadores (pensemos en una PDA u otros dispositivos portátiles) que no tienen teclado ni ratón, ya que poseen pantallas táctiles en las cuales el ratón es nuestro dedo (u otro dispositivo apuntador, como un puntero de plástico) y el teclado bien puede ser virtual (aparece simulado en la parte inferior de la propia pantalla para que podamos escribir pulsando con los dedos sobre la misma) o bien la entrada de datos alfanuméricos se ha solucionado de otra forma (por ejemplo, introduciendo los datos mediante la voz utilizando un micrófono).

El ratón

Este elemento se ha convertido en algo imprescindible según ha ido evolucionando el entorno gráfico de los programas. Pensemos que en los primeros sistemas operativos (MS-DOS, por ejemplo) todas las instrucciones se introducían mediante el teclado. Pero los nuevos sistemas operativos con interfaz gráfica de usuario (GUI) requieren el uso del ratón para sacarle todo el partido a estas aplicaciones.

> **Nota**
> Casi todos los programas pueden ser utilizados únicamente mediante el teclado y poseen las llamadas "teclas abreviadas" o *short keys*, que hacen que ciertas funciones estén muy accesibles cuando, por ejemplo, estamos escribiendo un documento de texto. A pesar de todo, sólo con el teclado es imposible aprovechar con toda comodidad la interfaz gráfica, por lo que es imprescindible tener un ratón conectado a nuestro ordenador

Se trata de un dispositivo utilizado para señalar y lo controlamos con nuestra mano; tiene su reflejo directamente en la pantalla, a través de un cursor. Como periféricos que es, su finción es que el usuario pueda interactuar con el software y el hardware directamente a través de la pantalla, de un modo lo más sencillo posible pero, al mismo tiempo, de forma rápida y eficaz. Debido a su tamaño y a su cable similar a una cola, el dispositivo lleva el nombre de ratón (*mouse*), aunque con la proliferación de ratones inalámbricos este nombre es cada vez menos adecuado.

Normalmente, los ratones disponen de una bola en la parte inferior, que al rodar por una superficie plana, hace contacto con unos rodillos que son los que envían la señal a través del cable. Pero también hay ratones ópticos no tienen bola pues utilizan un haz de luz para determinar los movimientos del cursor, lo cual les hace ser muy precisos. Existen otros tipos de ratones, como el *Trackball*, en el que es el usuario el que mueve la bola, y otros nuevos modelos, que funcionan de las formas más diversas. Por ejemplo, el ratón puede ser un pequeño botón con sensibilidad en todos sus lados o el *TouchPad*, en el que una pequeña pantalla o área sensible en forma rectangular es la superficie por la que moveremos el dedo y que es equivalente a moverla por la pantalla. El *TouchPad* es el tipo de dispositivo apuntador más utilizado en ordenadores portátiles.

Teclado

El teclado es el periférico de entrada con el que más contacto vamos a tener. Un teclado con un diseño deficiente puede ser muy molesto para trabajar, e incluso puede provocarnos problemas de salud, de ahí la importancia de tener en cuenta la ergonomía de este periférico, algo que cada vez más fabricantes están investigando.

Debajo de cada tecla, hay un circuito asociado por el que fluye corriente. Cada vez que pulsamos una tecla, esa pulsación provoca un cambio de corriente que, dependiendo de un código que tiene cada circuito de tecla, llevará una señal determinada al procesador (existen dos códigos, uno para cuando se pulsa la tecla y otro para cuando se suelta).

Además del popular teclado fabricado en plástico existen otros de diversos materiales, algunos pensados para situaciones adversas en cuanto a agua, polvo y altas temperaturas (teclados de goma), o incluso en cuanto a posibles golpes y trato descuidado (teclados de membrana o de acero inoxidable, como los de los cajeros automáticos). También existen materiales con los que se fabrican teclados resistentes a la acción de productos químicos, como los teclados de Polyester. Algunos de estos teclados especiales son muy utilizados en ordenadores dedicados a labores industriales.

El teclado es uno de los periféricos más susceptibles a la imaginación creativa de los diseñadores: pueden ser grandes, con muchas teclas que añaden funciones multimedia, de formas redondeadas, luminosos, translúcidos o de diferentes colores; o también pequeños y ultrafinos (similares a los de un portátil y muy útiles para ordenadores utilizados en tiendas y otros terminales de punto de venta).

Además, el tamaño, agrupación y disposición de las teclas puede ser distinta según el uso para el cual estén pensados. Por ejemplo, existen teclados especialmente diseñados para los usuarios de juegos, que llevan una especial señalización de las teclas más utilizadas para movimiento y acciones de los propios personajes u objetos del propio juego.

Monitor

Una de las características más importantes del monitor es el tamaño de su pantalla, que al igual que los televisores domésticos, se mide en pulgadas. A mayor número de pulgadas, mayor comodidad para trabajar. Los monitores actuales oscilan entre las 17 pulgadas y 21 pulgadas.

En el monitor, la luz se proyecta sobre la pantalla, posicionándose sobre cada píxel (unidad mínima de representación gráfica en una pantalla) para que éstos brillen. El sistema por el que se iluminan los píxeles es donde encontramos las diferentes clases de monitores, desde los CTR (pantalla de tubo de rayos catódicos, cuyos últimos modelos ya se comercializan con pantalla plana) hasta los nuevos monitores TFT (pantalla de cristal líquido o LCD), que además de ser de gran calidad, ocupan un mínimo espacio gracias al diseño compacto de su pantalla plana, que en algunos modelos incluso es panorámica.

Otra característica de los monitores es el denominado *pitch*, que nos da información de la definición de nuestra pantalla (a más definición, más calidad de imagen), y la resolución o el número de colores. Estos parámetros deben estar en consonancia con las características de nuestra tarjeta gráfica, que es el componente a través del cual el monitor se conecta a la CPU. Hay que tener en cuenta que el monitor también posee su velocidad. Esta velocidad se mide en hercios (Hz) y hace referencia al tiempo que tarda en "refrescar" la pantalla. Con ello evitamos parpadeos r casi imperceptibles a simple vista pero que provocan un mayor cansancio de la vista al estar trabajando durante espacios de tiempo prolongados.

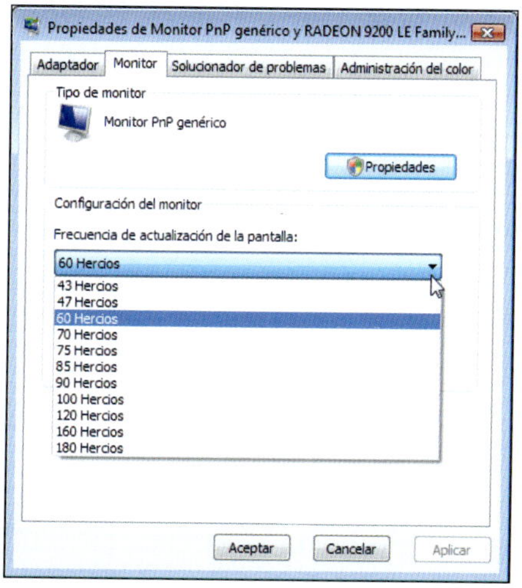

Impresora

©Copyright Stehfun

La impresora es uno de los periféricos más importantes, ya que nos permite trasladar nuestros documentos o fotografías de la pantalla al papel. Forma parte del conjunto básico de la informática doméstica, ya que todavía preferimos que muchos de nuestros trabajos estén impresos mejor que en formato digital.
Las impresoras son cada vez más rápidas, hacen menos ruido y permiten imprimir en color con calidad fotográfica.

Existen varios tipos de impresoras, desde las ya obsoletas impresoras matriciales hasta las impresoras láser y las de inyección de tinta, las más solicitadas por su excelente relación calidad/precio. Mientras que las impresoras de inyección de tinta funcionan proyectando pequeños puntos de tinta sobre el papel, en las impresoras láser, que son las que ofrecen mayor calidad, un pequeño láser se mueve dentro de un tóner y éste marca la tinta sobre la hoja.
El aspecto más importante de una impresora es su resolución, que es la cantidad de puntos que se imprimen en un espacio determinado. La resolución se mide en puntos por pulgada (ppp). Cuanto mayor sea esta cantidad, por ejemplo 1200 x 1200 ppp, el resultado será mejor porque tendrá mayor nitidez.
También es importante el tamaño del buffer, que es una cantidad de memoria intermedia en la que se almacenan los datos que se envían desde el ordenador, antes de imprimirlos. Cuanto mayor sea el tamaño del buffer, la rapidez de la impresión (el número de copias por minuto) será mucho mayor. Por otra parte, la interfaz es el puerto que utiliza la impresora para conectarse con el ordenador. Hoy en día casi todas usan conexión USB, aunque hasta hace unos años podíamos encontrar en el mercado impresoras a puerto paralelo. También podemos encontrar impresoras que se conectan mediante tarjeta de red, ya que están diseñadas para trabajar en una red interna (doméstica o profesional) en la que la impresora está compartida.

Escáner

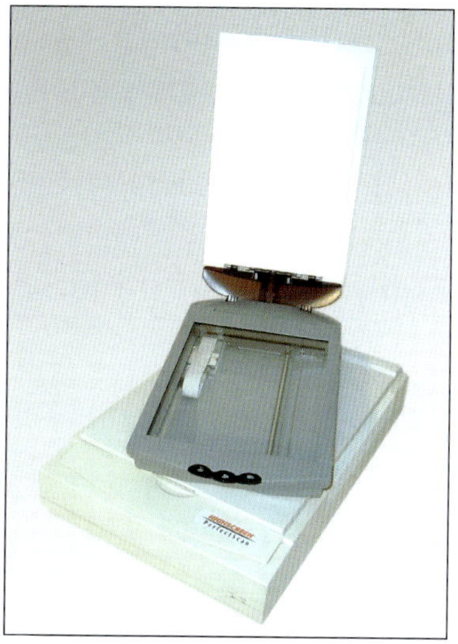

Un escáner sirve para transformar un documento impreso en papel en un archivo digital almacenado en el ordenador. Este proceso se denomina "digitalización". Podemos digitalizar cualquier tipo de documento, ya sean fotografías, páginas de revistas o periódicos, documentos de texto... Si además tenemos instalado en el ordenador un programa OCR (*Optical Character Recognition*, Reconocimiento Óptico de Caracteres), podemos convertir los caracteres alfanuméricos digitalizados en texto que podemos modificar libremente en un procesador como MS Word. El funcionamiento de un escáner es básicamente el siguiente: un foco ilumina la imagen y ésta es dirigida, mediante un sistema de lentes, a un fotosensor o CCD, el cual convierte la imagen en una serie de señales eléctricas sensibles a la intensidad y color de la imagen. Finalmente, otro dispositivo denominado DAC (*Digital Analog Converter*, Convertidor analógico-digital) convierte las señales en información digital inteligible por el ordenador.

A la hora de elegir un escáner debemos tener en cuenta el uso que vamos a darle a los documentos o fotografías que digitalicemos para así poder elegir adecuadamente la resolución con la cual realizaremos tal operación. La resolución se mide en puntos por pulgada (ppp) y depende en gran parte de las características del CCD; por eso, al comprar un escáner hay que tener en cuenta la resolución máxima indicada en la ficha técnica del producto.

Nota

Existen diferentes modelos y tamaños de escáneres para elegir. Los más normales son los de sobremesa, que nos permiten escanear cualquier elemento. Dentro de estos podemos encontrar A4 (los más normales y baratos) o incluso de tamaño superior (A3, por ejemplo). También existen escáneres que funcionan como una impresora. Su ventaja es que cuentan con una bandeja para escanear una serie de documentos seguidos. La desventaja, que sólo permite escanear papeles sueltos. También son conocidos los escáneres manuales o de "rodillo", aunque en general son muy poco utilizados.

Además, es necesario tener en cuenta que existen distintos tipos de resolución. Aquella que indica el límite físico del fotosensor es la resolución óptica y se expresa indicando el número de ppp horizontales y el número de ppp verticales de la siguiente forma: 300 x 600 ppp (lo cual significa, teniendo en cuenta las dimensiones de la imagen en pulgadas y tomando como referencia una línea de 1 pulgada, el escáner es capaz de identificar 300 puntos individuales por cada línea horizontal de 1 pulgada y 600 puntos individuales por cada línea vertical de 1 pulgada).

Equipos multifunción o "todo en uno"

Las impresoras multifunción son equipos, mitad impresora, mitad escáner, que cumplen además la función de fotocopiadora e incluso la función de fax. El ahorro de espacio que suponen este tipo de periféricos es indudable, pero también hay que tener en cuenta que si el uso que se va a hacer de sus distintas funciones compensa realmente el desembolso adicional que supone un equipo de este tipo, aunque esto cada vez más está dejando de ser un problema debido al progresivo ajuste de precios que están experimentando estos equipos.

Este tipo de dispositivos está muy indicado para pequeñas oficinas, pues son los usuarios de la pequeña y mediana empresa quienes realmente rentabilizan una multifunción, haciendo un intensivo uso de la fotocopiadora y el fax. Por este motivo, a la hora de adquirir un multifunción para uso doméstico hay que tener en cuenta que los fabricantes de este tipo de dispositivos suelen ofrecer equipos multifunción de gama alta dirigidos al sector profesional que pueden llegar a ser bastante caros, además de ofrecer características y calidades a los cuales con seguridad se les podrá dar poco uso si se trata de un usuario doméstico.

A la hora de adquirir un multifunción para casa, también hay que tener en cuenta que algunos no incluyen la función de fax, con lo cual podemos ahorrar algo de dinero si pensamos que no vamos a utilizar mucho esta función y por tanto podemos prescindir de ella. También hay que tener en cuenta el tipo de calidad de impresión que necesitaremos y el tipo de impresiones que vamos a realizar más a menudo, pues los precios pueden variar bastante entre equipos multifunción que incluyen impresora láser y los que incluyen impresora de inyección de tinta.

Altavoces

Los altavoces permiten la difusión al exterior de los sonidos y la música que se producen en la tarjeta de sonido. A medida que los sonidos que puede producir nuestro ordenador son de mayor calidad, se requieren unos altavoces más potentes y de mejor calidad.

Las características son las mismas que las de los altavoces HI-FI e incluso se pueden intercambiar si conocemos bien los tipos de conexiones. Cada vez utilizamos más nuestro ordenador como estación multimedia, para jugar con complejos videojuegos, ver películas DVD o escuchar música, por eso un buen sistema de altavoces es cada vez más importante.

El sistema de sonido digital más utilizado actualmente en productos multimedia es el *Dolby Digital* 5.1., que además es el estándar utilizado en el DVD-Vídeo. Se trata de un sonido envolvente de gran calidad que intenta recrear la realidad, en la cual cada sonido llega a nuestros oídos desde lugares distintos, y nunca todo lo que oímos procede de un mismo punto, como ocurre con lo que se escucha a través de un altavoz convencional. Los sonidos reproducidos gracias al *Dolby* se dividen en distintos canales dependiendo de su intensidad y otras características. Para ello se utilizan varios altavoces de distintos tamaños que han de colocarse de una determinada forma. Encontraremos 5 pequeños altavoces a modo de satélites en torno a otro altavoz más grande que incorpora un sistema *Subwoofer*. Por supuesto, para sacarle el adecuado rendimiento a este sistema de audio digital es muy recomendable que la tarjeta de sonido también soporte *Dolby Digital* 5.1. De todos modos, hoy en día este tipo de tarjetas son asequibles y fáciles de encontrar.

Lápiz y tableta gráfica

El lápiz óptico es un periférico de entrada poco conocido, ya que se utiliza en el mundo del diseño gráfico, aunque existen modelos básicos para cualquier aficionado. Un lápiz óptico emula el funcionamiento de un bolígrafo o una pluma, con el que escribimos en una superficie, que es la tableta gráfica. Todo lo que dibujemos con el lápiz y la tableta, lo veremos reflejado directamente en nuestro monitor, gracias a un sistema de lectura de coordenadas.

Las tabletas son sensibles a la presión ejercida sobre la punta del lápiz, lo cual permite regular la intensidad y otras características del trazo dándole así una apariencia muy natural y realista a nuestros trabajos.

El lápiz y la tableta también resultan muy útiles cuando se trabaja con monitores grandes (o incluso con 2 monitores simultáneamente), pues el desplazamiento realizado mediante el lápiz es más rápido que con el ratón. El lápiz también puede utilizarse como ratón o para firmar documentos de texto o incluso para trabajar con la interfaz gráfica de casi cualquier programa. Por tanto, el lápiz y la tableta no sólo sirven para trabajar a "mano alzada" con dibujos, fotografías, sino que sirven como dispositivo apuntador para trabajar con cualquier aplicación y en cualquier punto de la pantalla.

Otra interesante utilidad de las tabletas gráficas es la posibilidad de calcar fácilmente cualquier tipo de original utilizando un sistema de fijación de la foto o dibujo sobre la superficie de la propia tableta de tal forma que el original queda por debajo de una hoja transparente sobre la cual podemos utilizar el lápiz siguiendo los contornos y formas para calcar el original.

Existen tabletas gráficas de distintos tamaños según las dimensiones de los trabajos que se necesite realizar, y también según el tamaño del monitor del equipo en el cual vayan a ser utilizadas. Los tamaños más utilizados son A4, A5 y A6, aunque también existen más pequeñas dirigidas a usuarios domésticos y más grandes paara los profesionales. Lo único que tenemos que tener en cuenta es qué utilidad vamos a darle y, sobre todo, cuánto dinero queremos gastarnos, ya que una buena tableta gráfica A4 puede ser muy cara.

Joystick y dispositivos de juegos

El joystick, o palanca de mando, funciona de forma muy parecida a un ratón, aunque este dispositivo sea bastante diferente. Este periférico emula las palancas y los botones de las antiguas, y nuevas, máquinas recreativas, en las que conseguimos desplazar el cursor (que en un videojuego será nuestro personaje) al mover la palanca en las diferentes coordenadas. Este tipo de dispositivo es muy útil para simuladores de vuelo, por ejemplo. Además, podemos regularlo a nuestro gusto, al menos en la mayoría de los modelos.

Los GamePad son dispositivos para juegos con un diseño diferente a los joystick, más similares a los que se utilizan en las consolas de videojuegos como PlayStation o XBox. En los GamePad, los movimientos se controlan casi siempre a través de botones que pueden configurarse a nuestro gusto, y se suelen usar las dos manos para manejarlos.

Existen otros dispositivos de juegos que imitan aparatos de la vida real que a su vez se emulan en los videojuegos de más éxito. Los más conocidos son los volantes, que cada vez tienen más éxito entre los aficionados a los juegos para ordenador.

WebCam

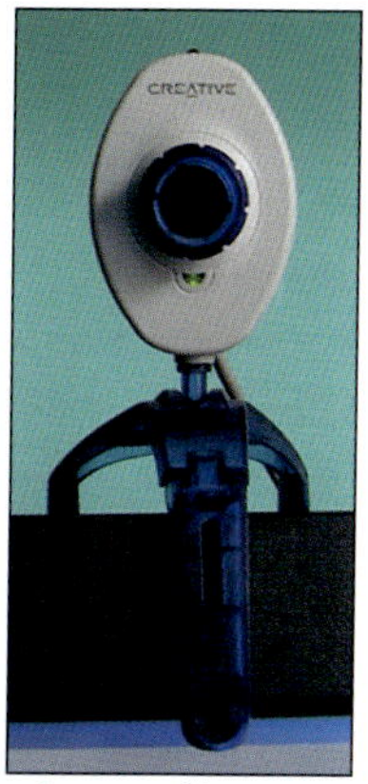

Se trata de un periférico que nos permite realizar videoconferencias, es decir, poder comunicarnos con otras personas a través de Internet y de manera visual (si ambos disponen de WebCam, se pueden ver entre ellos). Básicamente, se trata de una mezcla de cámara de fotos y videocámara digital pero que maneja vídeos de muy baja calidad para que puedan ser transportados con facilidad por Internet. Si además de la WebCam, disponemos de micrófono, también podríamos hablar y escuchar a nuestro interlocutor.

La mayoría de modelos de WebCam también ofrecen la posibilidad de realizar fotos fijas de mayor o menor calidad según el tipo de cámara. También es posible encontrar WebCam con micrófono integrado, con lo cual se hace innecesario disponer del mismo de forma independiente a la propia cámara. Incluso hoy en día es muy común encontrar monitores (especialmente en el caso de los ordenadores portátiles) que llevan la WebCam integrada.

Cámara digital

Aunque propiamente no se trata de un componente de ordenador (ya que ha sido tal su evolución que existen impresoras y lectores para ellas sin necesidad de enchufarlas al PC), lo cierto es que forman parte de la tecnología informática, y su desarrollo ha ido a la par con el de los ordenadores.

Esta revolución digital se ha producido no sólo en el campo profesional, sino también en el doméstico. Por un precio asequible, podemos transferir vídeos e imágenes directamente a nuestro ordenador, para luego retocarlas, imprimirlas o simplemente almacenarlas en nuestro disco duro o en un CD o DVD. Incluso la mayor parte del software básico para ver o tratar imágenes nos permiten hacer pequeños pases de diapositivas.

Enlo que se refiere a las cámaras fotográficas, el abaratamiento de las tarjetas de memoria ha contribuido a popularizar este tipo de periféricos. Ahora podemos disfrutar de fotos de excelente calidad y de la posibilidad de almacenar un gran número de ellas en la propia cámara, y no tener que estar pendientes de los carretes que tenemos (en una tarjeta de 1 GB pueden caber alrededor de 1500 fotografías de una más que aceptable calidad) y, especialmente de cuánto nos va a costar revelarlas. Uno de los especiales atractivos de estas cámaras es el disponer de pantallas LCD a través de las que podemos ver la imagen capturada nada más realizarla y así decidir guardarla si nos gusta cómo ha quedado o borrarla en caso contrario. Además, dada la capacidad de almacenamiento de las tarjetas de memoria, así como del disco duro, y el hecho de que no nos va a costar nada revelarlas (basta con conectar un cable de la cámara a una entrada USB que tengamos libre en el ordenador), hace que podamos realizar todas las fotografías que queramos y luego podamos decidir ya en el ordenador y con más tiempo, cuáles conservamos y cómo las organizamos.

Nota: La calidad de imagen de las cámaras de fotos digitales se mide en megapíxeles, unidad que mide la resolución en millones de píxeles (por ejemplo, 4 megapíxeles para designar una calidad máxima de 4 millones de píxeles).

PDA y Palm

PDA y Palm son dispositivos portátiles, de tamaños muy reducidos, que realizan muchas de las funciones de un ordenador personal. Aunque son totalmente autónomos, su funcionalidad aumenta cuando los conectamos a nuestra computadora, normalmente a través de un puerto USB (aunque cada vez proliferan más las conexiones inalámbricas mediante infrarrojos o *Bluetooth*).

PDA (*Personal Digital Assistant*, Asistente Personal Digital) y Palm son dos denominaciones distintas para un tipo de dispositivo digital genéricamente denominado *Handheld*; el nombre depende de la compañía que lo haya fabricado y el estándar que hubiera elegido de los dos. Palm Inc. es el fabricante de los dispositivos que llevan su nombre, los cuales utilizan un sistema operativo propio denominado Palm OS. En cambio, son muchos los fabricantes de PDA, la mayoría de los cuales utilizan los sistemas operativos PocketPC y Windows CE.

Nota

Aunque en un inicio este tipo de dispositivos comenzaron a usarse únicamente desde el lado profesional, hoy en día, el abaratamiento de los precios y las facilidades de conexión *bluetooth* han hecho de estos productos herramientas muy atractivas para los usuarios domésticos.

Son dispositivos muy sencillos de usar y muy intuitivos. Para introducir datos y navegar no se utiliza ratón ni teclado, sino un pequeño lápiz con el que tocamos la reducida pantalla del dispositivo. Hay algunas que incluyen teclado, ya sea virtual (en la propia pantalla y manejado por el lápiz) o incluso real.

Las Palm y las PDA tienen su propia memoria (es habitual que dispongan de su propia memoria interna, ampliable a través de tarjetas de memoria flash, memorias SD *(Secure Digital)* o *MultimediaCard*) y procesador, y aunque suelen ser empleadas como agendas, sus usos van mucho más allá, e incluyen la posibilidad de conectarse a Internet, recibir y enviar correo electrónico, ver y enviar fotografías y vídeos, orientación mediante GPS... Además podemos encontrar dispositivos híbridos que incorporan las funciones tanto de un PDA como de un teléfono móvil.

Informática y móviles

Los teléfonos móviles, ya sean de primera, segunda o tercera generación (tecnología UMTS) están muy ligados a la informática y a los ordenadores. Existen multitud de formas para conectar nuestro teléfono móvil al ordenador, dependiendo del modelo y marca del teléfono, pero la utilización de ambos dispositivos como terminales de comunicación está muy generalizada. La conexión de estos teléfonos con el ordenador acostumbra a hacerse mediante un dispositivo *Bluetooth*.

Podemos navegar con nuestro teléfono (WAP o superior), mandar fotos a Internet o mandar correos electrónicos que se leerán en un ordenador. Pero el uso más común que une a estos dos aparatos es el envío de mensajes SMS (*Short Message Service*, Servicio de Mensajes Cortos).

Existen multitud de programas y de direcciones de Internet, a través de las cuales podemos mandar mensajes a móviles si disponemos de un ordenador con conexión a Internet. Otro tipo de mensajes son los MMS (*Multimedia Message Service*, Servicio de Mensajes Multimedia), en los que el texto da paso a la imagen. Además, de Internet podemos descargarnos logos, melodías e incluso juegos.

En este último aspecto, la evolución de este tipo de dispositivos ha sido asombrosa en los últimos años. Hoy en día podemos hacer casi cualquier cosa con un teléfono móvil, y lo que antes era una herramienta para pocos afortunados, actualmente constituye un elemento habitual en la vida de cualquier persona.

Pero como hemos visto, los actuales teléfonos móviles no se limitan a ser un simple dispositivo para llamar o recibir llamadas, sino que se han convertido en un terminal para realizar numerosas funciones, como puede ser conectarse a Internet, descargar y enviar correo electrónico, etc. Para todas estas funciones podemos encontrar en el mercado numerosos dispositivos y equipamiento para nuestro móvil, desde elementos más comunes a los más novedosos e innovadores.

Periféricos específicos para portátiles

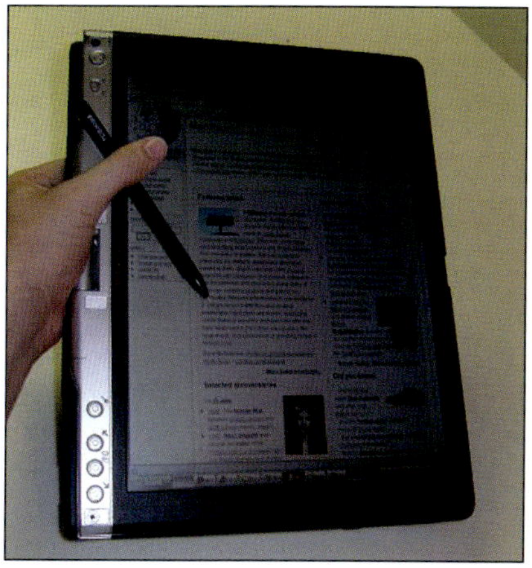

Los ordenadores portátiles, dadas sus peculiaridades, tienen unos periféricos especialmente diseñados para ellos. A veces son simplemente accesorios con un tamaño y peso menor, pero también existen periféricos que sólo funcionan con este tipo de ordenadores.

Las PCMCIA (*Personal Computer Memory Card Interface Association*), son un milagro de la miniaturización, ya que en una simple tarjeta pueden contener, desde un módem hasta un disco duro portátil. La mayoría de los equipos portátiles disponen de ranuras para estas tarjetas, que son muy prácticas (dependiendo de lo que necesitemos) y su precio, antes bastante elevado, ya está al alcance de cualquier bolsillo.

Existen otros periféricos (impresoras, ratones, grabadoras) que por su tamaño o simplemente por ser externos (el ordenador no tiene porqué "abrirse" para que se instalen) son idóneos para los ordenadores portátiles, pero también se pueden usar con los ordenadores de escritorio.

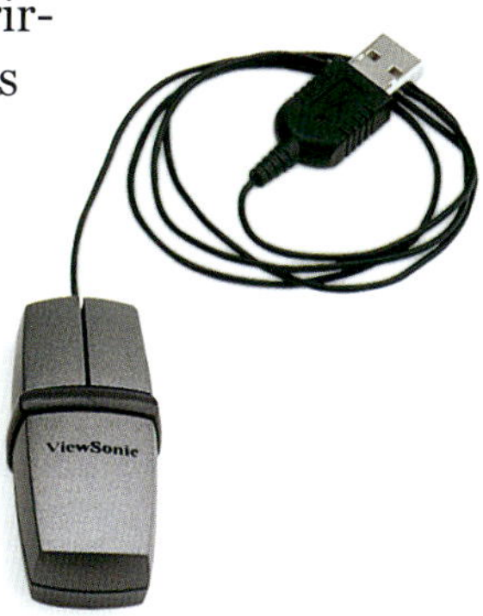

De todos modos, siempre que vayamos a ampliar nuestro ordenador o a instalar un periférico, lo mejor es que nos aseguremos si es compatible y si es el más adecuado para nuestro equipo. como siempre, si no disponemos de los conocimientos adecuados, ante todo hay que leer las instrucciones de los fabricantes y no dudar en ponernos en manos de un profesional que nos asesore de qué periférico es el mejor para nuestro ordenador. Una ampliación inadecuada no sólo deja de ser útil sino que puede convertirse en un auténtico suplicio a la hora de trabajar con el equipo.

Nota

Hemos hablado anteriormente de los ordenadores "clónicos" y de la posibilidad de ampliar o de personalizar el equipo a nuestras necesidades; pero hay que tener en cuenta que en el caso de los portátiles esto es, además de más difícil para que lo haga el usuario con sus propias manos, bastante más caro, dado que las piezas son mucho más pequeñas y avanzadas. No obstante cada vez empezamos a encontrar en las tiendas de informática más componentes para ordenadores portátiles (especialmente ampliaciones de memoria RAM y discos duros) y a precios muy asequibles.

Capítulo 3
El sistema: datos, ficheros y sistemas operativos

Cómo se almacenan

Si abrimos un ordenador encontraremos multitud de pequeños microchips. Estos microchips están formados por transistores, que son la unidad más básica del hardware del ordenador. El transistor sólo puede crear información binaria: un 1 si pasa corriente y un 0 si no pasa corriente. Estos ceros y unos son los bits, que forman el lenguaje más básico que puede entender el ordenador, que puede crear cualquier número a través de las operaciones que realizan los transistores.
Los números binarios son la lengua materna de los ordenadores. A partir de este sistema el ordenador puede elaborar representaciones de millones de números, letras y palabras y cientos de miles de colores y formas.

> **Nota**
> Para nosotros es difícil comprender la notación binaria, por eso se suelen pasar a algún sistema más comprensible. Por ejemplo, ASCII es un sistema universal que representa las letras del alfabeto y los signos más conocidos.

Por tanto, los datos, estén almacenados en un disco duro, un disquete o un CD-ROM, permanecen físicamente como ceros (0) y unos (1) ya sean gráficos, texto o números, de forma microscópica en la superficie del disco. Dependiendo de cada sistema operativo, los datos se organizan según un esquema o sistema de archivos, que define la estructura con la que se organizan y se localizan los datos en el disco. Los datos se almacenan en unidades llamadas *clusters*, que tienen un tamaño concreto en bytes. Cada sistema de archivos administra los clústeres de una forma, y en cada sistema tienen un tamaño distinto.

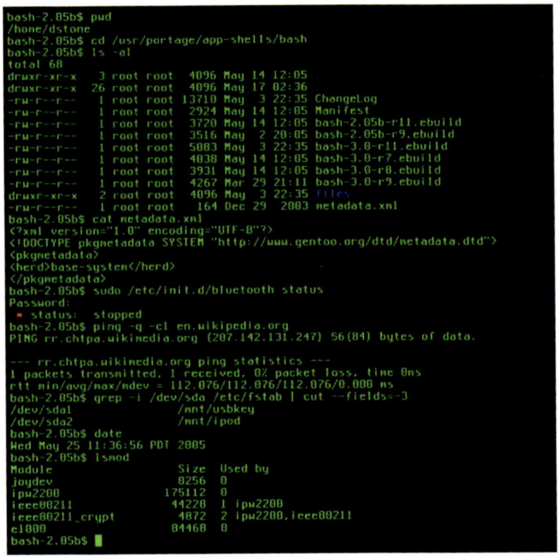

Por encima del lenguaje binario está el lenguaje máquina, formado por complejas órdenes que administran todos los recursos del hardware (escribir un dato en memoria, sumar dos números...). Este lenguaje es muy complejo y pocos programadores saben interpretarlo.

Después del lenguaje máquina ya encontramos el Sistema Operativo que administra todos los recursos del sistema y gestiona los datos. Primero está el núcleo del sistema operativo y por encima, la capa externa, que compone la interfaz de usuario, ya un lenguaje humano de alto nivel que podemos entender.

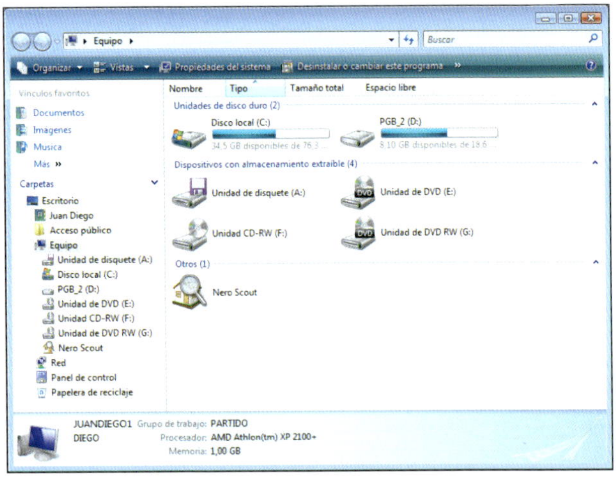

La interfaz es lo que el usuario ve en el ordenador y a través de ella interactuamos con el hardware para conseguir que el equipo haga lo necesario para completar las tareas que deseemos. La interfaz puede ser gráfica (la mayoría de las actuales) o de comandos (tenemos que escribir las órdenes).

Un sistema operativo está formado por muchos programas que realizan multitud de acciones básicas (grabar archivos, crear carpetas, cambiar la hora y la fecha) y también controla todos los programas de aplicación que ejecutemos en nuestra computadora. Los programas de aplicación (el software) son los que realmente resuelven los problemas específicos del usuario.

Lenguajes de programación

Los lenguajes de programación son precisamente eso, lenguajes, con su propio vocabulario y gramática, que se utilizan para poder comunicarse con el ordenador y poder así diseñar las aplicaciones a un nivel más cercano al lenguaje máquina del ordenador. Estos lenguajes (alguno de ellos bastante complejo) son como idiomas que debemos aprender para poder programar y con los que indicamos órdenes a la computadora.

```
Public Type RECT
   Left As Long
   Top As Long
   Right As Long
   Bottom As Long
End Type

Public Declare Function DrawEdge Lib "user32" _
  (ByVal hDC As Long, _
   qrc As RECT, _
   ByVal edge As Long, _
   ByVal grfFlags As Long) As Long

Public Declare Function GetWindowDC Lib "user32" _
   (ByVal hwnd As Long) As Long

Public Declare Function ReleaseDC Lib "user32" _
  (ByVal hwnd As Long, _
   ByVal hDC As Long) As Long

Public Declare Function GetClientRect Lib "user32" _
  (ByVal hwnd As Long, _
   lpRect As RECT) As Long
```

mos órdenes a la computadora. Por ejemplo:

Si Acontecimiento1 **entonces** Orden1 **si no** Orden2

Es un ejemplo de una condición, que, en caso de cumplirse, da unas órdenes. Las palabras en negrita serían propias del lenguaje de programación. También se usan fórmulas con operadores, matrices, variables, constantes... exactamente igual que en las Matemáticas.

Los lenguajes de programación son en definitiva acuerdos o convenios a los que se han llegado entre muchos programadores, para utilizar lenguajes comunes para escribir programas. La mayoría de estos lenguajes usan el inglés como vocabulario.

Existen tantos lenguajes de programación que todo cuanto se diga al respecto resulta demasiado simplificador. No obstante, veamos algunos conceptos muy básicos...

Los lenguajes de programación contienen expresiones en las cuales se utiliza una especie de combinación de lenguaje de tipo matemático y vocabulario humano. Por tanto, después de ser programados los programas necesitan ser compilados, es decir, necesitan pasar un proceso cuyo objeto es traducir el programa al lenguaje máquina para que pueda ser ejecutado por el ordenador.

Sin embargo, existen lenguajes de programación que, en vez de ser compilados necesitan un programa intérprete que analiza directamente la descripción simbólica del programa y realiza las instrucciones correspondientes. Los lenguajes de programación que requieren del uso de un intérprete suelen estar más cerca del lenguaje humano, por lo cual a menudo son denominados como Lenguajes de Alto Nivel. Por el contrario, los Lenguajes de Bajo Nivel no necesitan de un intérprete que traduzca las instrucciones pues se trata de lenguajes que el ordenador puede entender a la hora de ejecutar un programa.

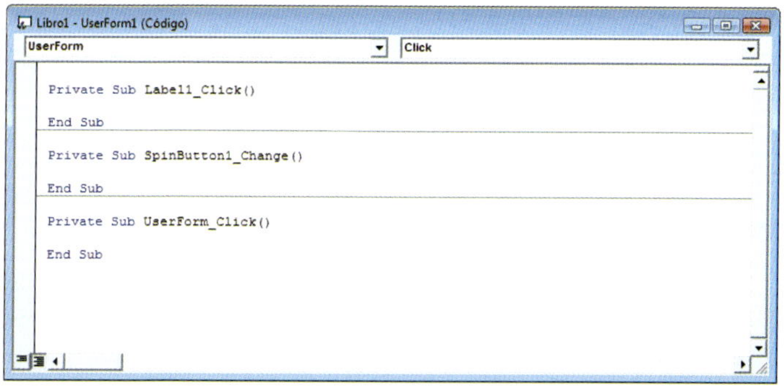

El sistema operativo y las aplicaciones

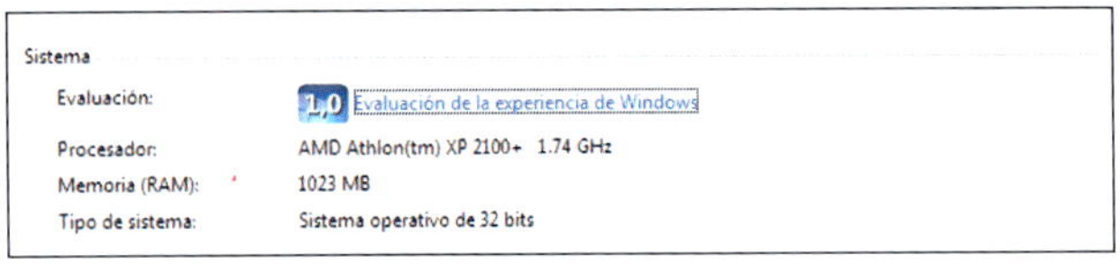

El sistema operativo es el principal responsable de que todo funcione perfectamente en nuestro ordenador. Sin sistema operativo prácticamente no podríamos hacer nada, pero sin las aplicaciones no podríamos hacer nada productivo.

Las aplicaciones están diseñadas por programadores pensando en una utilidad y en una máquina, pero sobre todo pensando en un sistema operativo específico. Cada aplicación debe respetar unas reglas básicas dadas por ese sistema, sin las cuales no podría funcionar bajo esa plataforma. Digamos que primero es la programación del sistema operativo y luego la de las aplicaciones, que deben ser compatibles. Por eso no podemos abrir una aplicación diseñada para un sistema operativo en otro, a no ser que sean sistemas operativos compatibles o realizados por la misma compañía, como es el caso de Microsoft con MS-DOS y Windows, aunque sólo para algunos casos.

Debido a lo anterior, es fundamental que cuando adquiramos un programa para nuestro ordenador en el embalaje o caja del mismo esté específicamente indicado que el software funciona en el sistema operativo que tenemos en nuestro equipo.

Cuando encendemos el ordenador, lo primero que se carga en la memoria es el sistema operativo que esté instalado en el mismo, pues es él quien controla todos los recursos del sistema (hardware instalado, periféricos, ejecución de aplicaciones software, etc.).

Es importante, además, recordar que cada sistema operativo utiliza un esquema distinto para almacenar información, un sistema de archivos distinto. Por tanto, debemos tener esto en cuenta si vamos a utilizar la misma información en diferentes máquinas con diferentes sistemas operativos, tratando de utilizar convenciones de almacenamiento de datos que sean multiplataforma (compatibles con varios sistemas operativos, como por ejemplo el ISO, estándar internacional para el almacenamiento de datos en CD-ROM).

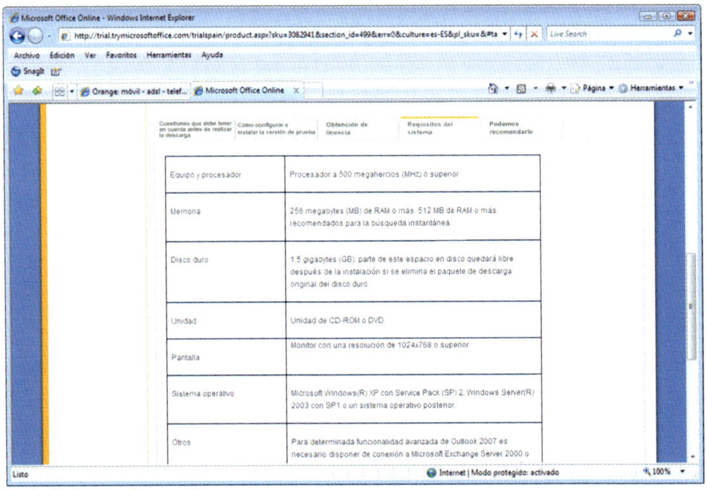

Los archivos

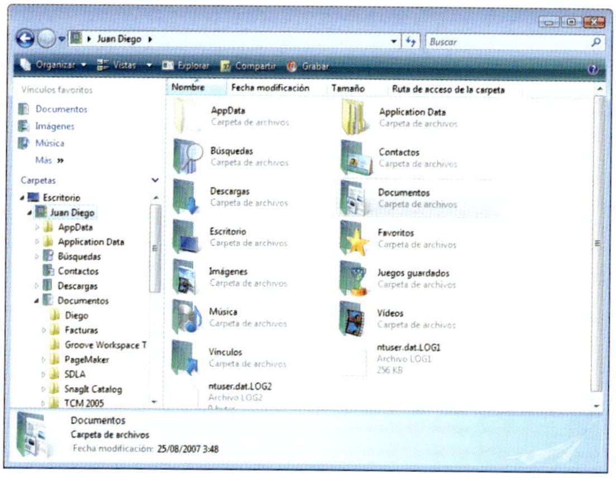

Los archivos son una especie de contenedor de los datos, con unas peculiaridades específicas que se suelen reflejar en su extensión. Cada archivo se nombra según unas reglas específicas (longitud o caracteres que no se deben usar) que dependen de cada sistema operativo (por ejemplo, en MS-DOS, el nombre no debe superar los ocho caracteres más tres de la extensión). El nombre del archivo estaría incompleto sin la extensión, que sería algo así como su carné de identidad, sin el cual no podría viajar por el mundo de los discos y los datos.

La extensión suele venir dada por la aplicación que creó el archivo o la aplicación para la que fue creada. Por ejemplo, un archivo "Hola.doc" indica que su nombre es "Hola" y su extensión nos dice que se trata de un archivo para Microsoft Word. El sistema operativo, según la extensión del archivo, ejecuta una aplicación determinada cuando hacemos doble clic sobre el mismo para abrirlo (aunque esto podemos modificarlo y configurar la aplicación que nosotros deseemos como predeterminada para una determinada extensión). Normalmente el sistema operativo representa cada archivo con un determinado icono propio del programa predeterminado.

Nota

Existen miles de tipos de extensiones distintas. Si se encuentra con alguna que no conoce y que tampoco es reconocida por el sistema operativo (no se abre ningún programa al hacer doble clic en el archivo), puede visitar la página Web `http://glosarium.com/list/7/index.xhtml`, en la cual encontrará un diccionario de extensiones bastante completo.

Estas son algunas de las extensiones de archivo que va a encontrarse a menudo:

- `.txt`: Documento de texto plano, sin formato. En Windows su aplicación predeterminada es el Bloc de Notas.
- `.doc`: Documento de Microsoft Word. Soporta texto formateado de múltiples tipos, además de la inserción de imágenes y otras muchas características para la creación de documentos bastante completos.
- `.rtf`: Documento de texto enriquecido. Es similar a los documentos de Word, pero es un estándar admitido casi por cualquier programa procesador de textos, con lo cual es una buena opción para generar documentos.

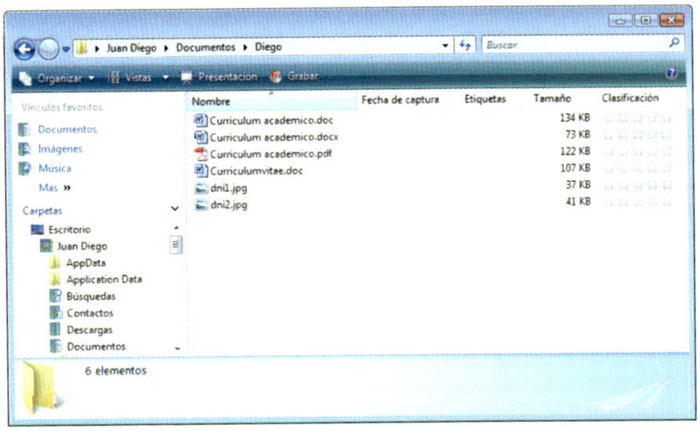

- `.jpg`: Archivo de imagen indicado para la representación de fotografías en Internet gracias a la buena calidad de imagen que se obtiene en archivos bastante reducidos.
- `.pdf`: Formato para documentos cuyo aspecto y contenido aparece idéntico independientemente de si se abre en un PC, en un Mac, o en otro sistema operativo, o incluso en una PDA. Se pueden conseguir documentos muy completos en unos pocos cientos de Kilobytes, con lo cual es un formato de archivo que también se utiliza mucho en Internet. Además, su contenido puede ser protegido, con lo cual es un formato ideal para documentos cuyo contenido se quiere que no pueda ser modificado por motivos de seguridad o para proteger derechos de autor.
- `.gif`: Archivo de imagen también muy utilizado en páginas Web, pero no para fotografías sino para iconos, logotipos, pequeñas animaciones, dibujos y cualquier material gráfico que utilice colores planos.
- `.mp3`: Archivo de audio muy popular pues reproduce una excelente calidad de sonido (calidad CD o incluso superior) en archivos que sólo ocupan unos pocos megabytes.
- `.mpeg`: Archivo de vídeo. Existen distintas versiones y calidades. El mpeg2, por ejemplo, se suele usar como formato de vídeo de calidad adecuada para un DVD.

Existen otros tipos de archivos que no son específicos de un programa de aplicación, sino que su utilidad puede ser otra (archivos del sistema, de ayuda, temporales, etc.).

Sistemas de archivos

Existen varios tipos de sistemas de archivo, cada uno de ellos específico de un sistema operativo, aunque los nuevos sistemas operativos admiten varios sistemas para organizar los archivos. La mayoría de los sistemas de archivo contienen los datos en una estructura de carpetas y directorios, que a su vez tienen subdirectorios y luego los archivos con los datos. Los sistemas de archivo más utilizados son los creados por Microsoft y que se utilizan en sus sistemas operativos (FAT, FAT16, VFAT, FAT32 o NTFS). Otros son los que se pueden utilizar en Linux o en Macintosh (HFS). El sistema de archivos no debe preocuparnos, a no ser que queramos instalar en nuestro ordenador varios sistemas operativos o cambiar el que tengamos, en cuyo caso debemos realizar particiones en nuestro disco duro, con aplicaciones especiales para ello como Fdisk o Partition Magic. Antes de que se pueda almacenar cualquier información en un disco, debemos formatearlo según el esquema que tengamos, con lo que creamos el mapa de carreteras que permite a una unidad almacenar y encontrar datos de una manera ordenada.

MS-DOS

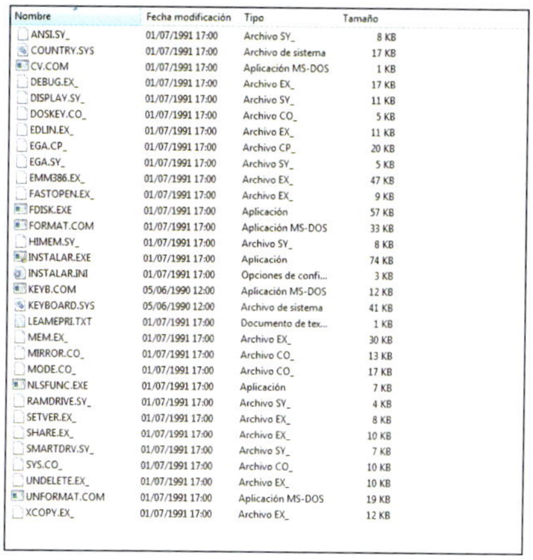

MS-DOS es el acrónimo de *Microsoft Disk Operating System* (Sistema Operativo de Discos de Microsoft, ya que en sus primeras versiones su misión era grabar y leer discos). MS-DOS, fue uno de los sistemas operativos más populares antes de la aparición de Windows, ya que consiguió reunir por primera vez un software capaz de interactuar con el hardware sin necesidad de tener conocimientos de programación. Cierto es que sí había que conocer una serie de comandos (todos ellos introducidos a través del teclado) que para el usuario actual de Windows (o de cualquier sistema operativo con interfaz gráfica) parecería casi un lenguaje de programación. La interfaz entre MS-DOS y el usuario, es decir, la comunicación, entre ambos, se realiza totalmente a través de órdenes escritas, por lo que sólo se necesitaba el teclado y sin necesidad de ratón. Todas las acciones (crear y borrar archivos o carpetas, ejecutar programas, se realizan a través de órdenes que se escriben en la línea de comandos, justo después del indicativo del sistema C:\>).

> **Nota**
>
> Lo cierto es que MS-DOS, sin llegar a tener nunca una interfaz gráfica, sí podía permitir al usuario ejecutar los comandos más importantes mediante el ratón, en una pantalla bastante simple y gráficamente muy pobre, pero que servía de ayuda a quien no tenía muchos conocimientos. Era la versión *Shell* de MS-DOS.

MS-DOS ha desaparecido ya por completo del panorama de los ordenadores, en especial a partir de la revolución que significó Windows 95. Este nuevo sistema operativo centralizó todas las órdenes a través de la interfaz gráfica de Windows, de modo que el usuario siempre trabajaba con Windows (en las versiones anteriores de Windows, el usuario seguía trabajando en MS-DOS). Windows 95 todavía "escondía" MS-DOS en su interior, pero las nuevas versiones de Windows, aunque siguen guardando los mismos comandos, ya no poseen propiamente el sistema MS-DOS. A pesar de todo, todavía con Windows Vista podemos ejecutar algo casi idéntico a MS-DOS escribiendo `cmd` en la pantalla de ejecución de programas o ir a Iniciar>Todos los programas>Accesorios>Símbolo de sistema.

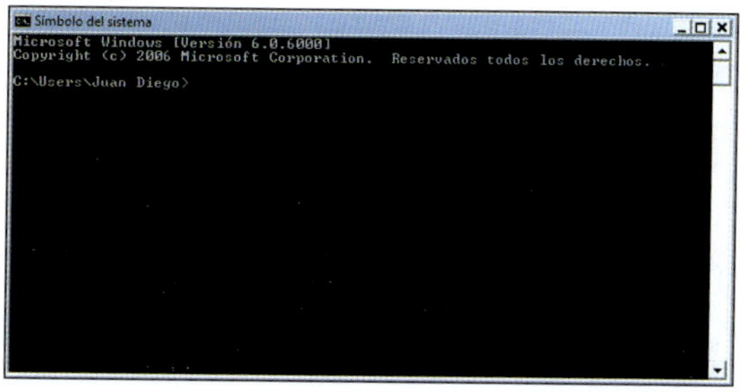

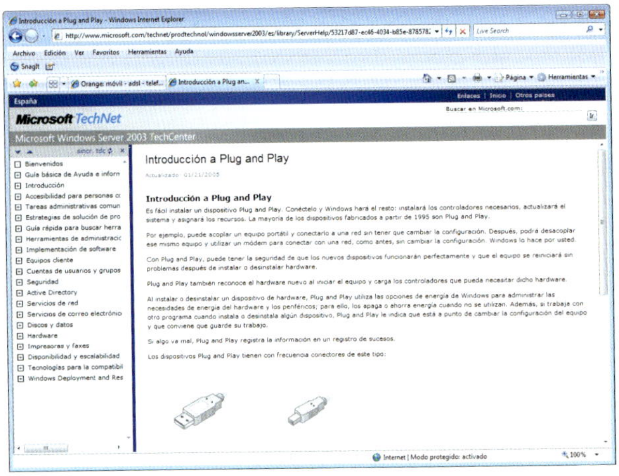

Una de las carencias fundamentales del DOS era la configuración de dispositivos que se querían instalar en el ordenador ya que es incapaz de detectar tanto el hardware que posee el ordenador como el nuevo que se añada, siendo necesario configurar todo manualmente (para lo cual es necesario tener conocimientos al respecto). En este sentido, Windows y el hardware *Plug and Play* supuso un adelanto considerable y un motivo de popularización de la informática. No obstante, había veces que, teniendo esos conocimientos, MS-DOS era mejor para personalizar las instalaciones de esos componentes.

A pesar de que MS-DOS es un sistema operativo anacrónico, aún sigue siendo útil para algunas tareas concretas, como por ejemplo, para solucionar problemas de arranque de Windows. También suele utilizarse para ejecutar determinando comandos que nos proporcionan información sobre el estado de una red y otra información útil para solucionar problemas de conexión de un equipo con Internet.

Windows

Windows se ha convertido en uno de los sistemas operativos más utilizados en todo el mundo. Cuando Bill Gates fundó la compañía Microsoft, y después de haber distribuido con bastante éxito MS-DOS, decidió diseñar un sistema operativo con interfaz gráfica (GUI). Gates inspirandose en otro sistema que se controlaba con ratón lanzó Windows.

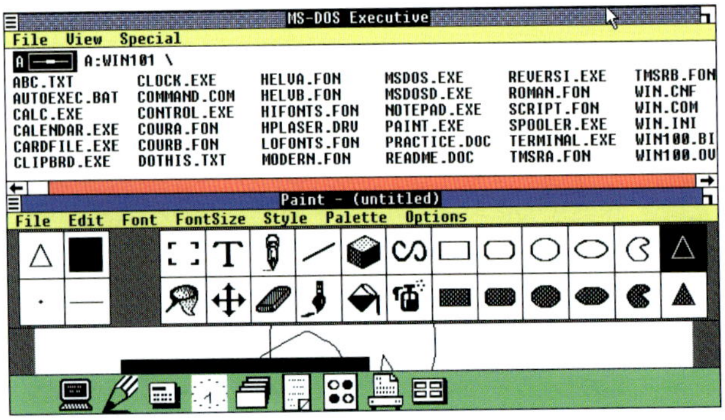

En sus versiones 1 y 2 no tuvo mucho éxito, pero con Windows 3.x comenzó el dominio de Microsoft, que llevaría a Bill Gates a ser el hombre más rico del mundo y a conseguir por fin aventajar a Apple en la carrera por la informática. En comparación con los sistemas operativos de línea de comandos, Windows ofrecía desde el principio una interfaz gráfica atractiva, a base de ventanas por las que se navega, abriéndolas y cerrándolas. Otra de las ventajas fue la creación de diferentes aplicaciones para Windows 3.x que se hicieron en seguida muy populares, como Word o Excel.

Después vino Windows 95, con muchas mejoras y una gran campaña de publicidad y que consiguió una gran cuota de mercado. Aunque era un sistema con API (*Application Programming Interface*, Interfaz de Programación de Aplicaciones) de 32 bits, todavía era compatible con Windows 3.x (API de 16 bits).

Windows 95 era ya un sistema operativo multitarea, es decir, podía ejecutar varias aplicaciones a la vez sin problemas, lo que en la práctica dependía en parte de la potencia de la computadora. También se introduce el concepto de *Plug and Play* para los periféricos, lo que facilita la tarea de conexión de éstos al ordenador, especialmente los más comunes, como ratones y teclados.

Aunque el aspecto mejorado de Windows 95 era la gran novedad, no era la única ni la más potente de sus funciones. Las versiones anteriores eran un interfaz gráfico que se ejecutaba sobre MS-DOS. Era imprescindible instalar primero MS-DOS antes de instalar Windows sobre él, con lo que no constituían un sistema operativo completo.

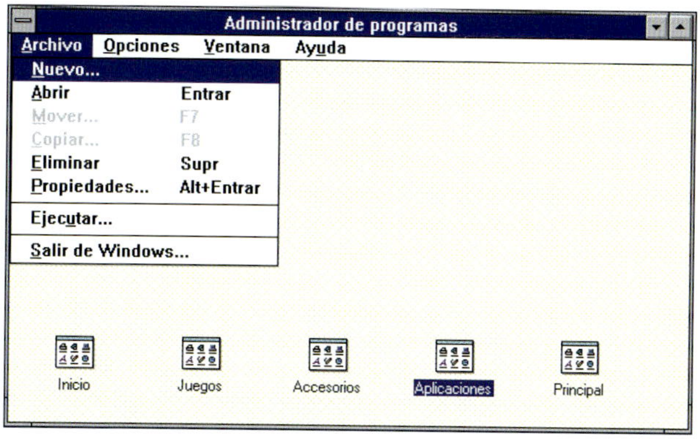

Nota

Una API (*Application Programming Interface*, Interfaz de Programación de Aplicaciones) es un conjunto de especificaciones que permite a los programadores utilizar un conjunto de funciones para crear aplicaciones sin necesidad de programar absolutamente todo desde cero. Por ejemplo, se puede utilizar una función determinada de la API para crear elementos básicos de la interfaz del programa, tales como ventanas, menús, etc. Hoy en día gran parte de este código "abierto" de Windows lo podemos encontrar en Visual Basic o en VBA (Visual Basic para Aplicaciones).

En cambio, Windows 95 era un sistema operativo completo por sí mismo (integrado con MS-DOS como aplicación y realizando una instalación compartida de ambos), que además incorporaba los protocolos necesarios para conectar con la gran novedad del momento: las redes e Internet. Otra novedad cuyo desarrollo posterior ha sido imparable son las capacidades multimedia del sistema (que comenzó con una aceptable capacidad de reproducir sonido y CD de música).

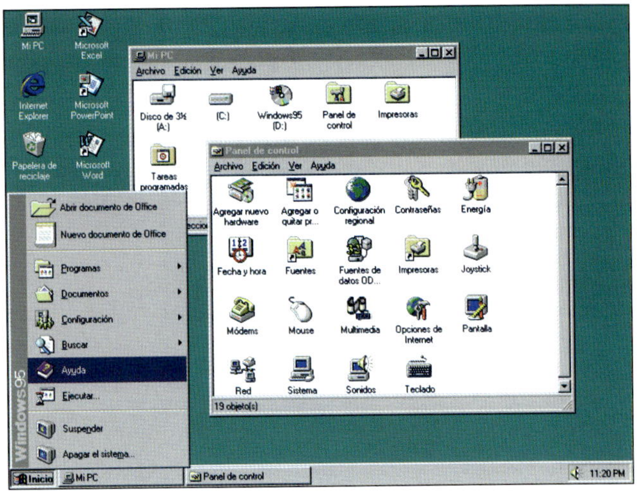

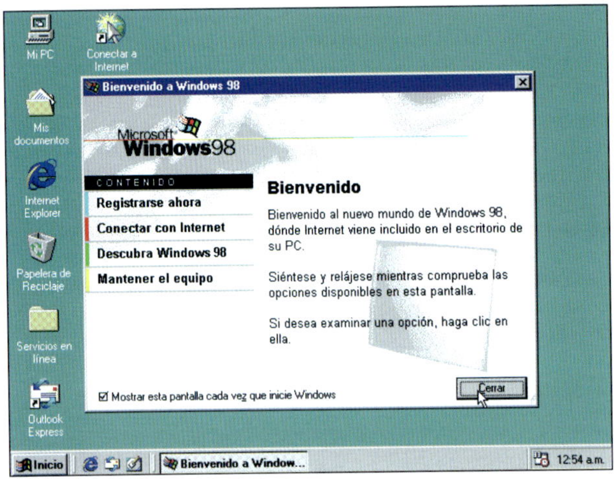

Después vinieron Windows 98 y Windows ME. También había otra línea para empresas: Windows NT y Windows 2000. Windows 98 introdujo mejoras como la inclusión de nuevos controladores de hardware y el sistema de archivos FAT 32 (que posibilita particiones de disco duro más grandes que en versiones anteriores: MS-DOS no reconoce discos duros de más de 500 MB). También presenta funciones multimedia más potentes, como la reproducción de DVD.

Pero sobre todo, es especialmente destacable el nuevo soporte para conexión de dispositivos USB y la inclusión de Internet Explorer 4.0, además del *Active Desktop*, función que permite mostrar en el Escritorio de Windows el contenido de una página Web, mostrando sus cambios y actualizaciones en tiempo real.

Windows es un sistema operativo fácil de usar, y de ahí parte de su éxito, pero también hay que considerar que es necesario estar al día de nuevas actualizaciones y parches de seguridad que mejoran los posibles "agujeros" que son localizados y hechos públicos por parte de programadores avezados y malintencionados (suelen justificar esta cuestionable conducta argumentando que el poder económico y actitud monopolística de Microsoft provoca este tipo de "resistencia"), si bien es cierto que el propio sistema facilita enormemente esta constante actualización.

Todo se representa a través de ventanas e iconos, que podemos abrir, cerrar, minimizar, cambiar su tamaño y podemos abrir todas las ventanas que queramos a la vez. Cada aplicación que ejecutemos en Windows, será una nueva ventana abierta. Los iconos son representaciones gráficas del tipo de archivo. Interactuamos con ellos haciendo clic con el ratón. El teclado se usa poco aunque existen atajos de teclado (combinaciones de varias teclas pulsadas simultáneamente) que conviene saber.

Desde Windows 95,existe un botón **Inicio**, desde el cual podemos comenzar todas nuestras acciones y acceder a los programas, los Accesorios (aplicaciones útiles para tareas sencillas, como la Calculadora o el Bloc de Notas) o el Panel de Control (administración y configuración de los recursos del sistema). Aún así, el Escritorio de Windows sigue siendo la zona más importante para trabajar y en él colocamos los accesos directos a las utilidades más utilizadas.

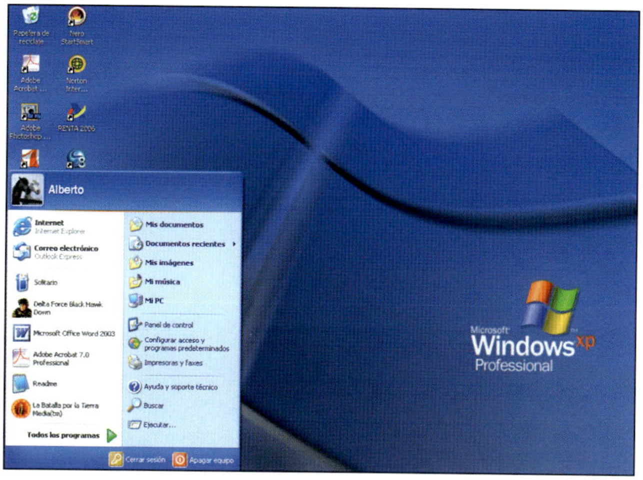

Windows XP supuso la unión de las dos grandes vertientes de la familia Windows. Por una parte, las versiones basadas en el núcleo 9x, es decir, Windows 95, 98 y Millenium, y por otro lado la vertiente basada en el núcleo NT, Windows NT y Windows 2000. Windows XP pretende unir lo mejor de las dos líneas, rediseñando además la interfaz gráfica por completo y dotándola de un carácter más atractivo y sencillo para el usuario. Otra de sus importantes contribuciones fue introducir herramientas claramente diseñadas para el uso doméstico, como Windows Media Player, Windows Movie Maker, Windows Messenger, etc., con las que el usuario tenía la posibilidad de disfrutar de contenidos multimedia y de toda la facilidad para navegar por Internet de una forma cómoda y segura. Además, al contener toda la potencia del núcleo NT, pueden configurarse redes internas a través de LAN con gran facilidad, sin necesidad de tener grandes conocimientos de redes.

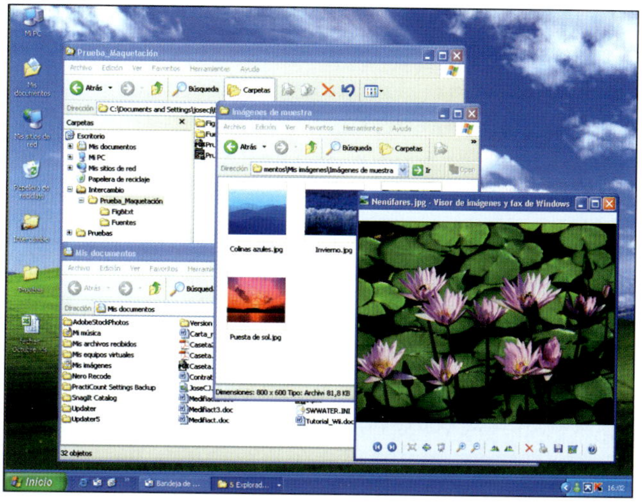

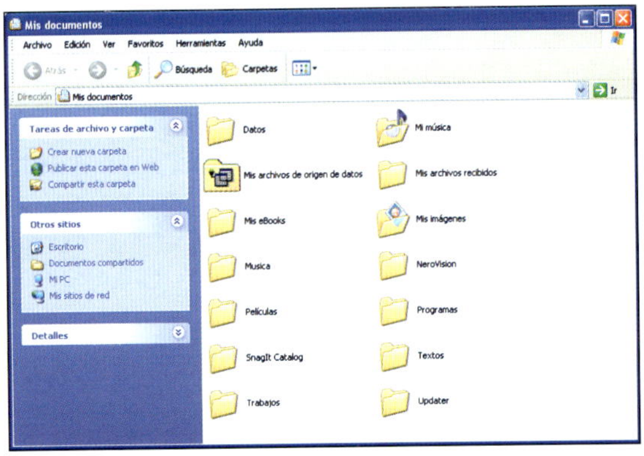

Otra de las novedades de Windows XP consistió en la forma de organizar las carpetas y documentos. Incorporó la carpeta `Mis documentos`, a la que se añadieron dentro de ella `Mis imágenes`, `Mi música`, `Mis vídeos`, `Mis eBooks`, etc., que permiten a cada usuario que tenga acceso al ordenador personalizar sus documentos de una forma predeterminada y así hacerle más sencillo el almacenamiento de datos. No olvidemos que XP es la primera versión de Windows claramente pensada para ser multisesión, de modo que estas carpetas no son únicas, sino que son propias para cada usuario creado en el equipo, manteniendo siempre los requisitos de contraseñas, accesos y seguridad que haya establecido el administrador.

Nota: Hacer uso de las herramientas administrativas del ordenador es algo muy saludable para nuestro equipo, especialmente si son varias personas las que usan el ordenador y poseemos una conexión a Internet permanente.

La organización de ficheros, carpetas y sesiones es algo que se mantiene de un modo más o menos igual en la nueva versión de Windows, a la que dedicaremos la última sección de este capítulo.

Lo más nuevo: Windows Vista

A finales del 2006 salió al mercado la nueva edición de Windows, Vista. La organización es muy similar a la que ya existía en Windows XP, salvo que han cambiado algunos de los nombres. Encontraremos los documentos, imágenes, música, archivos descargados, etc., de cada usuario en una carpeta que lleva su nombre. Pero, como decíamos, Vista destaca principalmente por su nueva interfaz gráfica y en especial por la nueva vista Aero. Esta nueva interfaz permite que las ventanas "floten" y se transparenten, dejando ver a través de ellas lo que tengamos en el escritorio o en otra ventana situada detrás. También se puede trabajar mejor con el escritorio, permitiendo

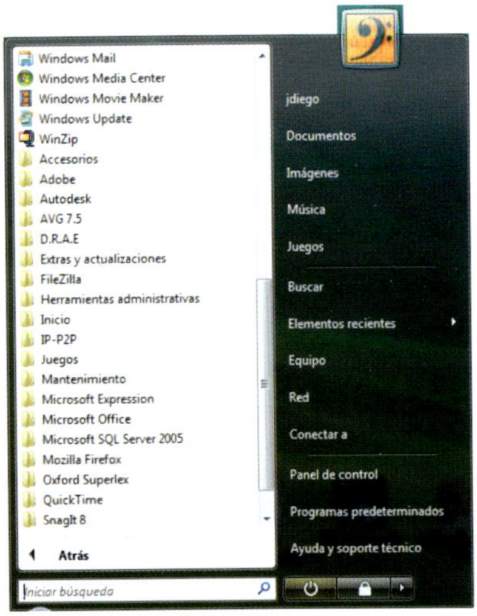

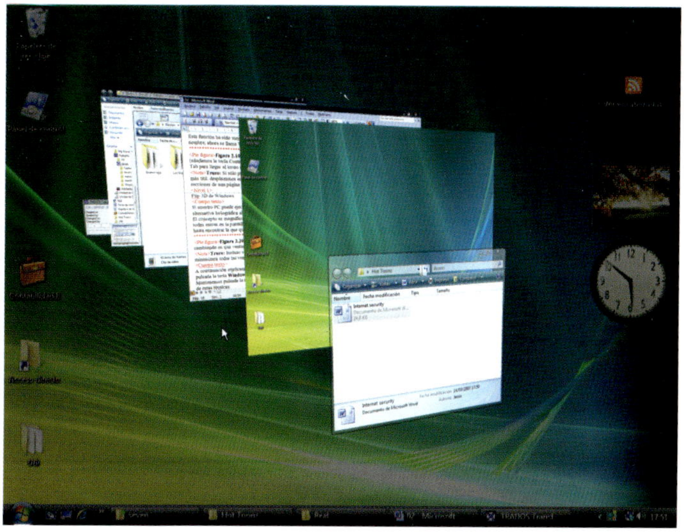

un acceso más cómodo y visual a todas las ventanas que tengamos abiertas. Además, no sólo podemos cambiar de tarea con las teclas **Alt-Tab** como ya podíamos hacer en las versiones anteriores de Windows, sino que podemos situarlas "en cascada" (**Windows-Tab**) y visionarlas mientras las vemos. También podemos tener una vista previa de las ventanas que tenemos minimizadas con sólo pasar el ratón sobre ellas en la Barra de tareas. Además, Windows Vista ha incorporado las fuentes Clear Type a la interfaz gráfica, lo que junto con su nueva vista Aero hace del escritorio un espacio de trabajo mucho más cómodo y agradable para la vista.

Nota

Nota: La nueva vista Aero necesita por lo menos un equipo con 1 GB de memoria RAM y una tarjeta gráfica compatible de 128 MB. Si usted no posee estas características, no podrá disfrutar de la vista Aero, aunque sí de todas las nuevas ventajas de Windows Vista.

Pero Windows Vista no es únicamente un sistema operativo basado en el diseño de su interfaz gráfica. Ha añadido varios componentes nuevos en lo referente a seguridad, como por ejemplo Windows Defender (un auténtico muro contra virus, *spyware* y otro tipo de software malintencionado). Además, continuamente puede actualizar su versión (siempre y cuando esté registrada) contra nuevos virus y todos los posibles agujeros que se descubran.

© Copyright Microsoft Corporation.

Linux

Desde hace varios años, el monopolio de Microsoft con respecto a los sistemas operativos es prácticamente apabullante. Pero desde la fría Finlandia, un joven programador llamado Linus Torvalds, ha conseguido desafiar al mismísimo Bill Gates y a todo el gran negocio de la Informática. Con solo 21 años, este joven estudiante creó Linux, que era en realidad el núcleo de un sistema operativo, la base, pero faltaba todo lo demás. El origen de Linux es Minix, un pequeño sistema Unix desarrollado por el profesor Andrew S. Tanenbaum por motivos didácticos. UNIX es uno de los sistemas operativos más antiguos que existen. Se trata de un sistema operativo desarrollado más comúnmente en servidores o en redes que en ordenadores personales. Al contrario que Windows, no es un entorno gráfico, sino de texto, por lo que debemos saber las órdenes, o tener un manual cerca, para poder realizar operaciones. Al publicar su trabajo en Internet, Linux no sólo podía ser adquirido gratuitamente por cualquier persona, sino que además podía ser mejorado por cualquier colaborador anónimo. Es lo que se suele denominar como "un sistema de código abierto". Aparte de ser un sistema muy seguro y muy estable comparado con su rival (Windows), la adhesión a Linux implica un sentimiento de rebeldía que rechaza Windows por ser, no sólo el sistema más poderoso, sino el que está casi impuesto desde el principio. Estas son algunas de las características de Linux:

- Es un sistema operativo compatible con Unix y es libre, no hay que pagar por utilizarlo.
- Es un sistema de código abierto: se distribuye bajo la GNU GPL (GNU *General Public License*) y por eso su código fuente es público y accesible. Cualquiera con los conocimientos necesarios puede programar modificaciones y mejoras y enviarlas para que se evalúe si merece la pena incluirlas en el sistema.
- La mayoría de los programas creados para Linux también son libres y su código público; también suelen ser distribuidos gratis con la licencia GNU.
- Es multiplataforma: existen versiones que permiten su instalación en un buen número de plataformas distintas, incluyendo PC, Mac y otros.
- Es multitarea, es decir, es capaz de ejecutar múltiples programas al mismo tiempo y es multiusuario, muchos usuarios pueden utilizarlo simultáneamente.
- Realiza protección de la memoria entre procesos para que el bloqueo que uno de ellos no cuelgue los demás, o incluso el sistema completo.

- Existen distintas "distribuciones", es decir, distintos conjuntos de paquetes que junto con el núcleo forman el sistema operativo completo. Esto es así porque, dado que Torvalds sólo diseñó el núcleo o *kernel*, otras personas empezaron a distribuir Linux eligiendo su propio conjunto de paquetes.

El aspecto de Linux puede cambiar bastante dependiendo de la distribución de que se trate, incluso una misma distribución puede venir acompañada de varias interfaces gráficas distintas. Y aunque algunas distribuciones hacen de Linux un sistema fácil de instalar, de usar y asequible a casi cualquier usuario, desde sus orígenes se ha tratado de un sistema creado por expertos y para expertos (desarrolladores, programadores, informáticos...).

Por tanto, y a pesar de lo mucho que se ha acercado al entorno del usuario final, es necesario poseer ciertas habilidades para poder sacarle partido adecuadamente. Ya no es necesario ser un excelente programador para hacerse con él, pero es muy recomendable que el usuario de Linux sea capaz de realizar a menudo tareas tales como formatear y reinstalar el sistema completo, particionar el disco duro, configurar la frecuencia de refresco del monitor... y otras, es decir, que sea capaz de administrar el sistema y realizar un correcto mantenimiento del mismo.

Nota

Algunas de las distribuciones comerciales más famosas son RedHat, Mandrake, Debian, SuSE, Caldera y Esware. Por otro lado, también existe un Linux llamado Knopix que se ejecuta directamente desde un CD-ROM, sin necesidad de instalación motivo por el cual suele ser muy recomendable para neófitos y otros que deseen curiosear un poco con Linux. Optar por Linux no tiene que significar necesariamente renunciar a Windows, pues es posible tener instalados ambos en un mismo ordenador.

Mac OS

Mac OS es el sistema operativo de los ordenadores Macintosh. También fue la propia Apple quien inventó el sistema operativo de sus equipos, y además lo ha ido mejorando durante años ofreciendo al usuario de los Mac un sistema estable, robusto y potente.

Mac OS viene ya instalado en los nuevos equipos Mac, con lo cual para empezar a disfrutar de ellos sólo hay que encenderlos. La estabilidad y potencia de Mac OS ha hecho del Mac un equipo de uso generalizado en algunos campos, como el Diseño Gráfico, la creación profesional de música, la edición profesional de Vídeo Digital... Sobre todo, en todo cuanto al mundo del multimedia profesional se refiere ha sido crucial la invención del FireWire, pues se trata de un campo cuyas aplicaciones software requieren constantemente de la transmisión de gran cantidad de datos a alta velocidad.

La probada competencia del Mac en diversos entornos profesionales no quiere decir que Apple se haya olvidado del usuario final, el usuario doméstico. Por el contrario, ha utilizado su experiencia en esos campos para ofrecer al usuario de Mac OS características potentes, fáciles de usar y a la medida de sus necesidades. Las versiones más recientes de Mac OS, es decir, a partir de Mac OS X, han mimado al usuario ofreciéndole maravillosas herramientas para disfrutar del ocio digital, tales como iMovie e iDVD (edición y grabación de vídeo digital), iPhoto (fotografía digital) e iTunes y GarageBand (reproducción, grabación y composición de audio digital). Estos programas forman parte de un paquete denominado iLife, que viene instalado de serie en todos los Mac, aunque no es éste el único software que los Mac traen de serie.

Tener Mac OS no sólo supone contar con un sistema operativo fiable, potente, fácil de usar y de una gran belleza estética, sino que también supone contar con muchas aplicaciones útiles que nos evitan el tener que buscar software adicional. Las aplicaciones ofimáticas tampoco constituyen un olvido a pesar de tanta y tan interesante aplicación multimedia. Y aunque también existe Microsoft Office para Mac, no tendrá que comprarlo si no lo desea, dado que Mac OS también incluye su propio paquete ofimático, iWork '05, que incluye un sofisticado procesador de textos y un editor de presentaciones. Con estos programas se pueden generar archivos en los formatos más utilizados, incluyendo el `.doc` de Word, el PDF, archivos de PowerPoint y Flash.

La X de Mac OS X es el correspondiente en números romanos de la versión 10 del sistema operativo, continuando con la numeración de las versiones anteriores: Mac OS 8 y 9. Panther y Tiger son los apodos utilizados para denominar a las versiones 10.3 y 10.4, aunque a partir de la v10.0 todos los Mac OS son denominados con el nombre de un felino. La nueva versión, Leopard, está a punto de salir al mercado (su lanzamiento está anunciado para octubre de 2007). De hecho, ya podemos encontrar demos de ella. Esta será ya la versión 10.5 de Mac OS. No obstante, no debe preocuparse por la posibilidad de utilizar sus programas favoritos a pesar de que las versiones del sistema avancen. Todos los programas que funcionaban con Mac OS 9 siguen haciéndolo perfectamente con Mac OS X gracias a la inclusión del correspondiente emulador. A la hora de ejecutar uno de esos programas el propio sistema detecta que dicho software estaba preparado para ejecutarse en una versión anterior; entonces inicia el emulador en una ventana y abre el programa dentro de la misma.

Por tanto, a pesar de que Mac OS mejore se conserva la compatibilidad para trabajar con programas pensados para versiones desfasadas. Quizás uno de los principales inconvenientes de usar Mac haya sido siempre la escasez de fabricantes de software preocupados por ofrecer versiones de sus programas compatibles con esta plataforma (excluyendo, claro está, el software profesional de los campos tradicionalmente "maqueros"). Sin embargo, en los últimos años esto ha dejado de ser un problema. Actualmente, existen versiones para Mac de la mayoría de programas existentes en el mercado. Gracias a esto, trabajar en entornos mixtos PC-Mac carece ahora de los antiguos problemas de compatibilidad. A continuación detallamos este tema.

Capítulo 4
Software fundamental

Antivirus

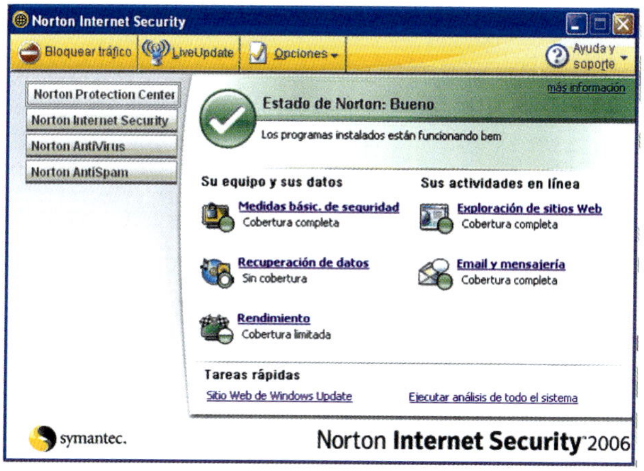

Los antivirus son el antídoto para estas enfermedades informáticas y siempre es recomendable tener uno instalado en nuestro ordenador. Los antivirus buscan en el sistema y destruyen todos los virus que encuentren y que tengan en una base de datos que debemos actualizar constantemente. Por eso es importante no sólo que el antivirus sea eficaz (la mayoría lo son) sino que además esté actualizado cada cierto tiempo, normalmente a través de Internet, ya que la aparición de nuevos virus es constante. Los antivirus también pueden quedarse residentes en el sistema y así estar atentos a cualquier aplicación sospechosa que quiera acceder a memoria.

Los antivirus pueden ser gratuitos o comerciales. Algunos antivirus de pago se suelen distribuir con una versión de prueba que caducará en una fecha determinada o que simplemente no se actualizará si no pagamos. Algunos de estos antivirus son Antiviral Toolkit Pro, Panda Antivirus, Norton Antivirus o McAfee VirusScan. Entre los gratuitos podemos encontrar el AVG de Grisoft. Muchos de ellos poseen actualizaciones a través de Internet también gratuitas, con lo que podemos tener siempre nuestro ordenador a salvo. También los sistemas operativos (especialmente los más modernos) suelen incorporar sistemas de seguridad para evitar ataques no deseados.

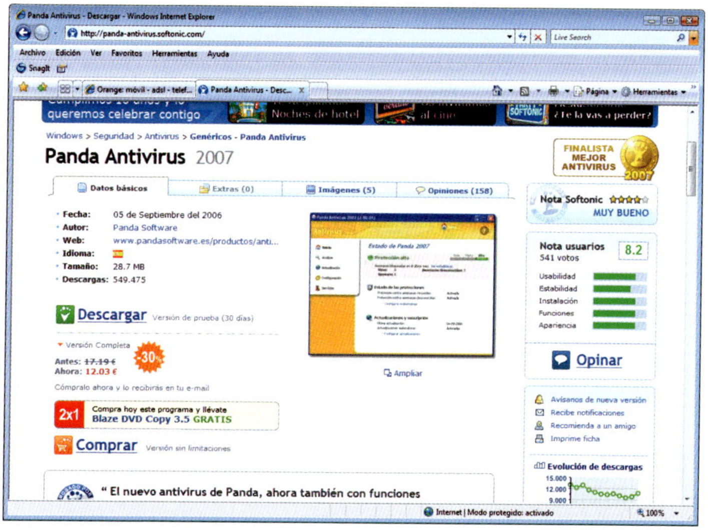

Tipos de virus

Existen varios tipos de virus según su nivel de peligrosidad, desde los inofensivos hasta los que nos pueden obligar a borrar todos los datos de nuestro ordenador e incluso pueden afectar seriamente al hardware.

Pero también existe una clasificación de virus, según su forma de actuar:

- **Gusanos:** Son virus que se reproducen por sí mismos, llegando a ocupar grandes cantidades de memoria y disco duro, aunque no destruyen la información del sistema.
- **Bombas de relojería:** Este tipo de virus, que suelen ser muy dañinos, permanecen inactivos en el sistema o residentes en una aplicación y entran en acción en una fecha y hora determinada (por ejemplo, el famoso viernes 13). Su peligro es muy alto, y si el ordenador afectado está conectado a una red, puede afectar a muchos ordenadores.

- **Troyanos:** Su nombre viene de la famosa leyenda griega, ya que este tipo de virus se ocultan bajo otra utilidad, es decir, utilizan un disfraz. Podemos creer que estamos utilizando por ejemplo una presentación, cuando en realidad estamos ejecutando un virus muy peligroso. Por eso debemos tener cuidado al lanzar aplicaciones cuyo origen no es conocido.

Podemos encontrar muchos tipos de clasificaciones de virus, aunque una de las más habituales es la clasificación según el medio a través del cual realizan su infección:

- **Virus de fichero:** Infectan programas mediante su fichero ejecutable (extensiones `EXE` o `COM`) y por tanto el virus se activa cuando se abre el programa. Actualmente son también muy comunes los que entran por internet a través de los controles Active X, que consisten también en ficheros ejecutables.
- **Virus de *Boot* o de Arranque:** No afectan a los ficheros ni a los datos mientas no se utilice el disco que los contiene para arrancar el ordenador. Si infectan el sector de arranque de un disco duro, intentarán extender la infección mediante cualquier unidad de almacenamiento que se introduzca en el ordenador (disquete, ZIP, CD, DVD...).
- **Virus de Macro:** Son uno de los tipos de infección más famosos, debido a que las Macros se utilizan en los programas de MS Office, aplicaciones que casi todo el mundo utiliza.

Firewall

Son herramientas de seguridad que protegen un sistema contra la penetración de personas o programas no autorizados, es decir, intrusos que pueden poner en peligro nuestro equipo y nuestra privacidad. Son utilidades de software prácticamente imprescindibles ya que la mayoría de los ordenadores están permanentemente conectados a Internet. Como su propio nombre indica, se trata de un cortafuegos, que se coloca entre una red local (varios ordenadores conectados) e Internet, pues la Red es el medio de intrusión más utilizado. Normalmente los sistemas operativos incluyen uno de serie, como es el caso de Windows Vista.

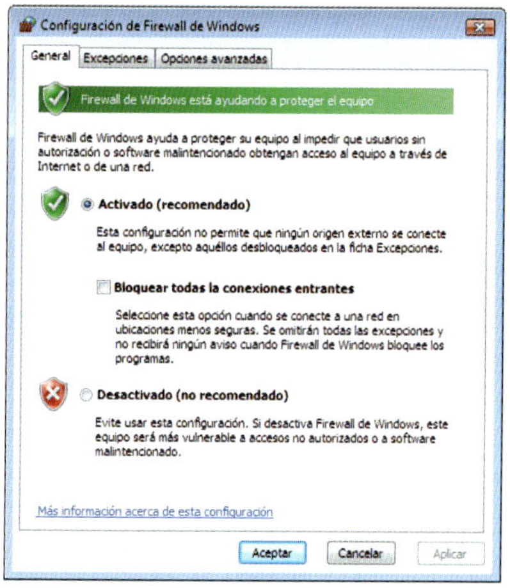

Anti-spyware

Se trata también de un tipo de software de seguridad. Navegando por Internet, chateando o descargando programas puede ocurrir que, sin que nosotros notemos absolutamente nada, se introduzcan en nuestro ordenador "pequeños" programas intrusos cuyo objetivo es "espiarnos", es decir, obtener datos sobre nosotros y nuestras costumbres, normalmente con fines comerciales y publicitarios, aunque también pueden obtener datos privados y mucho más sensibles. Muchos de estos espías almacenan información sobre nuestro comportamiento mientras navegamos, es decir, qué páginas visitamos más a menudo, qué tipo de información consultamos, etc., simplemente para luego invadir nuestro correo electrónico con mensajes publicitarios sobre aquellas cosas que más nos gustan. Las utilidades anti-spyware localizan y eliminan este tipo de intrusos. En la categoría "Seguridad" de cualquier página web de descarga de software podemos encontrar utilidades shareware y freeware para protegernos de estas y otras muchas amenazas indeseables. Windows Defender es la novedad en este aspecto en Windows Vista.

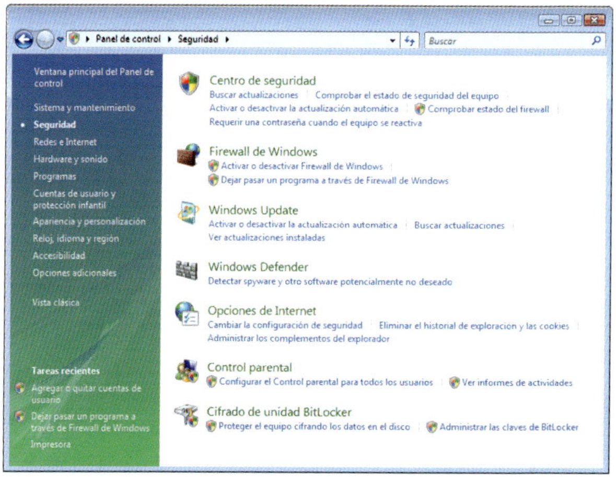

Compresión de datos

Muchas veces necesitamos transportar datos de unos ordenadores a otros o a través de Internet y para ello es casi imprescindible "empaquetarlos" para que ocupen menos espacio en disco o bien para meter muchos archivos en uno solo.

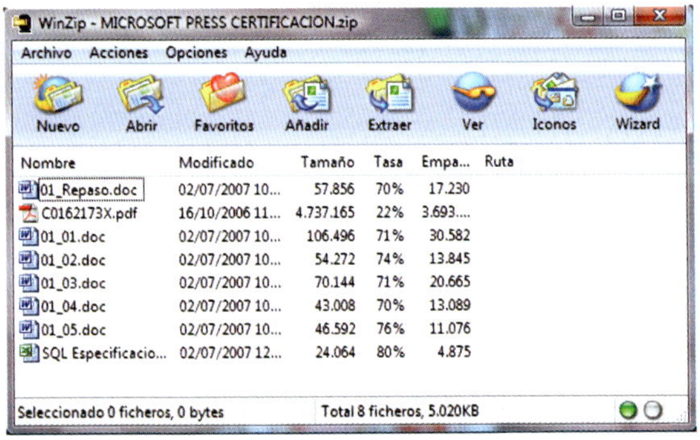

Éstos son algunos de los formatos y programas de compresión más conocidos:

- **ZIP:** Ha sido el estándar de compresión en los ordenadores PC. El programa que los administra es Winzip, aunque existen otras muchas aplicaciones que pueden manejarlos.
- **RAR:** Otro sistema de compresión muy conocido. Winrar es el programa comercial para Windows. Hoy en día está ganando adeptos por su versatilidad.
- **ARC:** Se trata de un antiguo sistema, pero que todavía se usa. El programa adecuado es Stuffit Expander para Windows y ARCMac para Macintosh.
- **HQX:** Se utiliza para comprimir archivos en Mac.
- **TAR:** Es de Linux y también es compatible con PC.

Grabación de CD y DVD

Aunque cada vez los discos duros son de mayor capacidad y podemos encontrar en el mercado discos externos de fácil conexión, lo cierto es que hacer copias de seguridad en CD o DVD es algo casi necesario, con lo que tener un programa de grabación se hace cada vez más importante. A esto ha contribuido notablemente la bajada de sus precios, tanto de la unidad grabadora como en los CD o DVD grabables o regrabables.

Los propios sistemas operativos permiten grabar datos sin necesidad de un programa específico, pero no podremos hacer nada especial con esta función. Para ello podemos encontrar miles de programas de grabación y de todos los precios. Estos son algunos de los programas comerciales más conocidos: Nero, Alcohol 120%, Easy CD Creator, Ciberlink Power2Go, CloneCD.

Procesadores de texto

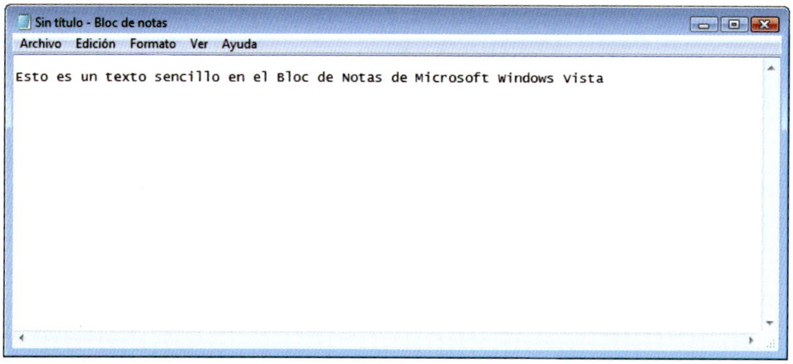

Los procesadores de texto son una de las herramientas más utilizadas dentro de la llamada ofimática o informática destinada a una oficina. Con el paso del tiempo han sustituido por completo a las máquinas de escribir, de tal modo que ya no es sólo en el ámbito laboral, sino que cualquier usuario doméstico trabaja habitualmente con alguna de estas herramientas.

Además, y aunque algunos procesadores de texto tienes unas funciones muy simples (similares a las de una máquina de escribir), otros poseen funciones más complejas con las que podemos insertar gráficos, tablas, imágenes, etc.

Existen procesadores de texto básicos, como el Bloc de Notas de Windows, o el accesorio WordPad (ambos accesibles desde el menú Iniciar>Todos los programas> Accesorios, si tiene Windows Vista) que simplemente nos permiten escribir y editar texto y, en el caso de WordPad, unas pocas opciones básicas para formatearlo (tipo de letra, tamaño, color, negrita, cursiva, subrayado, alineación horizontal, sangrías y tabulaciones).

Aunque las posibilidades de WordPad son limitadas permite elaborar documentos sencillos y guardarlos en formato RTF, lo cual puede ser más que suficiente para muchos usuarios. Quizás su principal carencia es la posibilidad de insertar imágenes y otros objetos, para lo cual debemos acudir a programas más completos, tales como el famoso Microsoft Word o OpenOffice.org Writer (hablaremos de ellos a continuación).

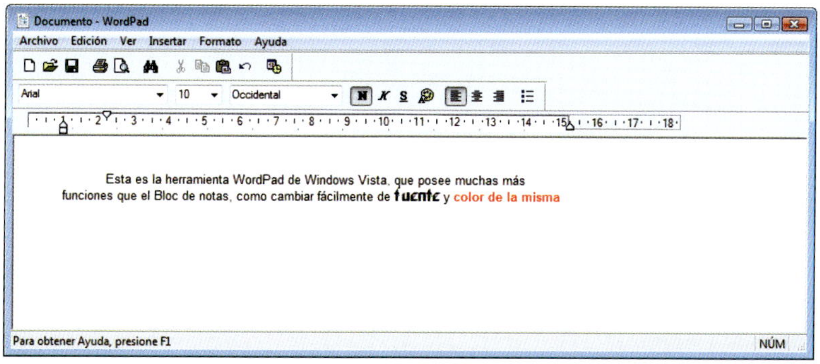

Cada programa tiene sus particularidades, pero a la hora de trabajar con cualquier procesador de textos existen una serie de conceptos básicos que es necesario conocer:

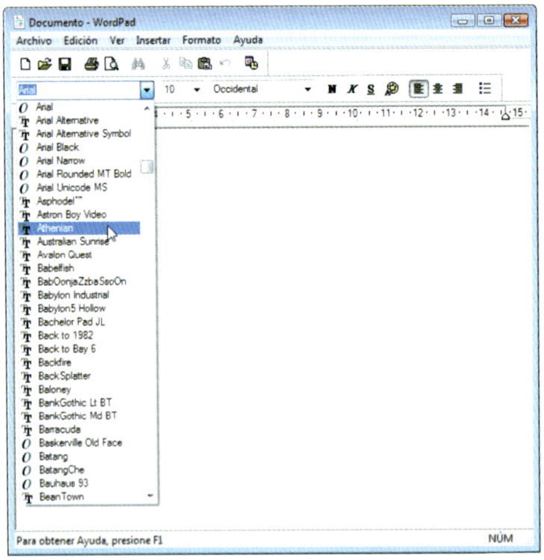

- **Fuente o Tipo:** Término que designa el tipo de letra utilizado. Existen muchísimas fuentes distintas, e incluso familias que agrupan diversas variantes de una misma fuente. Las fuentes instaladas en nuestro ordenador las encontraremos en la carpeta `C:\Windows\Fonts`.
- **Estilo:** El texto puede resaltarse de diferentes formas utilizando el estilo Negrita, Cursiva, Subrayado, etc. El estilo Normal suele denotar a la fuente básica, sin formato adicional.

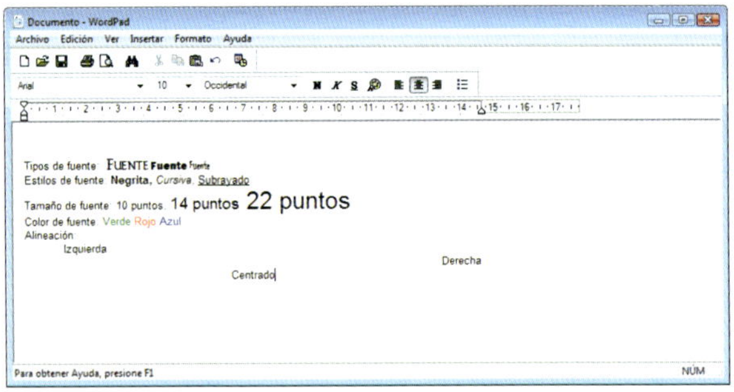

- **Tamaño:** Podemos definir cómo de grande o de pequeña aparece una fuente determinada de entre una gran variedad de tamaños. El tamaño de las fuentes tipográficas se mide en puntos (pt).
- **Color:** En muchos procesadores de texto podemos elegir el color de la fuente.
- **Alineación:** Una línea o un párrafo de texto pueden alinearse horizontalmente de diferentes formas tomando como referencia su posición horizontal con respecto a los márgenes y bordes de la página. Los tipos principales de alineación son izquierda, derecha, centrada y justificada.

Aparte de los mencionados, existen muchos otros tipos de atributos distintos que podemos utilizar en un procesador de texto para formatearlo, tantos más cuanto más completa sea la aplicación que para ello decidamos utilizar.

Nota

En los procesadores de texto más completos también se denomina Estilo a un conjunto de atributos, agrupados mediante un determinado nombre, que se puede aplicar al texto de tal forma que todos los cambios de formato configurados para dicho Estilo son aplicados de una sola vez.

Hojas de cálculo

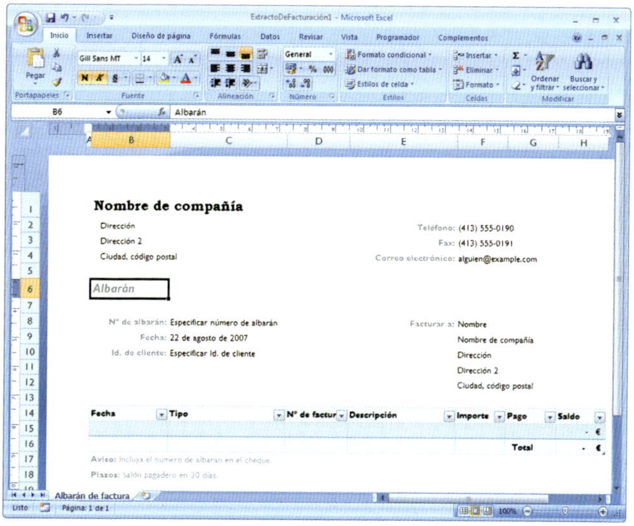

Las hojas de cálculo nos permiten realizar complejas operaciones a través de celdas distribuidas por una tabla (filas y columnas). Cada una de estas celdas tiene un nombre, que depende de su lugar en la tabla (como en el juego de los barcos: letras para las columnas y números para las filas, como A4, B2...) y contiene un valor, que puede ser un número o una fórmula, pero también cadenas de texto o fechas.

Podemos operar con todas las celdas (si el formato es compatible) y con los resultados podemos crear gráficos de muchos tipos. Las hojas de cálculo son muy útiles para estudios sobre empresas (variaciones anuales o contabilidad general) pero también en casa, donde nos pueden ayudar a ver si salen las cuentas. También resultan de gran utilidad a la hora de diseñar rápidamente documentos que deban incluir cálculos sencillos, como por ejemplo las facturas o presupuestos de una PYME.

La hoja de cálculo más usada también es de Microsoft, MS Excel, y contiene miles de fórmulas para realizar las operaciones más complejas. Otra alternativa muy completa es la hoja de cálculo de Open Office.org, Calc.

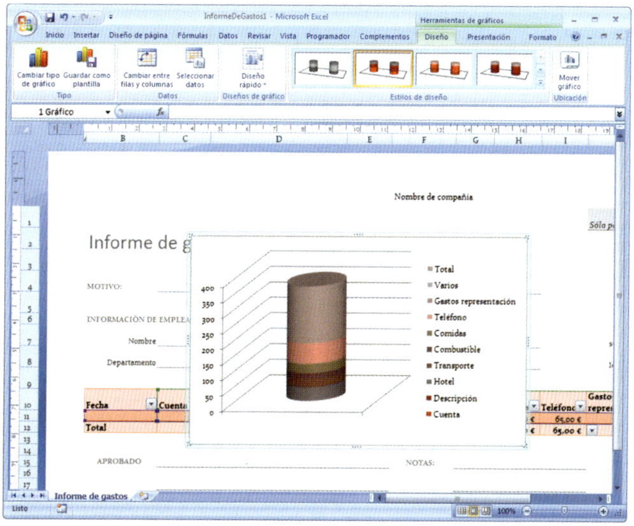

Las hojas de cálculo proporcionan múltiples herramientas para realizar operaciones de forma masiva, facilitando al máximo la realización de cálculos repetitivos y la actualización de modificaciones. Para ellos nos proporcionan herramientas tales como bibliotecas de funciones y gran cantidad de fórmulas predefinidas que podemos utilizar y modificar según nuestras propias necesidades.

Bases de datos

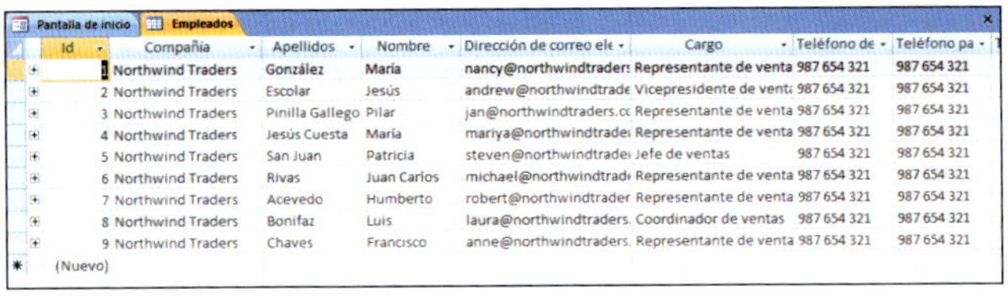
Pantalla de inicio | Empleados

Id	Compañía	Apellidos	Nombre	Dirección de correo ele	Cargo	Teléfono de	Teléfono pa
1	Northwind Traders	González	María	nancy@northwindtraders	Representante de venta	987 654 321	987 654 321
2	Northwind Traders	Escolar	Jesús	andrew@northwindtrade	Vicepresidente de venta	987 654 321	987 654 321
3	Northwind Traders	Pinilla Gallego	Pilar	jan@northwindtraders.co	Representante de venta	987 654 321	987 654 321
4	Northwind Traders	Jesús Cuesta	María	mariya@northwindtrade	Representante de venta	987 654 321	987 654 321
5	Northwind Traders	San Juan	Patricia	steven@northwindtrade	Jefe de ventas	987 654 321	987 654 321
6	Northwind Traders	Rivas	Juan Carlos	michael@northwindtrad	Representante de venta	987 654 321	987 654 321
7	Northwind Traders	Acevedo	Humberto	robert@northwindtrader	Representante de venta	987 654 321	987 654 321
8	Northwind Traders	Bonifaz	Luis	laura@northwindtraders.	Coordinador de ventas	987 654 321	987 654 321
9	Northwind Traders	Chaves	Francisco	anne@northwindtraders.	Representante de venta	987 654 321	987 654 321
(Nuevo)							

Las bases de datos son aplicaciones que nos ayudan a gestionar grandes volúmenes de información. Esta gestión incluye la mejor forma de introducir nuevos datos, borrarlos u ordenarlos para su posterior búsqueda. Existen muchos programas de gestión de bases de datos y muchas posibles utilidades (bibliotecas, registros, grandes archivos, etc.) pero la mayoría de las bases de datos utilizan una terminología común que deberíamos conocer.

El aspecto de una base de datos de usuario es similar a la cuadrícula de celdas de una hoja de cálculo. En este caso las columnas de denominan **campos** y las filas son los **registros**, estando todos ellos contenidos en un objeto denominado **Tabla**. La función de una Tabla es almacenar información de forma estructurada.

Por ejemplo, imaginemos que queremos organizar la colección de películas de un videoclub. Primero deberíamos definir unos campos, con unas determinadas características (longitud, si será texto, número u otro valor, etc.). En este caso, los campos podrían ser el título de la película, el director, el reparto y el tipo de película. Cada una de esas películas que nosotros vamos introduciendo en la base es un nuevo registro. Podemos ordenar los registros como queramos y sacar listados o modificarlos.

La base de datos del videoclub puede contener varias Tablas que además pueden relacionarse entre sí mediante campos comunes.

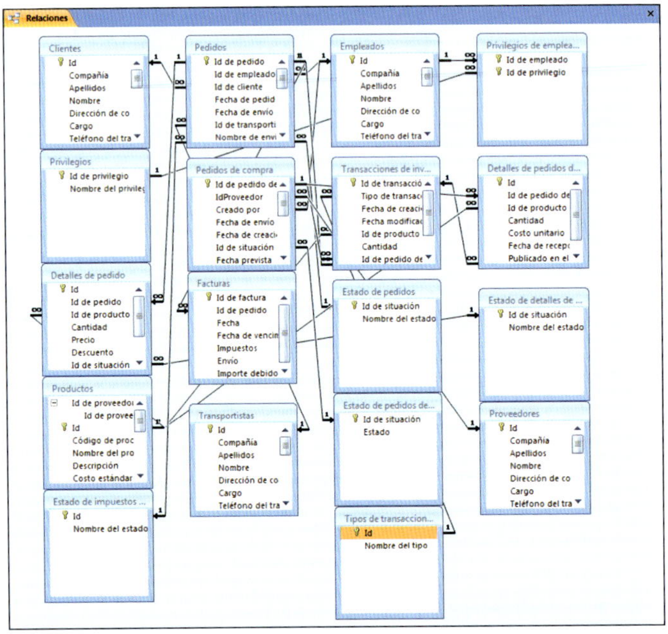

Por ejemplo, podemos tener una Tabla que contenga los datos que los clientes a quienes alquilamos las películas. Esta Tabla de clientes deberá estar relacionada con la Tabla que contenga el título y otros datos de la película, y para crear la relación puede utilizarse como campo común el propio título de la peli.

Agrupando los datos en distintas tablas y relacionando éstas facilitamos las búsquedas y evitamos la duplicación de información.

En nuestro ejemplo, el hecho de tener una tabla para los clientes y otra para las películas nos evita el tremendo lío que sería tener que anotar todos los datos del cliente en el registro correspondiente a cada película que alquila.

Nota

Un concepto fundamental en cuanto a bases de datos se refiere es el término **clave primaria** o **clave principal**. Se trata de un campo especial que sirve para diferenciar de forma única e irrepetible cada uno de los registros de una base de datos.

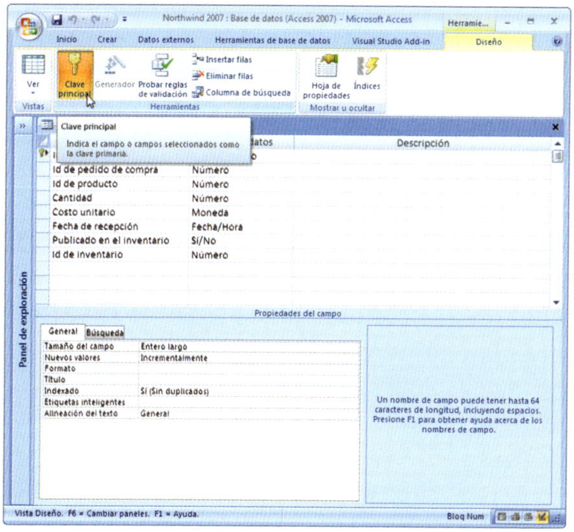

Igualmente, en la Tabla de clientes puede ocurrir que dos de ellos se llamen igual, en cuyo caso podemos diferenciarlos utilizando como clave principal, por ejemplo, su número de DNI.

Para acabar con la explicación de los conceptos generales de las bases de datos, decir que las **Consultas** son el tipo de acción más utilizada, pues consisten en la selección de un conjunto o grupo de registros los cuales cumplen una o varias condiciones determinadas.

Saber realizar consultas es imprescindible cuando se están manejando bases de datos que contienen grandes cantidades de información, ya que la máxima utilidad de una base de datos no se mide por la cantidad de información que tenga, sino la accesible que sea a través de consultas lo más sencillas posible. La accesibilidad es su mejor diseño.

Además, los gestores de bases de datos más potentes (como puede ser Access) permiten vincular sus consultas con otros programas y aplicaciones como VBA (Visual Basic para Aplicaciones) o SQL (*Structured Query Language*, Lenguaje Estructurado de Consultas), lo que hace que nuestra base de datos no sea un mero "almacén" de datos, sino una potente herramienta de gestión de recursos incluso en red.

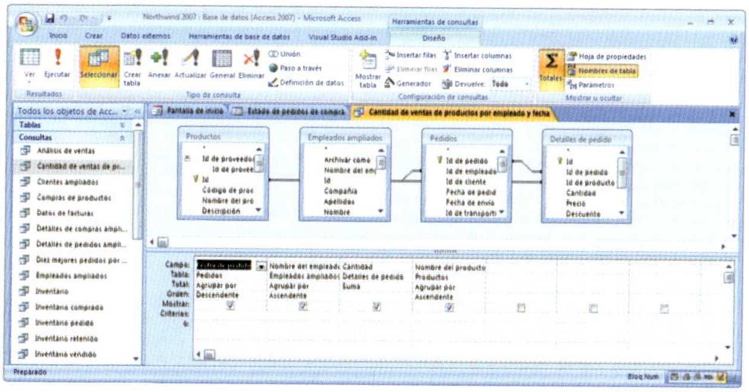

Todo en uno: Office 2007

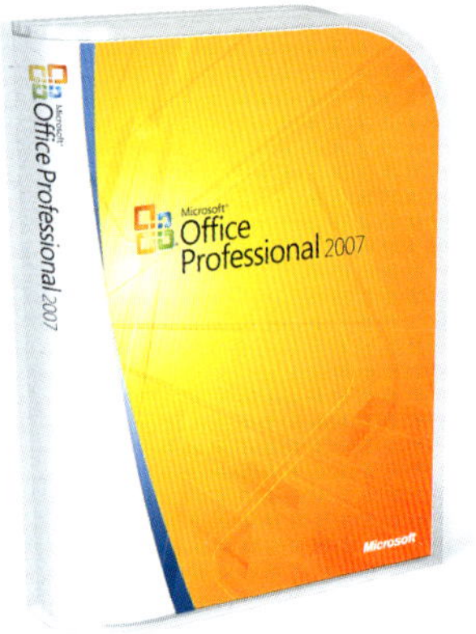

©Copyright Microsoft Corporation

Office viene siendo desde muchos años la herramienta fundamental para la ofimática tanto profesionalmente como en el hogar. Hoy en día nadie puede considerarse un usuario de la ofimática si no conoce por lo menos dos o tres de los programas que componen Office: es, sin duda alguna, el paquete integrado informático más famoso y más utilizado en el mundo. Los paquetes integrados son conjuntos de utilidades que intentan satisfacer las necesidades básicas de ofimática (procesador de texto, agenda, hoja de cálculo, etc.) y, como decíamos, hoy en día son un elemento fundamental y necesario en cualquier ordenador.

La ventaja de estos conjuntos de programas es que todos se complementan y comparten utilidades comunes que permiten intercambiar documentos u otros recursos. Además, nos aseguramos de no tener problemas de compatibilidad entre distintas aplicaciones, ya que todas pertenecen al mismo equipo y están preparadas para completarse unas a otras..

MS Office lleva ya muchos años en el mercado y muchas versiones a sus espaldas hasta convertirse en el conjunto de programas que cualquiera debe conocer, ya que se usan en la mayoría de los ordenadores tanto de sitios públicos como privados. Office 97, 2000, XP, 2003 y ahora 2007, son diversas versiones con los programas también cada vez más mejorados. Office 2007, al igual que Windows Vista, ha significado una renovación en la interfaz gráfica del usuario. Pero no se ha quedado sólo en eso, y ha incorporado nuevas herramientas para mejorar la funcionalidad de los programas de la suite completa.

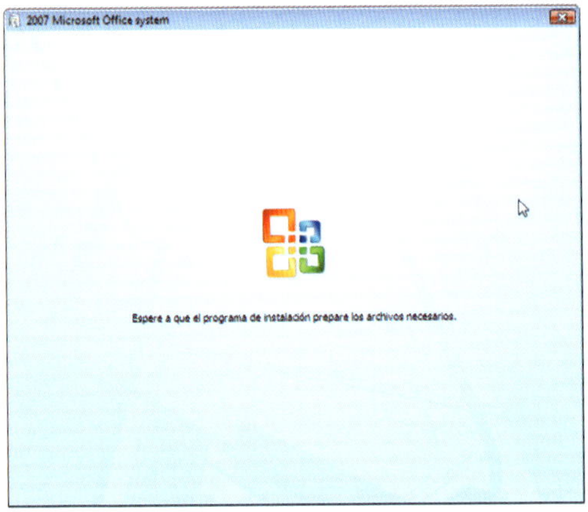

Nota: Para instalar Office 2007 en su equipo necesitará por lo menos un Pentium III a 900 Mhz con 512 MB de RAM. También se recomienda tener una tarjeta gráfica de al menos 64 MB para las opciones gráficas.

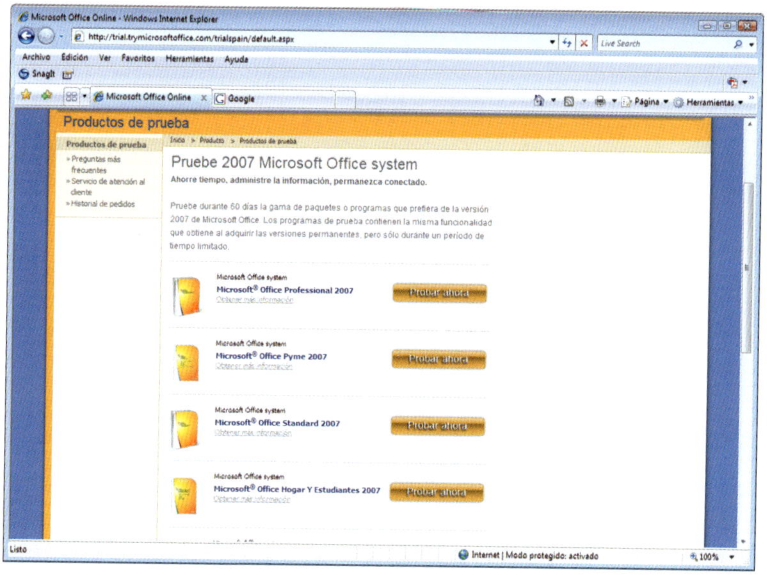

Las versiones de Office 2007 que podemos encontrar en el mercado son las siguientes:

- **Microsoft Office Hogar y Estudiantes 2007:** Este paquete incluye Excel, , PowerPoint, One Note y Word.
- **Microsoft Office Standard 2007:** Aquí encontraremos Excel, Outlook, PowerPoint y Word.
- **Microsoft Office Pyme 2007:** Es el paquete para empresas compuesto de Excel, Outlook, PowerPoint Publisher y Word.
- **Microsoft Office Professional y Professional Plus 2007:** Una versión muy completa, con Access, Excel, Outlook, PowerPoint, Publisher y Word.
- **Microsoft Office Enterprise 2007 :** Incluye toda la versión profesional y alguna aplicacion extra.
- **Microsoft Office Ultimate 2007 :** Versión compuesta con todos los programas más importantes y algunas de las utilidades extras.

Entre estas utilidades extra podemos destacar, entre otras, las siguientes (algunas de ellas constituyen auténticos programas que se distribuyen por separado, pero su gran utilidad está en usarlas en el conjunto de programas de Office):

- Office Groove.
- Office InfoPath.
- Office OneNote.
- Office Project.
- Office Visio.
- Office Communicator.

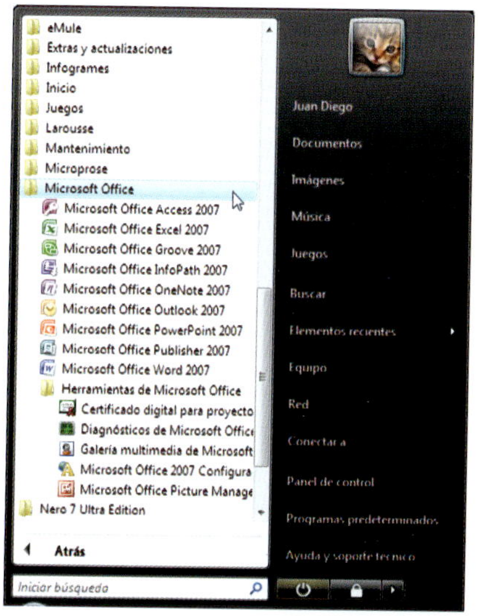

Características comunes a todos los programas

Evidentemente no vamos a ver aquí todos los componentes de Office. Sólo veremos los más importantes por encima: Word, Excel, PowerPoint y Access (veremos Outlook cuando hablemos más adelante del correo electrónico). Lo que sí es importante que veamos ante todo son las características comunes a todos ellos y que en parte constituyen la gran novedad de Office 2007.

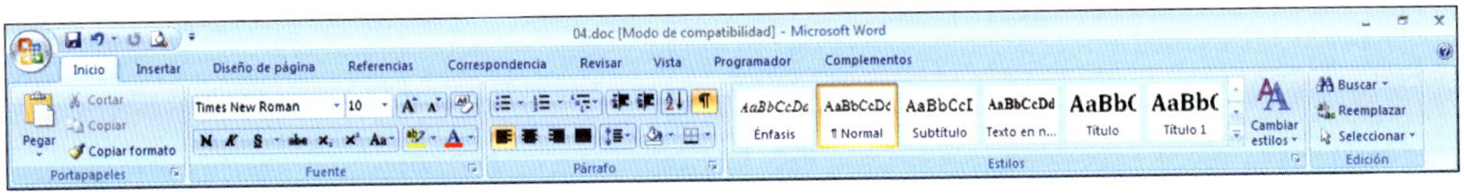

Lo primero que destaca cuando abrimos cualquier documento de Office (ya sea de Word, Excel o cualquier otro otro de los programas de la suite Microsoft Office), es que la barra de herramientas no está: ha desaparecido y en su lugar encontramos la nueva **Cinta de opciones** (relamnete son varias cintas de opciones, una por cada ficha o pestaña de las que vemos en la parte superior). Ya no existen menús que se despliegan y en los que había que localizar los comandos y opciones. Ahora tenemos una gran cinta compuesta por fichas, grupos y botones.

La ventaja de la esta nueva cinta está en su mayor comodidad para encontrar los comandos más usados así como en su diseño mucho más visual para el usuario. Además, justo encima (o debajo si queremos cambiarlo) tenemos la barra de herramientas de **Acceso rápido**, que podemos personalizar e incluir en ella los comandos más usados habitualmente como pueden ser **Guardar**, **Deshacer**, **Rehacer**, **Vista preliminar**, **Imprimir**, etc.

No obstante tiene un pequeño inconveniente: si tenemos un monitor y una tarjeta gráfica que no aceptan una resolución mínima de 1024x768 píxeles la cinta de opciones nos ocupará gran parte de la pantalla, de modo que el espacio del documento se verá reducido y los propios botones de la cinta estarán "apelotonados", con lo que resultará poco práctica, y además nos reducirá mucho el espacio para trabajar en el propio documento. No obstante esto no es un verdadero incoveniente para los ordenadores actuales, ya que cualquier PC cumple actualmente estos requisitos.

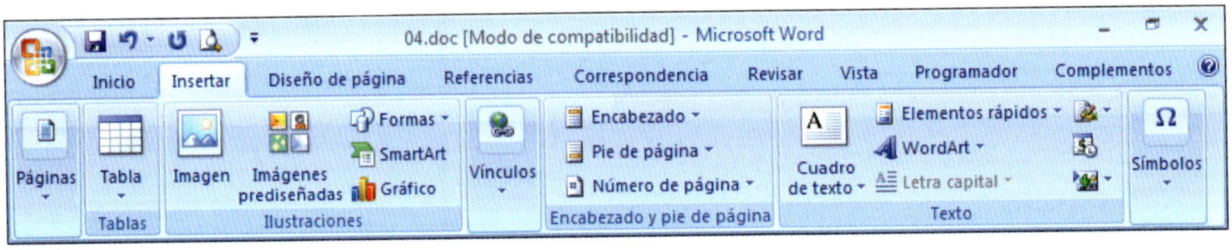

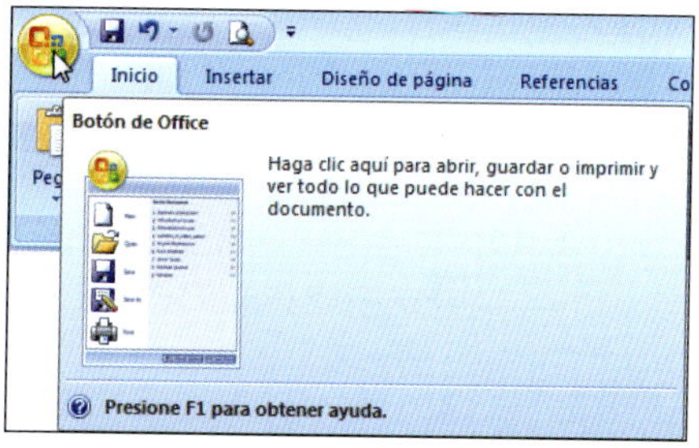

Otra de las novedades de Office 2007 es el **Botón de Office**. Desde aquí podremos acceder a todas las configuraciones de cada programa y a algunas comunes a todos. Al través de este botón (Botón de Office>Opciones de...) llegaremos a las opciones de cada programa de Office y podremos personalizar nuestro área de trabajo: desde las opciones más comunes (diccionarios, autocorrección, ortografía, etc.), a las más avanzadas (como la gestión de complementos y la configuración del centro de confianza y de los controles Active X y las macros).

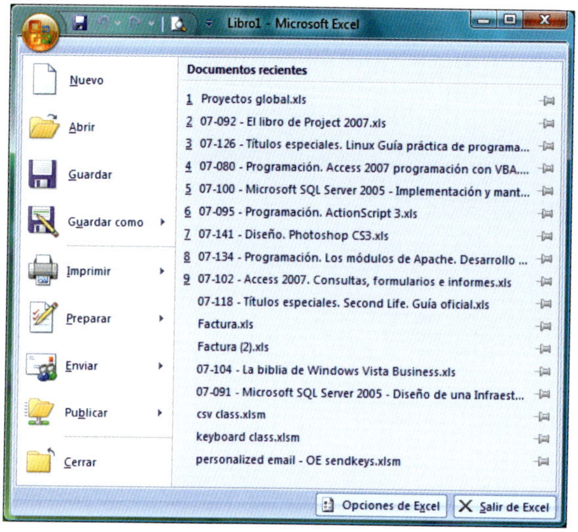

Con esto podremos configurar fácilmente todos los programas de Office sin estar buscando opciones en por los distintos menús de la barra de herramientas. Además no necesitamos tener grandes conocimientos a la hora de configurar las opciones, ya que disponen de asistentes y ventanas de ayuda muy visuales y sencillas, con lo que cualquier usuario doméstico puede acceder de forma rápida a las opciones más avanzadas de configuración con sólo hacer clic con el ratón.

Otra de las nuevas características más llamativas y útiles es la llamada "vista previa en tiempo real". Ahora no es necesario que cambiemos la fuente para ver cuál será el resultado. Simplemente con seleccionar un texto podremos pasar por las fuentes viendo qué resultado tendrá realmente en la pantalla. Pero no sólo vale para fuentes: lo realmente útil es que vale para todo tipo de formatos (párrafos, colores, estilos) e incluso gráficos.

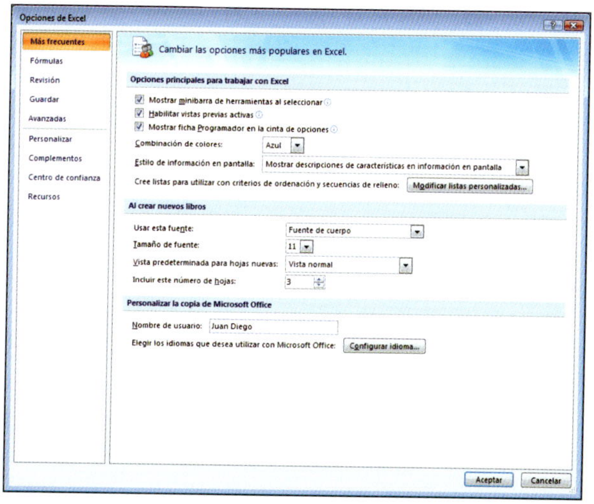

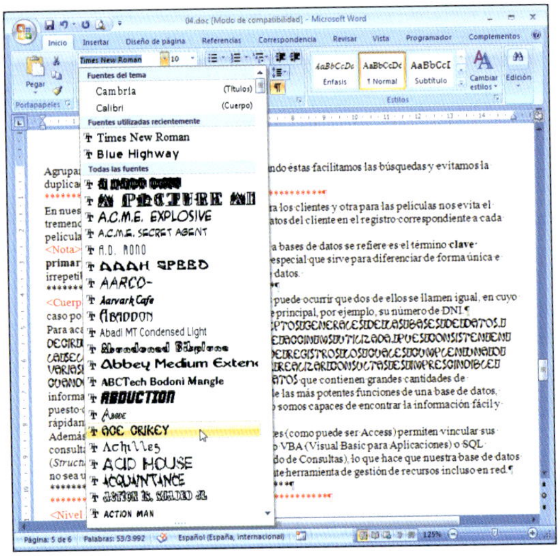

Otra de las novedades más importantes de Office 2007 consiste en el nuevo sistema de archivos. Hasta ahora hemos estado acostumbrados a archivos con extensiones de 3 caracteres. Office 2007 tiene cuatro. A los tres caracteres les añade un x final que califican a todo archivo de la versión 2007. Así, un documento de Word pasará de ser un `.doc` a un `.docx`; un Excel será `.xlsx`, etc. Esta nomenclatura también se mantiene para plantillas (`.dot` es ahora `.dotx`). En el caso de las nuevas plantillas habilitadas para macros ya no es una x (`.dotm`).

El hecho de haber incluido una letra más en las extensiones diferencia a los archivos de Office 2007 en que son mucho más estables (se corrompen más difícilmente) y que ocupan mucho menos. No obstante podemos guardar los archivos manteniendo la compatibilidad con versiones anteriores.

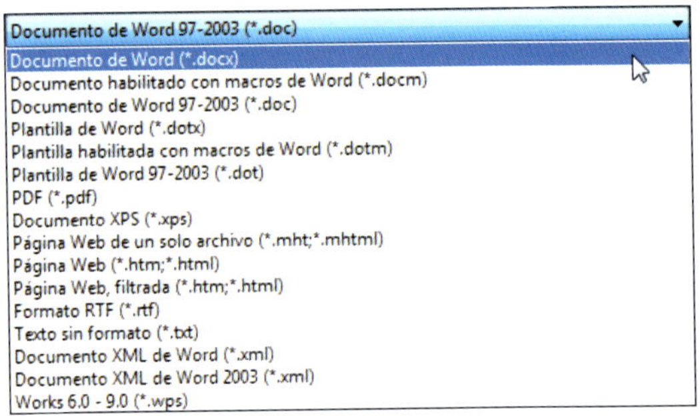

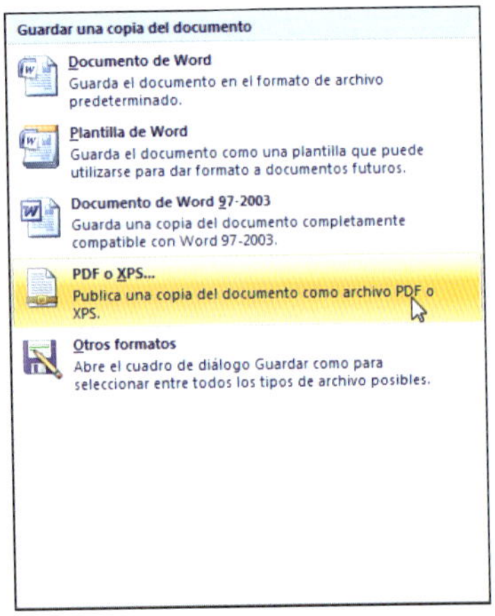

Si disponemos del complemento `Acrobat PDFMaker Office COM Addin` podremos publicar nuestros ficheros de Office en formato PDF, todo un lujo y una comodidad. Como vemos, y aunque es recomendable y útil utilizar los nuevos formatos de Office 2007, tenemos una amplia gama de posibilidades a la hora de salvar nuestros archivos.

Con esto ya hemos visto las grandes novedades y características comunes a los programas de Microsoft Office 2007. Veamos cómo funcionan los más importantes.

Nota

Para que esta opción funcione con cierta soltura es recomendable tener por lo menos 1 GB de memoria RAM. Si tenemos menos, aunque funcionará, podremos comprobar que el sistema se ralentiza al aplicarlo sobre gráficos o textos muy formateados.

Word 2007

Microsoft Word es el procesador de textos más utilizado desde hace muchos años, y podemos encontrar muchas versiones y para diversos sistemas operativos (principalmente Windows y Mac). Word se ha convertido en todo un estándar, pero hay que tener en cuenta que no todo el mundo lo utiliza y que podemos encontrarnos con problemas de compatibilidad entre los documentos de Word y otros programas. Como hemos visto, un archivo de Word tiene la extensión `.docx`, pero podemos grabar nuestros documentos con otros formatos que se puedan leer e incluso modificar en la mayoría de los procesadores de texto, por ejemplo el formato RTF.

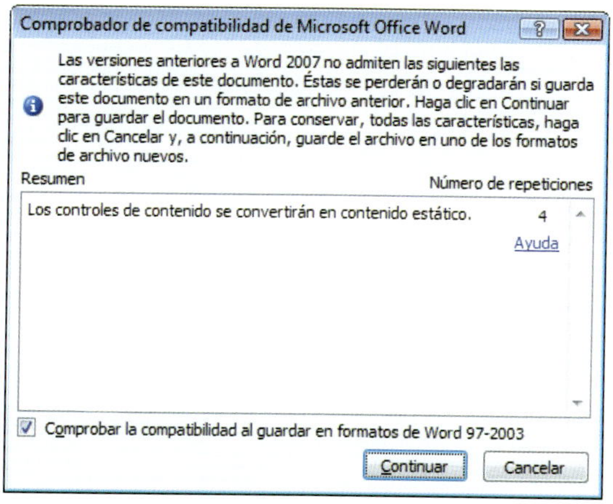

No obstante, con el paso de los años Word ha ido mejorando en compatibilidad, fundamentalmente porque también soporta formatos de archivo que son estándares internacionales para el intercambio de información, como por ejemplo:

- XML (*eXtensible Marckup Language*, Lenguaje de Marcación Extensible), un formato muy utilizado y muy versátil y útil tanto en Internet como en bases de datos (especialmente cuando funcionan en una red).
- HTML (*HiperText Marckup Language*, Lenguaje de Marcación de Hipertexto), el lenguaje fundamental de las páginas Web. Aunque Word no utiliza propiamente el lenguaje HTML sino un código similar (pero propio) es compatible en las funciones básicas y nos permite realizar páginas Web sencillas.

Nota

Aquí también podemos encontrar un inconveniente de Office 2007. Algunas de sus características no son compatibles con las versiones anteriores. Por eso no podremos abrir, por ejemplo, un `.docx` con Word 2003. Existen dos soluciones: guardar los documentos en la versión anterior compatible (podemos perder alguna característica aunque nos avisará de cuál) o descargarnos algún parche que nos permita abrir los nuevos documentos del 2007 con la versión del 2003. Eso sí, no podremos modificarlos.

Con la cada vez mayor cantidad de opciones que nos da Word (retocar e insertar gráficos, crear páginas Web o preparar catálogos, pequeños libros, folletos, trípticos para su impresión) el apartado de Word en el que se han invertido más esfuerzos es precisamente la Ayuda. Word incorpora Asistentes que nos guían en determinadas acciones y un amplio sistema de Ayuda con potentes funciones de búsqueda de documentación tanto dentro de nuestro equipo como en Internet.

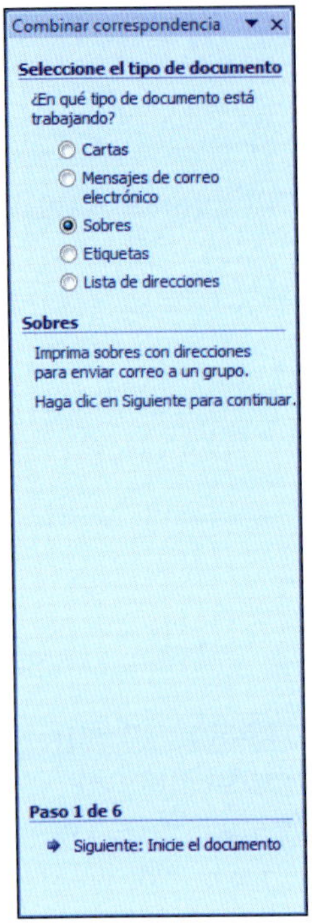

Otra herramienta de gran ayuda trabajando con Word son las plantillas, que son modelos para realizar diversos tipos de documentos (currículum, cartas, faxes, informes, publicaciones, folletos, páginas Web, mensajes de correo electrónico...) los cuales podemos modificar libremente según nuestras necesidades.

Existen infinidad de plantillas. Algunas vienen instaladas por defecto con Office y están residentes en nuestro ordenador; otras las podemos descargar desde internet (siempre y cuando nuestra copia de Office sea legal).

Para ello sólo hace falta elegir entre las plantillas *online* (`http://office.microsoft.com/es-es/templates/default.aspx`) a la hora de crear un nuevo documento o visitar la Web de Microsoft Office anteriormente citada, donde encontraremos infinidad de plantillas agrupadas por categorías y para qué programa y versión sirven, así como el número de descargas realizadas y la votación de los usuarios. Todo a nuestro alcance sin necesidad de saber cómo crear plantillas.

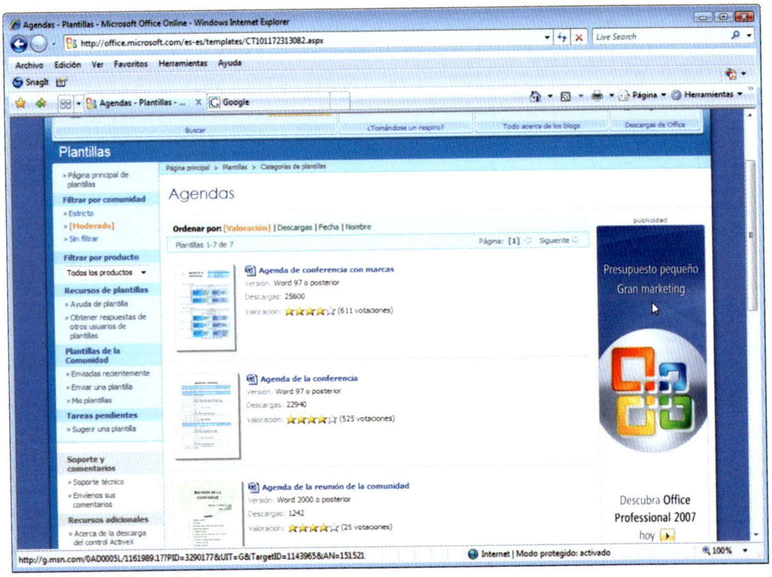

> **Nota**
>
> Un Asistente es un pequeño programa que nos ayuda a realizar una acción mediante varias pantallas que son cada uno de los pasos de la tarea; en cada pantalla debemos escoger unas opciones determinadas.

Excel 2007

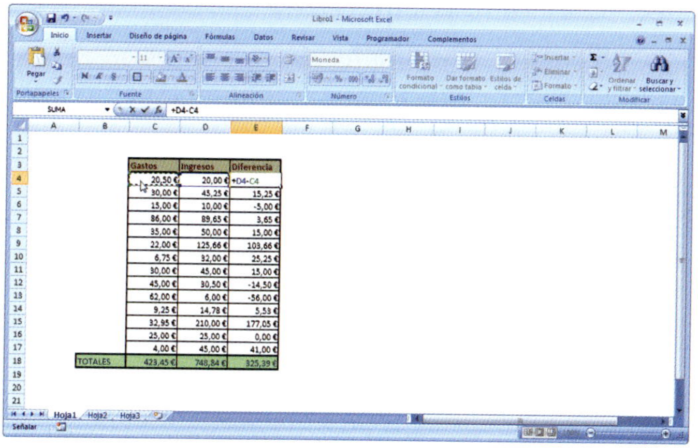

Al igual que Word para procesadores de texto, Excel se ha convertido en el estándar para trabajar con hojas de cálculo. Además de sus funciones de cálculo, Excel incorpora bastantes de las opciones de formato de textos propias de Word lo cual, unido a las opciones de formato de tablas de Excel, nos permite dar a nuestros trabajos un aspecto profesional e individualizado. Los textos y otros contenidos de las celdas pueden manipularse fácilmente mediante los comandos **Copiar**, **Cortar** y **Pegar**. También se pueden mover conjuntos completos de celdas, conservando tanto el formato de las mismas como su contenido. Se pueden realizar distintos diseños de tablas configurando bordes de distinto grosor, anchos y altos de las celdas, colores de fondo, colores, tipos y tamaños de texto distintos.

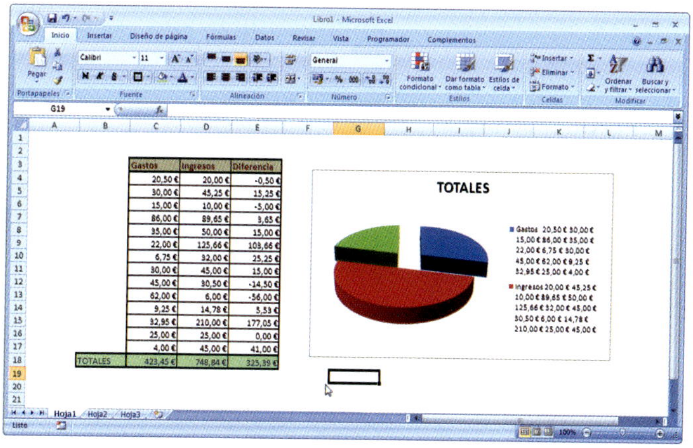

También se pueden insertar imágenes ilustrativas, logotipos, diagramas y, por supuesto, gráficos creados a partir de los datos de la hoja. Las hojas de cálculo se pueden agrupar mediante Libros, es decir, conjuntos de varias Hojas como si de un cuaderno se tratase. De forma predeterminada, Excel se abre con un Libro formado por tres Hojas, pero pueden añadirse más hasta un total de 255.

Excel es un programa complejo con muchísimas y potentes funciones, lo cual hace de la Ayuda y de los Asistentes herramientas fundamentales. Las Plantillas también resultan de gran utilidad a la hora de crear documentos como informes, facturas, balances, etc. Todos estos recursos de apoyo se complementan con información en línea en la página Web de Microsoft creada especialmente para proporcionar ayuda a los usuarios del programa (`http://office.microsoft.com/`).

PowerPoint 2007

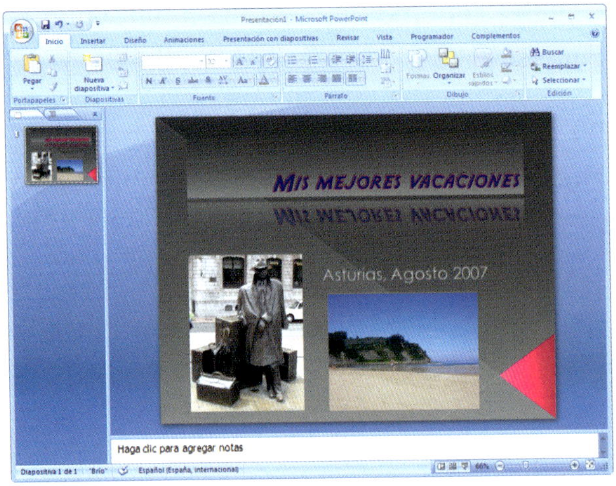

El funcionamiento de este programa emula al de un proyector de diapositivas y en cada una de ellas podemos insertar desde texto hasta gráficos y sonidos. PowerPoint es uno de los programas más intuitivos y fáciles de usar dentro del campo de la ofimática. Nos ofrece una amplia gama de presentaciones prediseñadas para usar como modelo con sólo cambiar unos cuantos textos.

Los modelos de PowerPoint no sólo se limitan a diapositivas individuales ni a presentaciones completas, sino que también podemos elegir combinaciones de colores y animaciones ya preparadas para que los elementos de una diapositiva aparezcan o desaparezcan de forma sucesiva en pantalla, y también para pasar de una diapositiva a otra.

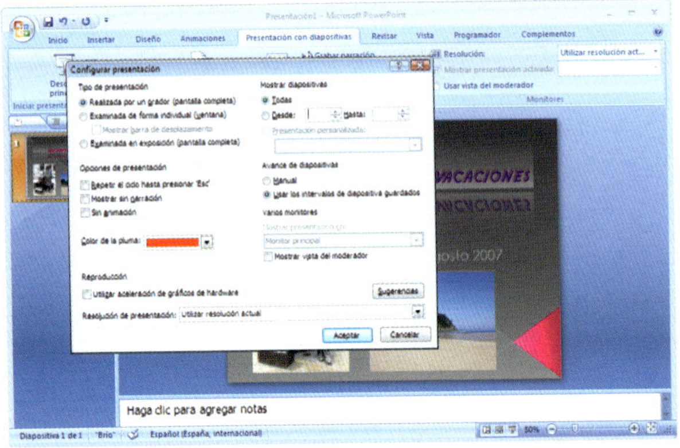

Igualmente, podemos crear fácilmente una presentación a partir de una plantilla y descargar plantillas nuevas desde la página Web de Office Online.

Nota

Además podemos añadir grabación de voz, música o películas a la hora de hacer una presentación o, si va a ser presentado públicamente (en una reunión de trabajo, por ejemplo) podemos ensayar nuestro discurso con la presentación de modo que PowerPoint nos marque los puntos de inicio y fin de cada parte. Sus asistentes ofrecen numerosas posibilidades.

Access 2007

Access es una excelente aplicación para trabajar con bases de datos, incluso en el sector empresarial, pues es capaz de gestionar grandes volúmenes de datos y conectar remotamente con superordenadores que almacenan grandes repositorios de información. Pero en el sector doméstico también resulta una herramienta muy útil y además, fácil de comprender y de utilizar, si bien es cierto que no es precisamente la herramienta más conocida de Office por parte del usuario no experto.

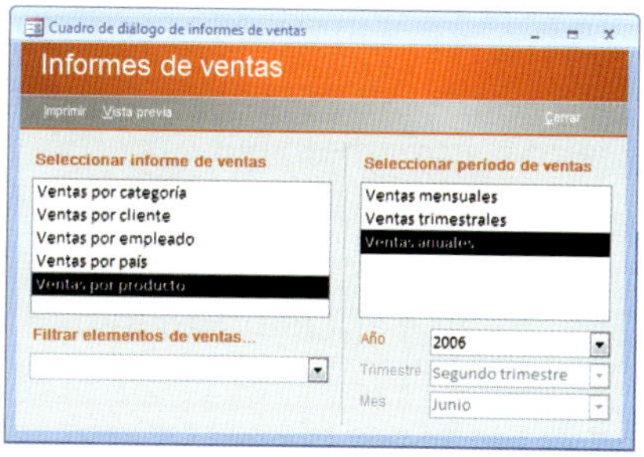

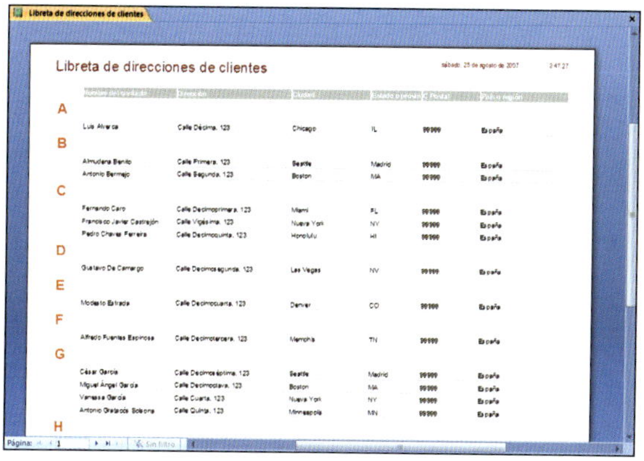

Además de almacenar nuestros datos de forma ordenada en Tablas y realizar consultas para extraer datos, Access permite diseñar Formularios para que sus usuarios más experimentados puedan crear fácilmente herramientas que permitan a los usuarios más novatos utilizar la aplicación para introducir y modificar datos sin que sea necesario que aprendan a utilizar el programa.

También podemos aprovechar los datos extraídos mediante una Consulta para realizar un Informe, presentando los mismos mediante de un documento de aspecto muy profesional y especialmente preparado para su impresión. Pero también podemos utilizar un Informe para publicar en Internet parte de los datos de una Tabla o una Tabla completa, o también para enviarlo por correo electrónico.

El Asistente para base de datos crea un panel de control que nos permite añadir fácilmente datos a las Tablas, ver los datos introducidos, y ejecutar informes. Después de ejecutar el asistente, podemos agregar objetos nuevos a la base de datos y adaptar a nuestras necesidades y gustos los objetos existentes.

Podemos elegir entre distintas plantillas una que se ajuste a la Tabla que queremos crear en la base de datos. El Asistente para tablas nos ofrece las estructuras necesarias para recoger datos para muchos sistemas personales y empresariales usados comúnmente.

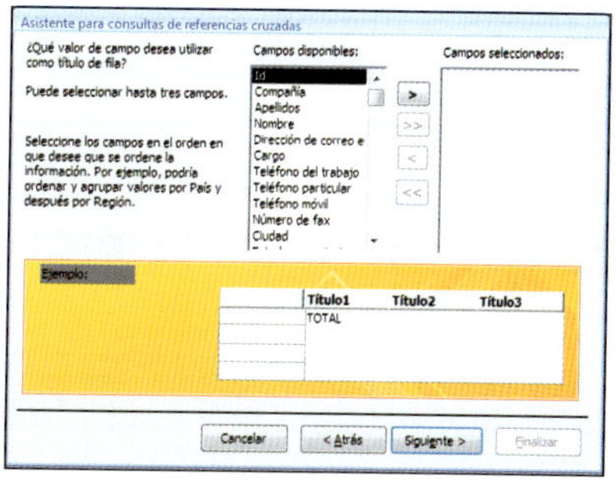

OpenOffice.org

El proyecto OpenOffice.org tiene su origen en un paquete ofimático denominado StarOffice: No pertenece a Microsoft ni al paquete Office 2007. Pero ofrece características similares y su distribución es gratuita, por lo que lo incluimos aquí. En este proyecto de código abierto la empresa Sun Microsystems ofrece un completo paquete de software gratuito cuyo código fuente es, básicamente, el mismo del que procede StarOffice, paquete distribuido bajo licencia comercial y que ofrece características y ventajas no incluidas en OpenOffice. Como ya hemos comentado, OpenOffice es un software libre, lo cual significa que su código fuente es público, que su descarga legal es gratuita y que no hay que pagar nada por instalar cuantas copias necesitemos en cuantos ordenadores queramos hacerlo.

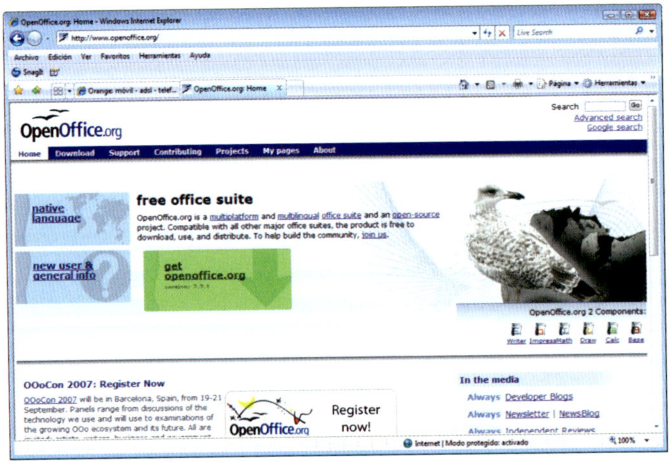

OpenOffice.org ofrece distintas versiones de su software para diversos sistemas operativos, entre ellos Windows, Mac OS y Linux, lo cual mejora la compatibilidad entre los usuarios de estos sistemas operativos a la hora de intercambiar documentos de texto, hojas de cálculo, presentaciones, etc.

Lotus Symphony

Lotus Symphony es la suite ofimática que ha lanzado al mercado IBM de forma totalmente gratuita. En los últimos años la gran e histórica marca comercial ha dejado a un lado la fabricación de ordenadores y componentes y se ha dedicado a la distribución de software gratuito.

Como todas las suites de este tipo, nos proporciona programas para las utilidades más comunes (tratamiento de textos, fórmulas, etc.). Además también incorpora compatibilidad con formatos PDF, lo que lo hacen muy útil. Sólo tiene un pequeño gran inconveniente: todavía no está traducido al castellano y únicamente lo podemos encontrar en su versión inglesa. No obstante, está testado con los últimos sistemas operativos, como por ejemplo Windows vista.

Programas infantiles

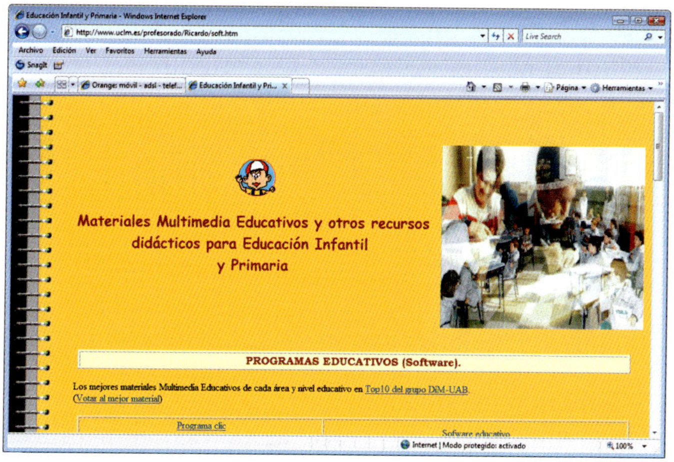

Los programas educativos para niños son una de las mejores formas de acercar la informática a los más pequeños de la casa. La educación es un asunto muy importante y los ordenadores pueden ayudarnos a enseñar muchas ideas gracias al atractivo de lo multimedia. A través de personajes conocidos o simplemente con la interacción, los niños pueden llegar a divertirse aprendiendo y, de paso, aprenden a manejar un ordenador. Existen miles de títulos de varios precios y también gratuitos. También hay colecciones específicas que de vez en cuando lanzan títulos nuevos. Por ejemplo, Zeta Multimedia (`www.zetamultimedia.es`), Mattel Interactive (`www.mattelinteractive.com`) o Lodisoft (`www.lodisoft.com`) con aplicaciones dedicadas a la ortografía o a la anatomía.

Enciclopedias interactivas

Una enciclopedia interactiva es uno de los mejores inventos que podemos encontrar hoy en día. Aunque las enciclopedias clásicas seguirán existiendo siempre, las versiones para ordenador son mucho más prácticas, ya que ofrecen muchas más posibilidades y la búsqueda es mucho más rápida y sencilla.

Gracias a las nuevas tecnologías de audio y vídeo, estas nuevas enciclopedias digitales no se centran simplemente en texto e imágenes, también podemos ver una animación sobre el Desembarco de Normandía, escuchar una canción de los Beatles o ver un vídeo sobre la caída del Muro de Berlín. Al igual que con los diccionarios enciclopédicos interactivos, la búsqueda en este tipo de aplicaciones es muy rápida, a no ser que la distribución sea de varios CD (esto cambia con el DVD-ROM). Las enciclopedias para ordenador clásicas son: Enciclopedia Micronet (`www.Micronet.es`), Microsoft Encarta o la Enciclopedia de Planeta Multimedia.

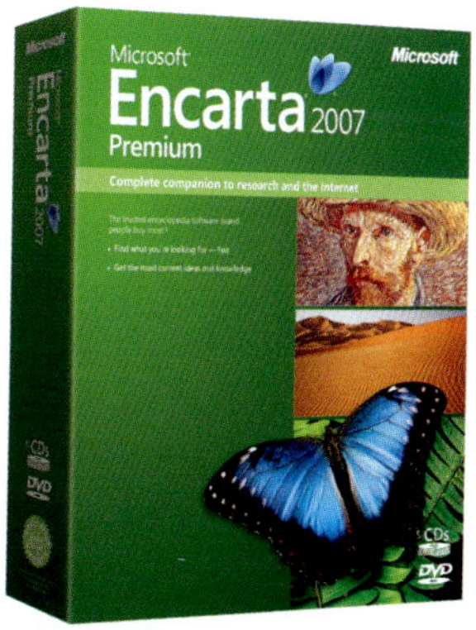

©Copyright Microsoft Corporation

Capítulo 5
Software de diseño gráfico, sonido, vídeo y páginas Web

Tipos de gráficos e imágenes digitales

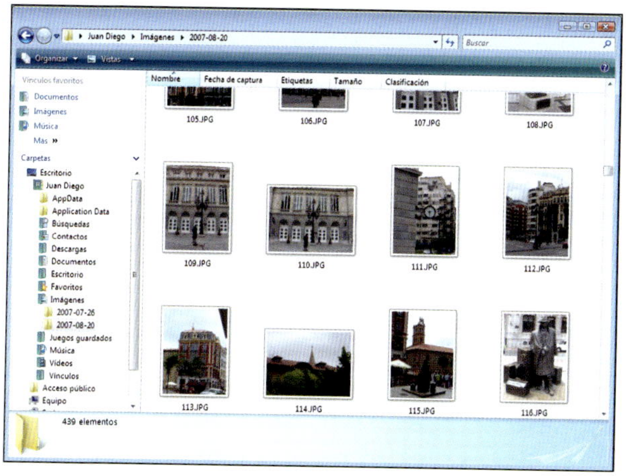

El aspecto visual es algo que ha avanzado mucho en los últimos años en la informática y ha ayudado a fomentar la atracción hacia los ordenadores por parte de todos aquellos que se sentían ajenos a este mundo. Desde los nuevos monitores y escáneres, hasta el software especializado en diseño gráfico, los nuevos artistas de la imagen, expertos o no, disponen de todos los instrumentos para plasmar en documentos digitales todo lo que se pase por su imaginación. Muchos artistas han cambiado el pincel y la paleta por el ratón y el monitor, que permiten millones de nuevas posibilidades.

El diseño gráfico permite una representación más cercana a la realidad, pero también permite pasar directamente esa realidad a nuestro ordenador, a través de la digitalización y esa nueva realidad digitalizada la podemos retocar a nuestro antojo.

Existen muchos tipos de formatos gráficos, dependiendo de la aplicación que utilicemos o del sistema de compresión. Cada formato, comprime la imagen con un algoritmo determinado, que luego puede ser leído únicamente por ese programa o por otros, dependiendo de su compatibilidad.

Cada tipo de formato es adecuado, dependiendo de su calidad y del tamaño, para un determinado campo: diseño Web, fotografía digital, impresión, etc. Éstos son algunos de los más importantes:

- **JPEG o JPG:** Es quizás el formato más conocido. Es un formato de información con pérdida, es decir, comprime mucho la imagen pero pierde calidad (aunque esto puede configurarse y así obtener diferentes calidades). Aun así, es uno de los formatos más utilizados por el poco espacio que ocupa. Resulta especialmente adecuado para fotografía digital.

- **GIF:** Es un sistema de compresión que evita la pérdida de calidad aparentando más tonos de color. Tanto JPEG como GIF y PNG, se utilizan en Diseño Web, ya que ocupan menos espacio en disco.

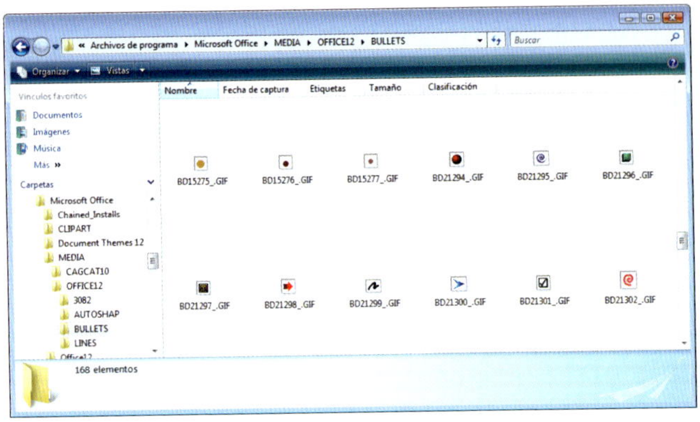

- **TIFF:** Este formato es de uso más profesional, ya que la calidad es muy buena pero el tamaño de sus archivos es también muy alto.
- **EPS:** *Encapsuled PostScript*, PostScript encapsulado. Es un formato muy adecuado para exportar a cualquier impresora, y muy utilizado también en el campo del diseño gráfico profesional.

Los píxeles y la resolución

La unidad mínima para cualquier representación gráfica son los píxeles que contienen el tono que luego formará el mosaico de la imagen. El número de colores por píxel depende del número de bits por píxel. Sin embargo, no todas las imágenes digitales están formadas por píxeles, y es aquí cuando se hace necesaria la distinción entre imágenes y gráficos, más concretamente, entre imágenes de mapa de bits y gráficos vectoriales. Para diferenciar estos dos tipos básicos de imagen digital vamos a introducir un concepto nuevo: la resolución.

La resolución indica el número de píxeles que contiene una pulgada y se mide en una unidad denominada ppp (píxeles por pulgada) o ppi (*píxels per inch*). Nos proporciona información sobre la calidad de la imagen. A mayor resolución, mayor calidad de imagen. La mayoría de los monitores tienen una resolución de 72 ppp, con lo cual cualquier imagen cuyo fin sea ser vista en un monitor deberá tener esa misma resolución (si tiene menos resolución se apreciará pixelada). Por el contrario, una imagen cuyo fin sea el papel deberá tener mayor resolución, al menos 150 ppp, aunque lo ideal para obtener una impresión de calidad es una resolución de 300 ppp.

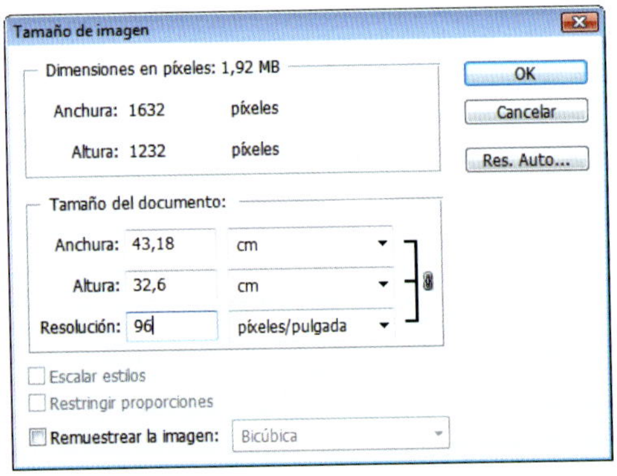

- **Las imágenes de mapa de bits:** La imagen está compuesta por un determinado número de píxeles. Así, el tamaño de cada píxel depende del número total de píxeles de la imagen y de su resolución. Si ampliamos mucho un mapa de bits podemos ver sus píxeles formando una cuadrícula. Además, cada píxel puede almacenar una determinada cantidad de información (color, tono, matiz...). Esa información se almacena en bits y el número máximo de bits por píxel se denomina mediante el término "profundidad de color".

- **Los gráficos vectoriales:** Estos gráficos, en cambio, no dependen de la resolución de la imagen. Son imágenes generadas a partir de fórmulas matemáticas que definen la longitud, posición y demás características de las líneas (vectores). Puesto que no dependen de la resolución, podemos hacerlos más grandes o más pequeños sin miedo a que el gráfico pierda calidad. Por tanto, son muy útiles para imágenes que deban ser cambiadas de tamaño frecuentemente para ser reproducidas en distintos medios.

Utilización del color

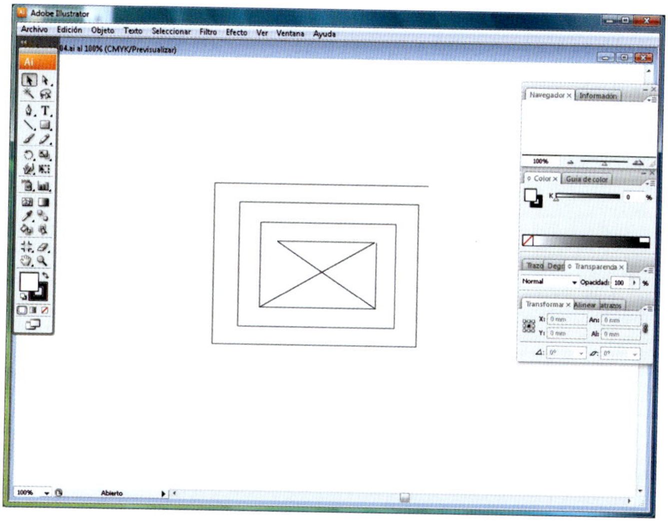

Básicamente existen dos sistemas de color:

- **CMYK** (Cian, Magenta, Amarillo y Negro) que son los colores sustractivos y que se utilizan, por ejemplo, para la impresora, porque es color aplicado. La suma de todos los colores básicos formaría el negro. A esta mezcla de colores se le llama cuatricomía.

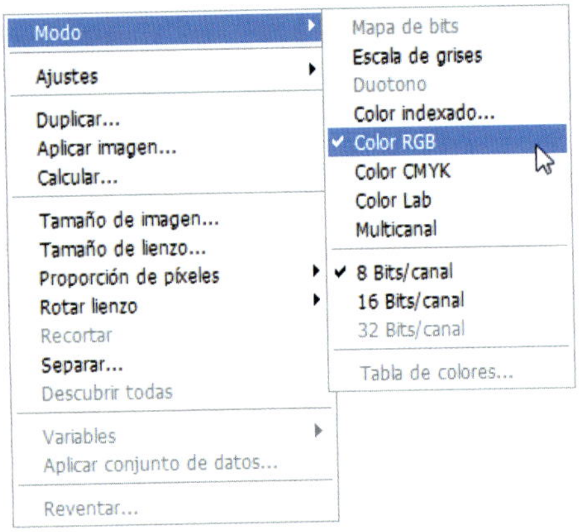

- **RGB** (*Red, Green, Blue*), es decir, rojo, verde y azul son los colores primarios o aditivos, es decir, los que se consiguen cuando descomponemos la luz que emite la pantalla del monitor, y de los que luego salen el resto de colores al mezclarlos. Aunque es de menor calidad y más plano, el color RGB permite configurar una gama de colores personalizados, lo que nos puede dar mucho juego.

En nuestro ordenador podemos definir colores variando otros valores como la luminosidad, el tono o el brillo. Pero el mayor problema es cómo denominar cada uno de estos colores, ya que en cada sitio, un cian puede ser de una manera distinta. Por eso, algunas organizaciones o empresas como PANTONE se han dedicado a clasificar todos los colores y darles una etiqueta, que sirve para unificar criterios en el campo del Diseño.

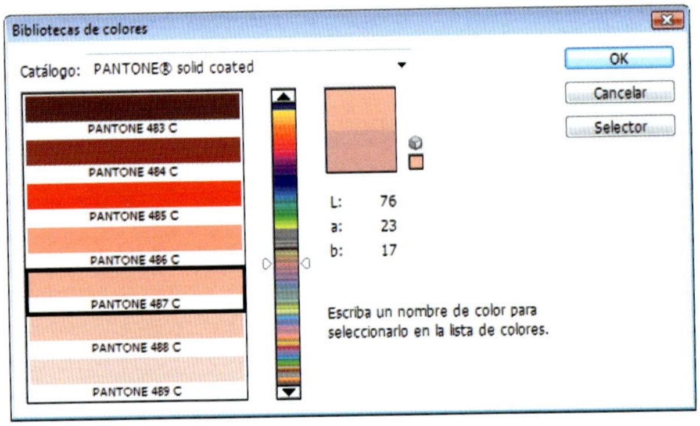

Tipografía: el uso de las fuentes

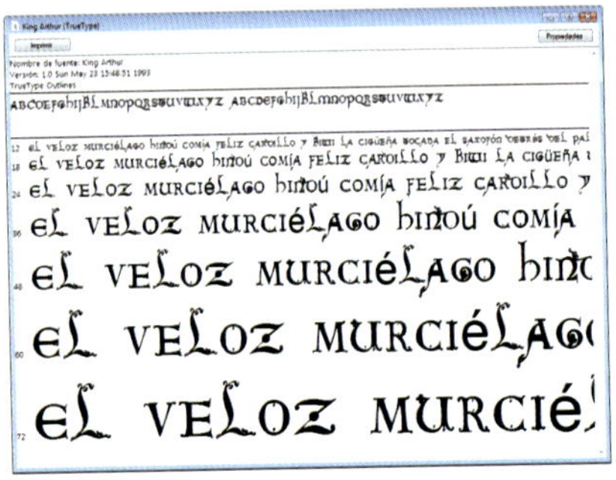

El texto puede considerarse también como un elemento muy importante en el diseño gráfico si tenemos en cuenta la cantidad de variaciones que pueden tener los tipos de letra. La oferta tipográfica, las bibliotecas con juegos de caracteres, son cada vez más abundantes y más accesibles e incluso existen muchas aplicaciones que nos permiten crear nuestras propias fuentes.

Nota: Habitualmente también se distingue entre fuentes Serif y SansSerif. Las fuentes Serif son aquellas que sus bordes acaban en un pequeño "rabito", mientras que las SansSerif no lo tienen.

FreeHand

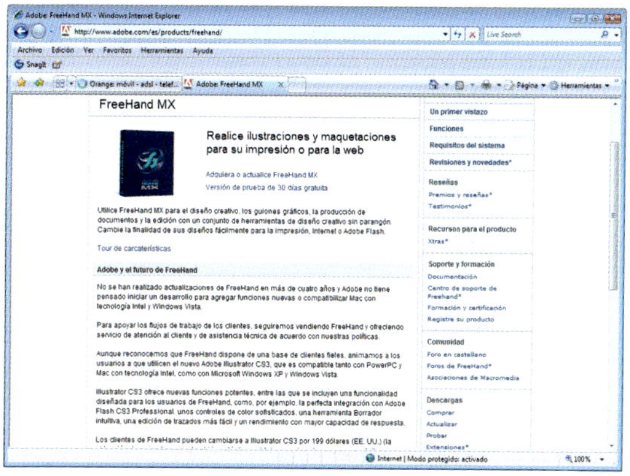

Hasta hace poco FreeHand le hacía la competencia a Illustrator; pero esto ya está empezando a cambiar y es presumible que cambiará aún más, ya que en abril de 2005 Adobe adquirió FreeHand, dejando de ser este programa de Macromedia. FreeHand también trabaja con gráficos vectoriales y por tanto el destino de los trabajos realizados con él también es, normalmente, los medios impresos, pero cuenta con una interesante ventaja que lo diferencia de Illustrator: una gran compatibilidad con todas las utilidades Web de Macromedia. Esta ventaja también ha desaparecido ya, puesto que Adobe también se ha hecho con todas estas aplicaciones.

> **Nota** En la Web de FreeHand (`http://www.adobe.com/es/products/freehand/`), comprobaremos que no se ha hecho ninguna actualización del software desde hace cuatro años, ni tiene pensado actualizarse en el futuro, ya que los esfuerzos de Adobe se centran en su nuevo paquete CS3.

CorelDRAW

Hace años este programa de diseño vectorial lideraba el sector profesional pues fue una de las primeras aplicaciones en ofrecer herramientas avanzadas para el trabajo creativo con imágenes digitales. Y aunque con los años ha perdido terreno en favor de Illustrator y FreeHand, es un software que ha ido mejorando con nuevas características. Es necesario conocer de su existencia pues aún lo utilizan muchas empresas y es una importante opción a tener en cuenta. Además, Corel no sólo permite trabajar con imágenes vectoriales, sino que con este programa podemos también retocar imágenes, editar vídeos y otras muchas funciones multimedia.

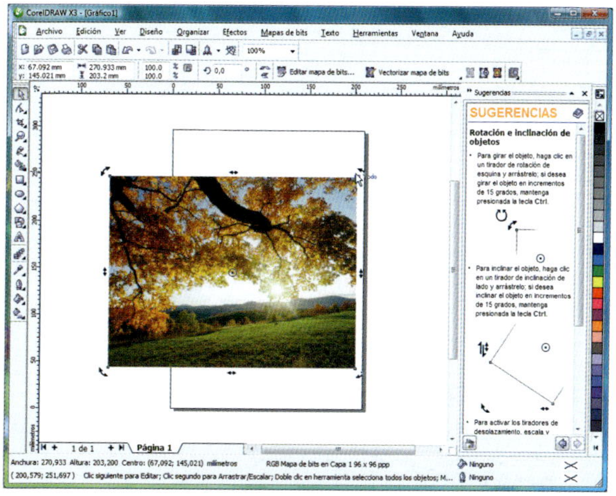

QuarkXPress

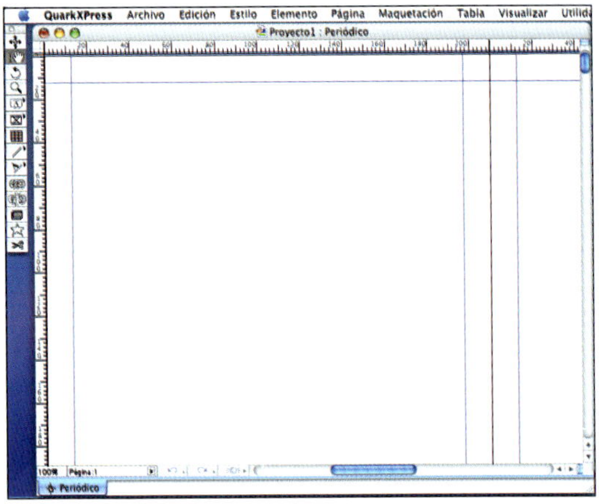

Quark es uno de los programas de autoedición líderes en el mercado actual, y lo utilizan grandes periódicos, editoriales, agencias de publicidad, imprentas, etc. Esto da cuenta de su gran fiabilidad como herramienta de maquetación en proyectos muy complejos. No sólo es una de las aplicaciones más veteranas en este sector, además es una de las más completas y potentes. Durante décadas ha sido un programa específico para los Mac, pues esta plataforma siempre ha sido la más utilizada en la industria gráfica desde hace muchos años. No obstante, hace tiempo que también funciona en Windows.

Una de las funciones más características de Quark es la capacidad de personalizarlo mediante Extensiones (*XTensions*), módulos de software que se pueden incorporar al programa para añadirle funciones, por ejemplo, automatizar procesos, simplificar tareas repetitivas, etc. Evidentemente, existen muchas Extensiones cuyo objetivo consiste en agilizar el flijo de trabajo editorial.

Otros programas de autoedición

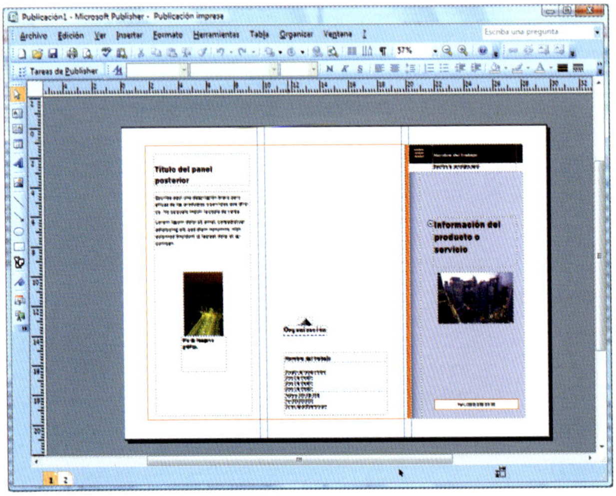

Existen varios programas de autoedición. El más importante de ellos es InDesign, al que nos referiremos posteriormente al hablar de la suite CS3. Adobe también tenía PageMaker, pero esté programa está ya totalmente en desuso.

Dentro de la suite Microsoft Office 2007 podemos encontrar Publisher que, aunque mucho menos utilizado profesionalemente, es más sencillo de manejar y con él podemos conseguir buenos resultados.

HTML

El *Hipertext Marckup Language*, o Lenguaje de Marcación de Hipertexto es el lenguaje básico de Internet. HTML utiliza etiquetas para estructurar el contenido de los documentos separando e identificando los elementos que forman ese contenido. Veámoslo con un ejemplo:

```
<html>
<head>
<meta http-equiv="Content-Language" content="es">
<meta http-equiv="Content-Type" content="text/html; charset=windows-1252">
<title>Texto escrito de la página Web</title>
</head>
<body>
<p>Texto escrito de la página Web</p>
</body>
</html>
```

Algunas etiquetas son dobles, como la etiqueta <html>, que indica el principio del archivo, acompañada de su correspondiente etiqueta </html>, que indica el final del mismo. Lo mismo ocurre con <p> y </p>, que delimitan respectivamente el principio y el final del párrafo. HTML sigue todo el rato esta estructura, pero puede llegar a complicarse bastante según se añaden especificaciones concretas (atributos) dentro de cada etiqueta, para así ir personalizando el aspecto de la página.

Microsoft Expression Web

Los editores de páginas Web surgieron en un principio como una forma cómoda de editar código HTML obteniendo al mismo tiempo una vista previa de cómo quedaría en el navegador. Pero según Internet fue evolucionando las páginas Web se han convertido en documentos multimedia complejos. Esto ha hecho de este tipo de editores unas avanzadas herramientas de autoría Web, pues ofrece montones de funciones para diseñar y administrar sitios Web completos.

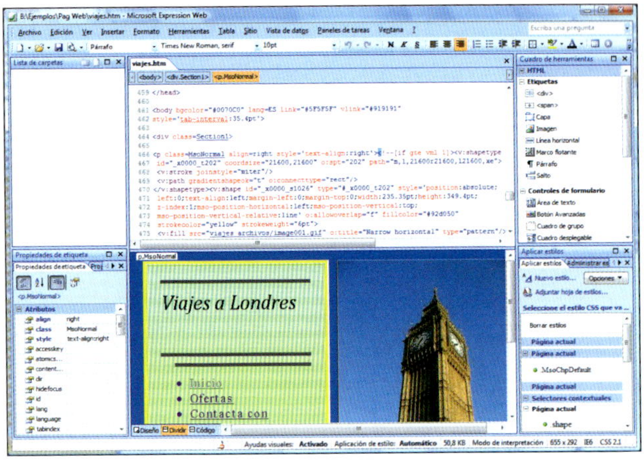

Aunque FrontPage fue uno de los programas con más éxito, Microsoft dejó de actualizarlo desde la versión 2003, y ha sido ahora cuando ha lanzado Expression Web, un programa que sólo por su nombre resulta atractivo. Su formato es muy parecido al antiguo FrontPage: podemos ver nuestros archivos en vista de código, en vista diseño o mezclando ambas. Las novedades están, además de en nuevas funcionalidades, que hacen de Expression Web un programa todavía más fácil y visual de manejar.

Adobe Dreamweaver

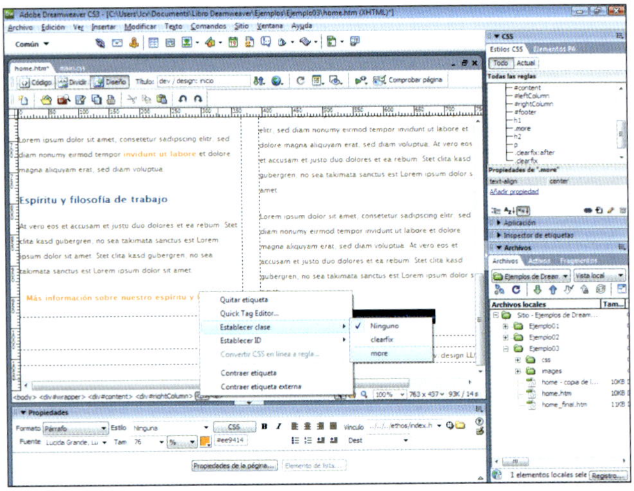

Adobe Dreamweaver es la aplicación de creación de páginas Web que se usa más entre profesionales de Internet y diseñadores gráficos. Se trata, por lo tanto, de una aplicación más compleja pero con muchas más utilidades. El punto fuerte de Dreamweaver quizás sea que forma un buen equipo con otras aplicaciones para el diseño Web, como Flash y Fireworks.

Esa integración con Fireworks y Flash permite, sin salir del propio Dreamweaver, diseñar menús dinámicos impactantes, optimizar y recortar imágenes y gráficos, insertar botones animados... Para hacer todo esto no es necesario saber programar DHTML (HTML dinámico) ni Action Script (el lenguaje de programación de Flash), lo cual permite a los diseñadores crear fabulosas páginas interactivas fácilmente. Otra característica distintiva de Dreamweaver son las herramientas visuales que proporciona para crear páginas Web conectadas a bases de datos, esto es, páginas que se actualizan dinámicamente sirviendo información que está guardada en una base de datos.

Pero si algo distingue verdaderamente a Dreamweaver del resto de aplicaciones para diseñar páginas Web es la capacidad de personalizar el propio programa según nues-

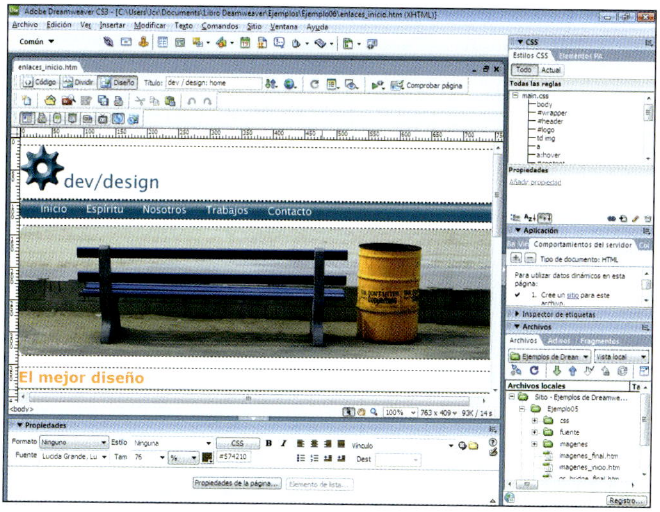

tras necesidades concretas mediante la instalación de Extensiones, módulos de software creados por empresas y desarrolladores de todo el mundo que añaden todo tipo de nuevas funcionalidades al programa.
Existen miles de ellas y muchas se pueden descargar gratuitamente desde la página Web de Macromedia.

Adobe Fireworks

Fireworks es un programa para crear todo tipo de gráficos para páginas Web. No sólo podemos editar imágenes de mapa de bits para recortarlas y optimizarlas, sino que también podemos crear animaciones sencillas formadas por la sucesión temporal de distintas imágenes. Es más, con Fireworks se puede diseñar el "escenario" gráfico completo de un sitio Web, incluyendo menús dinámicos, texto, fotos, logotipos, dibujos... Pueden crearse páginas completas y guardar tanto los archivos HTML como las imágenes de cada página (si se desea todas juntas en una misma carpeta). Por el contrario, si sólo se crean gráficos concretos, pueden guardarse como imagen e insertarlos en páginas creadas en Dreamweaver. El flujo de trabajo con imágenes utilizando ambas aplicaciones es rápido y eficiente. Fireworks utiliza un tipo de formato gráfico especial denominado PNG (*Portable Network Graphics*) que permite crear gráficos de buena calidad sin pérdida de calidad y en archivos de pequeño tamaño, pues utiliza un algoritmo de compresión sin pérdida. Los gráficos PNG pueden llevar transparencias, degradados y muchos más matices de color que los gráficos GIF, pues almacenan imágenes con una mayor profundidad de color (mayor cantidad de bits por píxel).

Todo en una única Suite

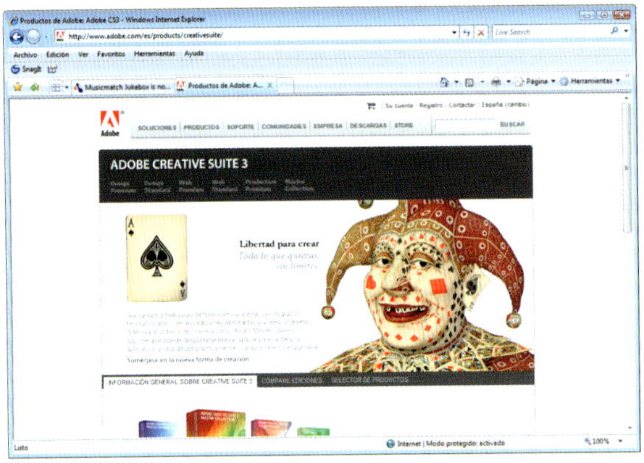

El programa (o conjunto de programas) definitivo de diseño es Adobe Creative Suite CS3. La firma Adobe ha ido juntando en sus respectivas versiones (CS, CS2 y la actual CS3, recientemente sacada al mercado) todos sus programas de diseño, retoque fotográfico, maquetación e ilustración. A ellos ha ido añadiendo varios programas que con el paso del tiempo ha adquirido esta marca, como son los anteriormente citados FreeHand, Dreamweaver, Flash o Fireworks. Hoy en día se puede decir que Adobe CS3 contiene todos o casi todos los programas más conocidos y utilizados para el diseño gráfico y Web.

Nota

Una de las ventajas de esta Suite es que ofrece una gran compatibilidad entre todos sus programas y entre cualquier tipo de archivo, con lo que es muy fácil realizar cualquier tipo de trabajo usando al mismo tiempo varios programas o con uno solamente. Otra de sus grandes ventajas es que está adaptado a todo tipo de sistema operativo. Es totalmente compatible con cualquier versión de Windows (incluyendo Vista), y su funcionamiento e interfaz es exactamente igual tanto en la versión PC como en la versión Mac.

Alguno de los programas que componen esta Suite son (dependiendo de la versión que adquiramos): Adobe InDesign CS3, Photoshop CS3 Extended, Illustrator CS3, Flash CS3 Professional, Dreamweaver CS3, Acrobat 8 Professional, Fireworks CS3, Adobe Version Cue CS3, Adobe Bridge, Adobe Stock Photos, Adobe Device Central CS3, Adobe Flex CS3. Analizaremos ahora algunos de los más importantes, como son Photoshop, Illustrator e InDesign, así como algunas funciones comunes al CS3, como son la Versión Cue y Adobe Bridge.

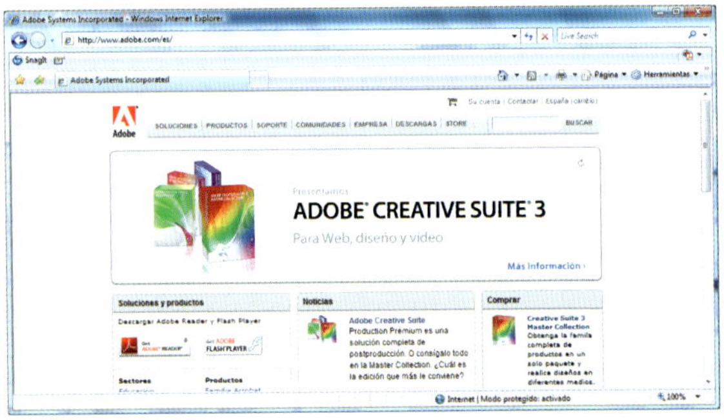

Adobe Photoshop

Cada vez es más sencillo tratar imágenes digitalizadas por medio de programas de retoque fotográfico. Bien por un escáner, una cámara digital o adquiriendo fotografías en bases de datos de imágenes, el retoque digital se ha convertido en una forma bastante divertida de cambiar la realidad capturada por una fotografía. Sin lugar a dudas, Photoshop es el programa más famoso y ampliamente utilizado para trabajar con imágenes de mapa de bits. Es el estándar de la industria y líder indiscutible, y hay motivos más que sobrados para afirmarlo.

Es una aplicación muy completa y con avanzadas herramientas para retoque fotográfico, pero va mucho más allá. En ocasiones parece hacer "magia". Y no es para menos, pues proporciona utilidades potentes pero también sencillas de utilizar, utilidades capaces de realizar "mágicas" combinaciones de imágenes... sólo hay que conocer algunas técnicas y dejar volar la imaginación. Se pueden realizar montajes fabulosos y transformaciones muy interesantes.

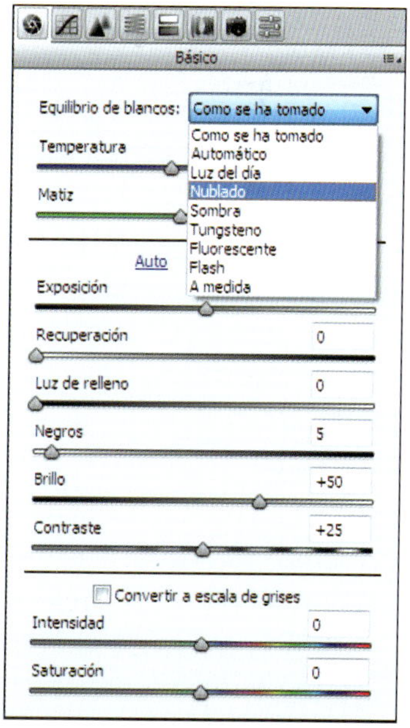

La cada vez mayor popularización de la fotografía digital hace que hoy día casi cualquier usuario desee dar algunos retoques a sus fotos favoritas. Las herramientas y utilidades de Photoshop CS son innumerables, por tanto, nos quedaremos con la idea de que es posible hacer casi cualquier cosa en lo que a fotografía digital se refiere.

No obstante, utilizando esta aplicación también podemos editar, transformar y optimizar fotos, gráficos, iconos... todo tipo de material gráfico cuyo destino sea una página Web.

Los archivos de Photoshop son lo que llevan la extensión `.psd` o `.pdd`, pero con este programa podemos abrir y editar prácticamente cualquier tipo de imagen.

Adobe Illustrator

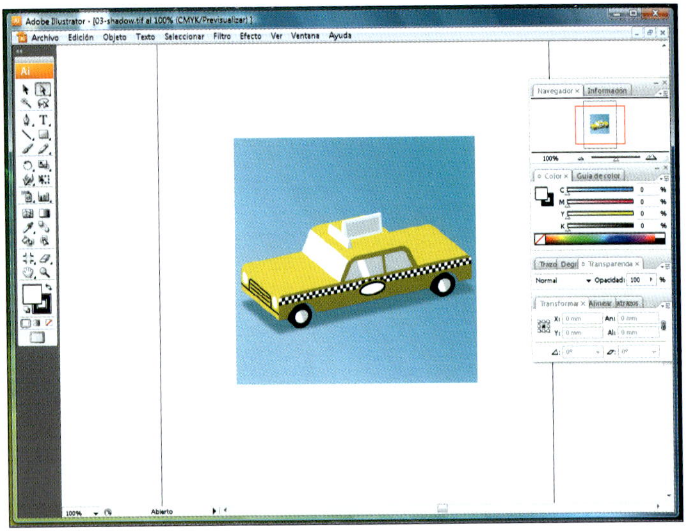

Tradicionalmente, Illustrator siempre ha sido un programa dedicado a la creación de ilustraciones y gráficos cuyo destino son los medios impresos: libros, revistas, periódicos, carteles, publicidad... Pero progresivamente, según han ido avanzando sus versiones, se ha puesto al día y en su última versión, está preparado para producir material creativo también para otros medios, como el vídeo, la Web y dispositivos móviles.

Illustrator trabaja con gráficos vectoriales, aunque también es posible importar mapas de bits para utilizarlos tal cual en nuestros trabajos, e incluso transformarlos a formato vectorial. La transformación de mapas de bits a gráficos vectoriales es una función muy demandada, debido a la gran utilidad que proporciona poder manejar vectorialmente cualquier dibujo o imagen escaneada, y ha sido una de las herramientas que más ha mejorado en los últimos años.

Otra de las ventajas de Illustrator es que permite exportar las imágenes en formatos compatibles con CAD y con todos los programas de Adobe, además de poder editar y modificar PDF transformándolos en imágenes vectoriales. Como todos los programas de CS3, Illustrator se ha actualizado para que sea más completo. Actualmente no se limita a poder editar sólo imágenes vectoriales, sino que ha mejorado mucho en sus capacidades para trabajar con imágenes en color, en introducir más herramientas y componentes de otras aplicaciones de Adobe, como son símbolos Flash.

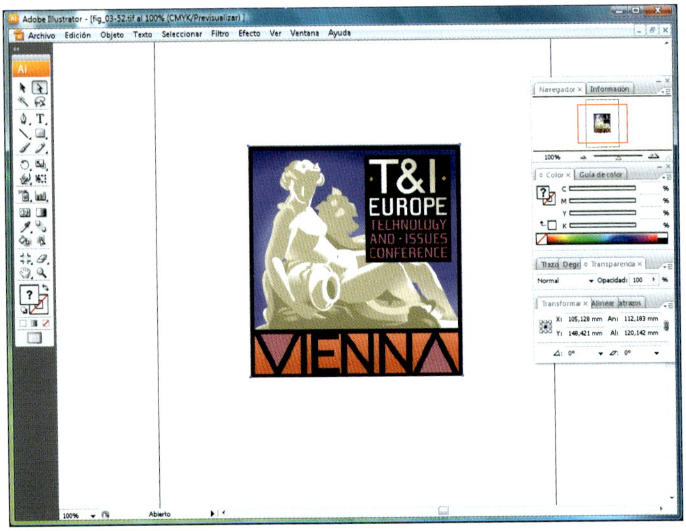

Adobe InDesign

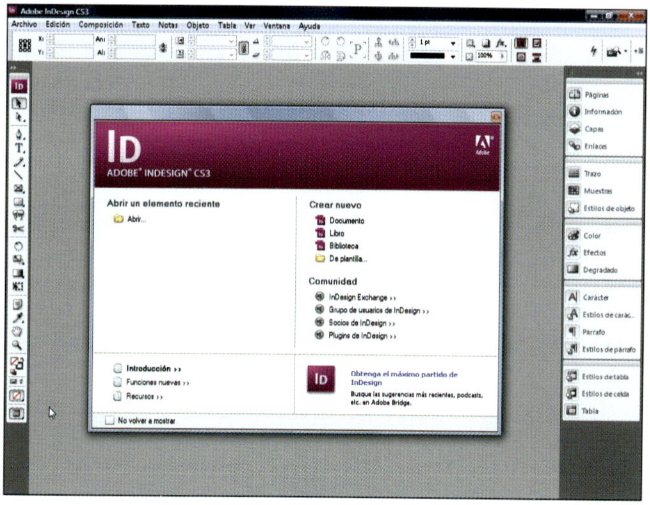

Adobe InDesign CS3 es el referente de la maquetación profesional. Está sustituyendo a programas como QuarkXPress y ha acabado con otros programas ya totalmente caducos como PageMaker. No obstante, InDesign puede trabajar con los formatos de QuarkXPress y PageMaker, con lo que no tenemos que dejar en el olvido nuestras antiguas maquetas o pasar interminables horas actualizándolas a los nuevos formatos. Pero InDesign no es un programa de maquetación al uso. Las nuevas versiones de esta aplicación incorporan toda la potencia de Adobe Creative Suite, con lo que desde la misma pantalla de InDesign podemos realizar todo tipo de funciones con gráfico, imágenes de todo tipo, controles de Flash, etc. No hace falta que abramos Photoshop para retocar una imagen de nuestra maqueta.

InDesign no sólo permite la maquetación para el sector editorial impreso, sino que tiene unas funciones de publicación Web muy potentes (aspecto éste en el que PageMaker era bastante pobre). Permite la exportación a formatos XHTML y trabajar con reglas XML, así como trabajar con comandos de JavaScript, VBScript y AppleScript. Todas estas ventajas aquí citadas hacen que sin duda alguna InDesign sea el programa preferido actualmente para la maquetación y el diseño Web, tanto en el sector particular como en el profesional a gran escala. Poco a poco, todas las empresas editoriales tanto impresas como en soporte Web van actualizando todos sus diseños a esta aplicación, de modo que, como Illustrator, es el referente del futuro en su campo.

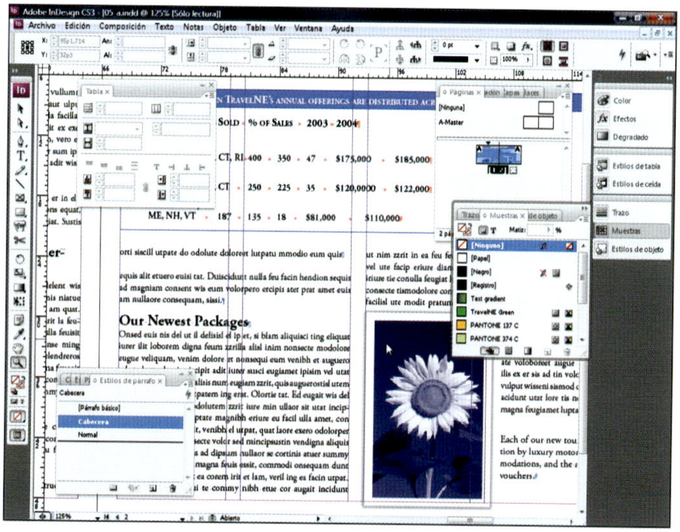

Gestión del trabajo de CS3

Las versiones de CS tienen unas características comunes que permiten funciones fundamentales a la hora de trabajar profesionalmente:

- Adobe Bridge.
- Adobe Versión Cue.

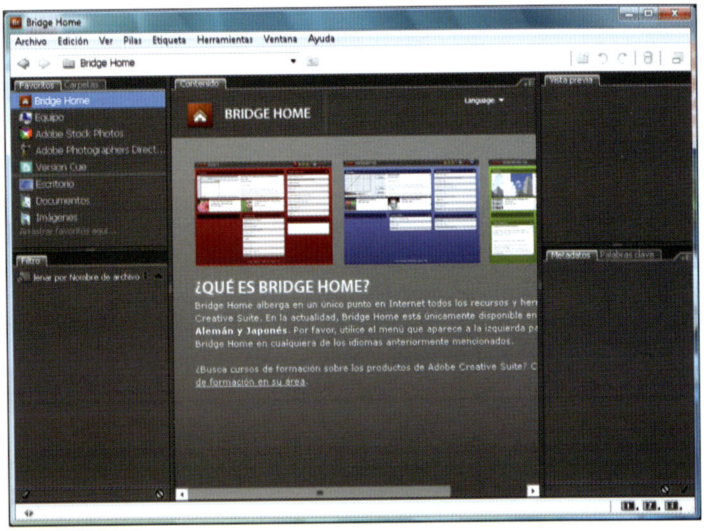

Con estas dos aplicaciones podemos realizar dos funciones: gestionar todos los documentos de una presentación, maquetación o cualquier proyecto profesional y, al mismo tiempo, compartamos este trabajo mediante un servidor para que lo actualicen y mejoren por ejemplo en una empresa. Adobe Bridge CS3 es un componente muy útil a la hora de gestionar nuestras colecciones fotográficas. Desde el Bridge Center podemos acceder a todos nuestros trabajos de imágenes, ya sean del tipo que sean. Podremos explorar y con vista previa (como casi todos los gestores de imágenes), nuestro Escritorio, las carpetas recientes, la carpeta `Documentos`, `Imágenes`, así como todo el Equipo y las que hayamos determinado dentro del enlace Colecciones. Además, para permitirnos tener más fotografías, Adobe Bridge cuenta con Adobe Stock Photos, que consiste en un centro de búsquedas, desde donde no sólo podemos encontrar las fotografías o imágenes que tenemos almacenadas en nuestro disco duro, sino que podemos realizar sencillas búsquedas en Internet (o en una red) y descargar estas imágenes.

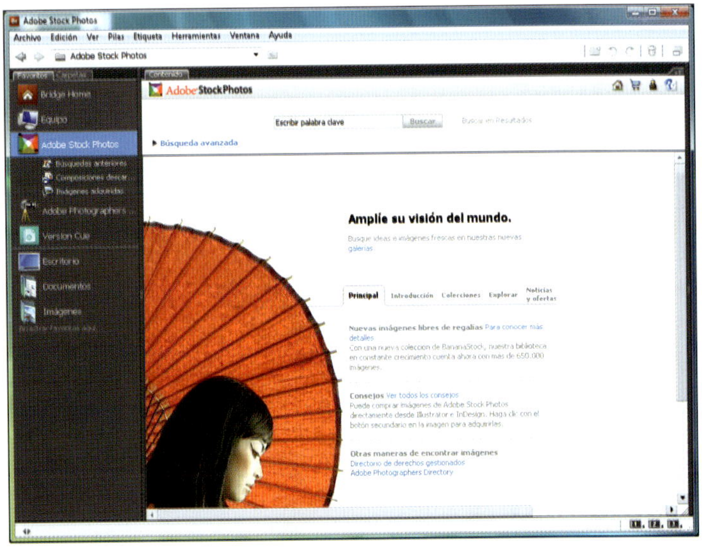

> **Nota**
> Las imágenes que se pueden adquirir a través de Adobe Bridge no son gratuitas, habiendo que pagar por ellas. Podemos encontrarlas gratuitas, pero lógicamente serán en muy baja calidad. Otra cosa que también tenemos que comprobar es el uso que legalmente podemos hacer de la fotografía descargada.

Otra de las comodidades de Bridge es que desde su ventana principal podemos abrir directamente Photoshop, en el caso que queramos que modificar alguna de nuestras imágenes. De este modo, Bridge sustituye al explorador de carpetas e imágenes de Photoshop. Del mismo modo podemos acceder a nuestros proyectos de InDesign o a otros programas de la Suite CS3, utilizando Bridge como gestor de todas las capacidades que adobe CS3 nos puede ofrecer que, como vemos, no son pocas.

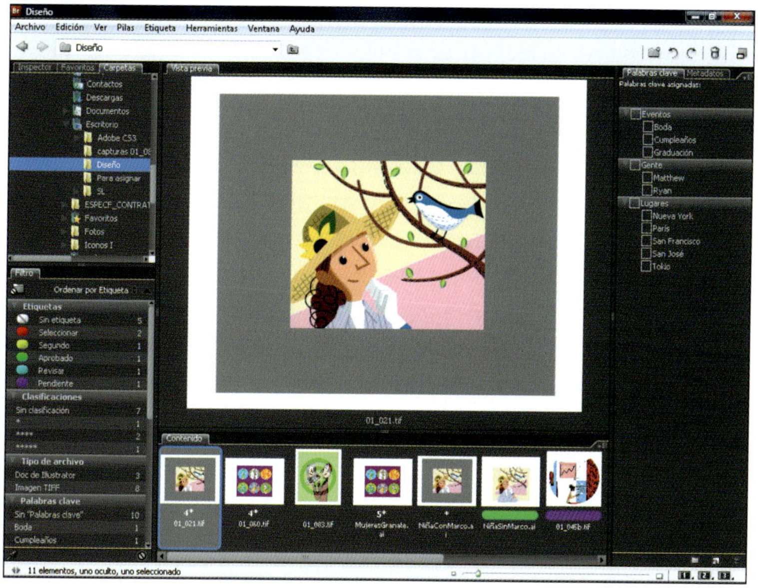

Otra de las opciones que tenemos directamente desde Adobe Bridge, es la de abrir Adobe Versión Cue. Con esta aplicación podemos gestionar todas esas mismas imágenes pero dentro de una red o un espacio de trabajo. De este modo, todas nuestras imágenes, trabajos de maquetación y diseño, pueden ser fácilmente compartidos a través de una red interna o de Internet, haciéndolos disponibles para todas aquellas personas que consideremos oportuno.

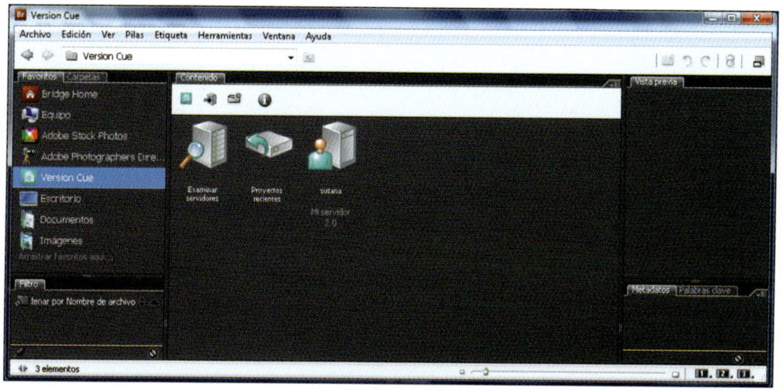

Con esta Suite conseguimos tener todo lo necesario para tratar imágenes, vídeos, fotografías digitales, animaciones, proyectos Web, maquetaciones, etc.

AutoCAD

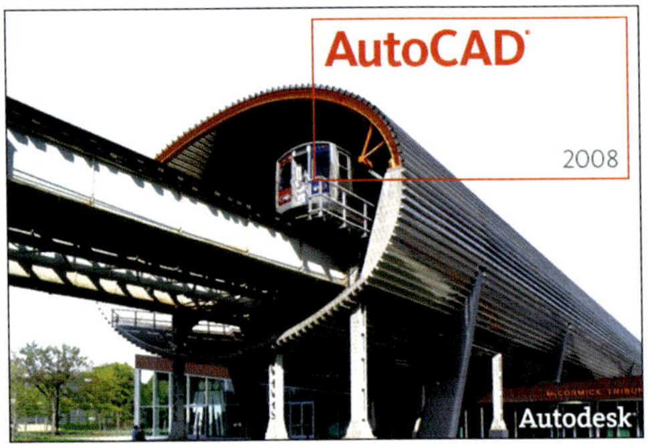

El CAD (*Computer Aided Design*) es la herramienta que permite a los usuarios utilizar la informática para la Arquitectura y para el diseño de cualquier estructura. Abarca un primer diseño en 2D (dos dimensiones) que podrían ser planos y su posterior paso a las tres dimensiones, que daría un mayor acercamiento a la realidad. Pero el CAD no sirve solamente para diseñar edificios. También lo utilizan los diseñadores industriales para crear piezas o elementos de uso común como muebles o herramientas.

El programa de CAD más potente y difundido es AutoCAD, de la empresa Autodesk, que dispone de diferentes versiones según la utilidad que queramos darle. En su última versión, AutoCAD 2008, se han mejorado las herramientas de dibujo y anotación; pero la principal mejora que ha experimentado este programa en los últimos años ha sido la reducción, a casi la mitad, del tamaño de los archivos que genera. Otro de los aspectos más importantes en los que se ha centrado AutoCAD en las últimas versiones, ha sido en mejorar y potenciar las presentaciones 3D. Las perspectivas, rotaciones, iluminaciones y, en general, las presentaciones y el diseño 3D de AutoCAD 2008 nada tienen que ver con las primeras versiones de estos programas.

Además, consciente de que el gran tamaño de los archivos siempre constituye un problema a la hora de compartir diseños creados con AutoCAD, Autodesk ha creado un nuevo formato de archivo, el DWF (*Design Web Format*). Es un formato de archivo gratuito que cualquiera puede abrir con sólo instalar una pequeña aplicación denominada *Autodesk DWF Viewer*, y permite exportar diseños complejos en 2D y 3D generando archivos de pequeño tamaño que se pueden compartir de forma segura a través de medios tales como Internet y el correo electrónicos, tan necesarios actualmente en cualquier equipo de trabajo.

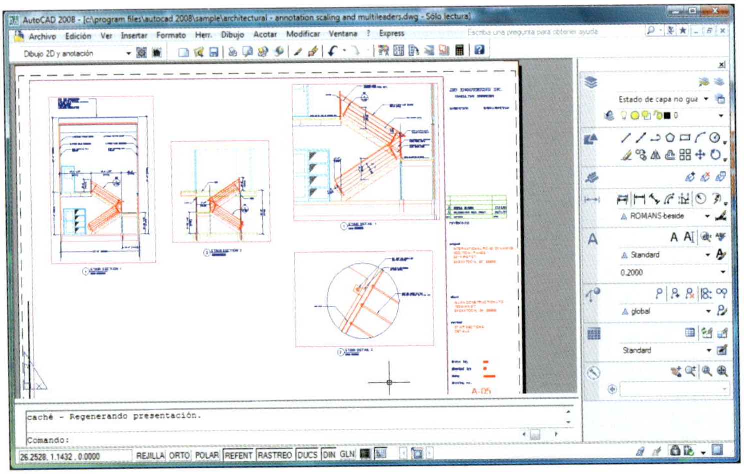

Maya

Cada vez se usan técnicas más avanzadas para crear gráficos en tres dimensiones que intentan imitar la realidad. Para diseñar formas y figuras en tres dimensiones (3D) se dibujan miles de polígonos que forman una figura más compleja, luego se le aplica una textura que es como definir el material de la forma (madera, piedra o piel, por ejemplo) y luego se añaden las luces necesarias para conseguir el efecto deseado. A estas figuras se les puede añadir escenarios e incluso movimiento, que por supuesto intenta imitar también a la propia naturaleza, y cada vez mejor. La mayoría de estos programas de diseño y animación en 3D son de uso profesional y requieren ordenadores muy potentes para poder calcular rápidamente todos estos datos.

Uno de los más famosos programas para animación 3D es Maya. Maya sirve para modelaje 3D, animación y creación de efectos o acabados fotorrealísticos, pero también para dar calidad y realismo a gráficos 2D (dos dimensiones) y para diseñar páginas Web.

©Copyright Autodesk, Inc

3ds Max

Otro programa líder entre las aplicaciones de animación de personajes en tres dimensiones es 3ds Max, desarrollado por Discreet (aunque la empresa fue adquirida en 1999 por Autodesk, destacado desarrollador de software para CAD). Se trata de una aplicación muy avanzada, tanto que tiene su propio lenguaje de programación, denominado *Maxscript Scripting Language*.

Adobe Flash

La tecnología Flash ha revolucionado Internet de tal forma que en unos años ha pasado de ser una aplicación para diseñar animaciones en 2D para la Web a convertirse en una auténtica plataforma para desarrollo de contenido dinámico y aplicaciones capaces de funcionar en distintos navegadores, plataformas y dispositivos (Windows, Macintosh, Linux, PDA y hasta en teléfonos móviles).

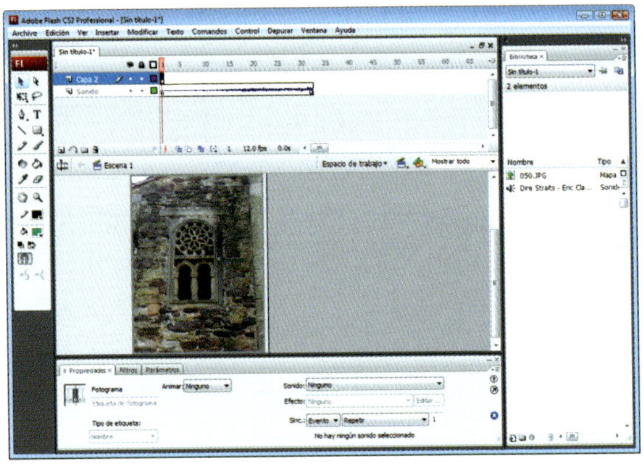

Nota

Flash era una aplicación originaria de Macromedia, pero tras la compra de esta compañía por parte de Adobe se ha incorporado a su paquete integrado CS3.

Además de su facilidad de uso, las animaciones realizadas en Flash ocupan muy poco espacio, por lo que se abren rápidamente en cualquier página Web. Para poder visualizar estas animaciones, que en realidad son como dibujos animados, nuestro navegador debe disponer del *plug-in* (un pequeño módulo de software) adecuado; lo proporciona gratuitamente el propio Adobe y se llama *Flash Player*.

El uso de Flash es muy intuitivo. Primero vamos realizando dibujos, como en cualquier otro programa gráfico o utilizamos otros que tengamos, importándolos desde cualquier formato gráfico. Estos dibujos se van transformando en escenas de nuestra película, cuando las vamos guardando como fotogramas, ya sea modificando nosotros mismos cada escena o utilizando movimientos o transiciones que nos proporciona el programa, ya sean de texto o de figuras. Con Flash también podemos enriquecer las animaciones con sonidos y música, incluso con vídeo. Además, para los usuarios más avanzados Flash proporciona su propio lenguaje de programación: ActionScript.

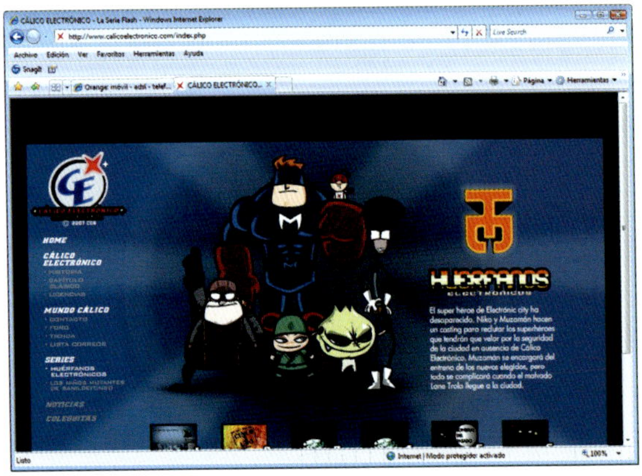

DivX y Vídeo digital

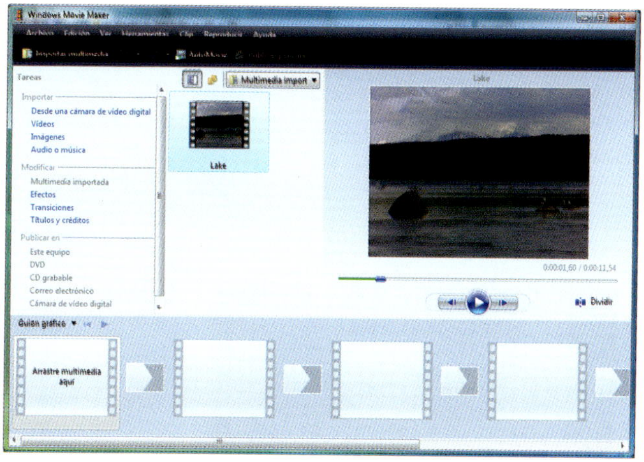

Con el auge de las cámaras digitales, cada vez son mayores las posibilidades para conectar nuestra cámara de vídeo con el ordenador. Al igual que con las imágenes, también podemos digitalizar cualquier tipo de vídeo. Editando nuestros vídeos domésticos, podemos crear efectos especiales, añadir sonidos y música, introducir títulos y mejorar la imagen. Existen varias aplicaciones específicas para la edición de vídeo digital, desde las diseñadas para expertos, como Adobe Premiere, hasta otras de uso más "casero", como Windows Movie Maker.

Compresión de vídeo: DivX

Se trata de un sistema de compresión que con una pérdida mínima de calidad de imagen, permite tener vídeos de gran calidad en archivos pequeños, lo que hace de él un soporte ideal para Internet, que es donde más se ha difundido este formato de vídeo comprimido. Existen programas que ayudan a pasar nuestras películas en DVD a formato DivX y su uso para hacer copias de seguridad de nuestras películas es totalmente lícito. La tecnología DivX evoluciona continuamente, por lo que siempre debemos estar actualizados (normalmente por Internet) de las últimas versiones de DivX. Son los denominados *códecs* que deberemos renovar constantemente si queremos visualizar un vídeo comprimido con una nueva versión de DivX. Estos códecs son módulos de software que instalamos junto con un programa de reproducción y COdifican y DECodifican el vídeo, y son necesarios para poder ver DivX en el ordenador.

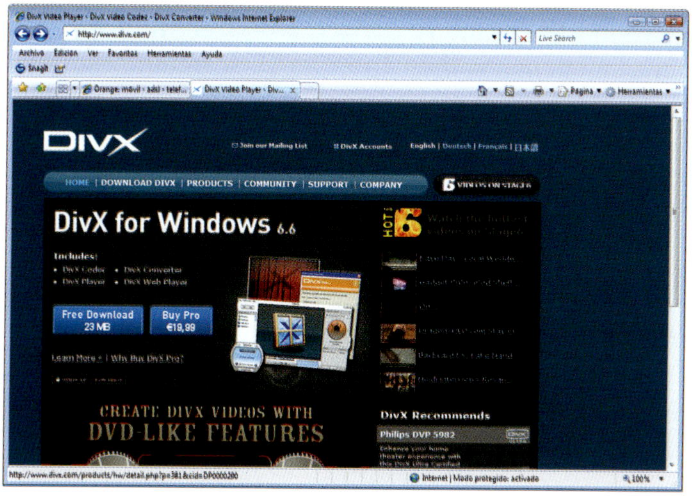

Formatos de vídeo

Al igual que cualquier otro tipo de información, el vídeo digital se almacena en archivos con una determinada extensión. Estos son los formatos de vídeo digital más importantes:

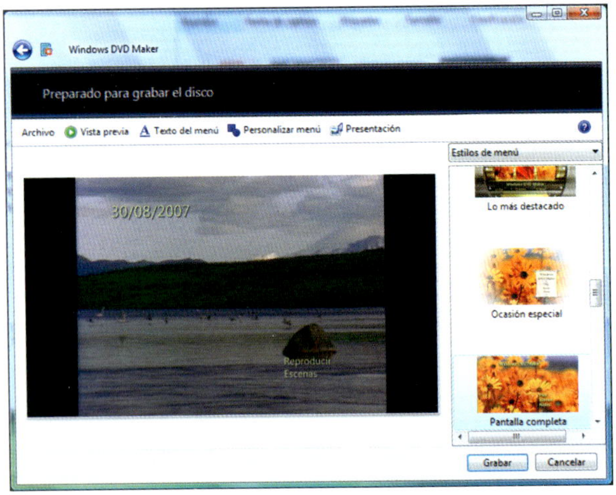

- **MPEG:** Es uno de los formatos más difundidos. Algunas de sus versiones han facilitado la creación de numerosos formatos como VideoCD (MPEG-1) o SVCD (MPEG-2) compatibles con la mayoría de los reproductores DVD, e incluso el mismo formato de las películas DVD está basado en MPEG. Los archivos MPG o MPEG pueden ser leídos por la mayoría de los reproductores, como el Windows Media Player de Microsoft.
- **AVI:** *Audio Video Interleave.* Es el formato más extendido y compatible con la mayoría de los reproductores. Fue creado por Microsoft.
- **MOV:** Formato creado por Apple y cuya reproducción es exclusiva de su programa Quicktime.

  Los archivos mov han tenido mucho éxito en la distribución de tráileres cinematográficos por Internet.
- **RM:** Formato creado por la compañía Real Networks y es el que más se utiliza para reproducir vídeo por Internet. Es lo que se conoce por *streaming* que son archivos de música o vídeo que se encuentran en Internet (físicamente están en otro ordenador).

Mp3 y otros formatos de audio

Mp3 es un formato de audio digital que ha revolucionado tanto Internet, como el mundo de la música. Se trata de un sistema que comprime pistas de CD audio o cualquier otra señal sonora, en archivos de muy poco tamaño y con una gran calidad. La clave es un algoritmo muy complicado que elimina el sonido que el oído humano no percibe. La principal finalidad de todo esto es la posibilidad de enviar y recibir archivos Mp3 a través de Internet.

Nota

La mayoría de los programas que reproducen archivos Mp3 son gratuitos, al menos en su versión básica. Los más populares son Windows Media Player, el reproductor de Microsoft que acompaña a Windows, WinAmp (`www.winamp.com`) o MusicMatch (`www.musicmatch.com`), ahora Yahoo! Music Jukebox.

Aunque Mp3 es el formato más popular y más extendido, existen otros formatos para los archivos de audio. Windows siempre ha utilizado el formato Wav, pero cada vez se usa menos porque ocupa mucho espacio en disco. El WMA es otro formato creado por Microsoft que comprime aún más la música, pero al contrario que el Mp3, al pertenecer a una marca comercial, se debe pagar por su uso.

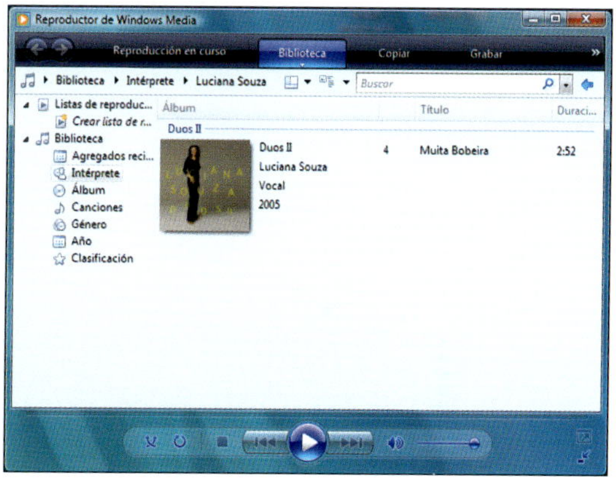

Hoy en día los formatos de compresión de música digital es algo muy de moda, gracias a la cantidad de reproductores portátiles que reproducen estos formatos. Por muy poco dinero podemos tener un reproductor MP3. Si buscamos una gama más alta de calidad y diseño, podemos optar por el IPod, la versión de Apple para este tipo de ocio.

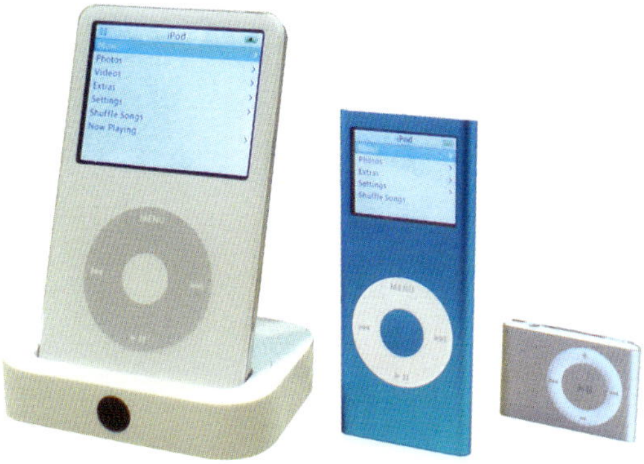

Capítulo 6
Redes locales

Qué es y para qué sirve una red

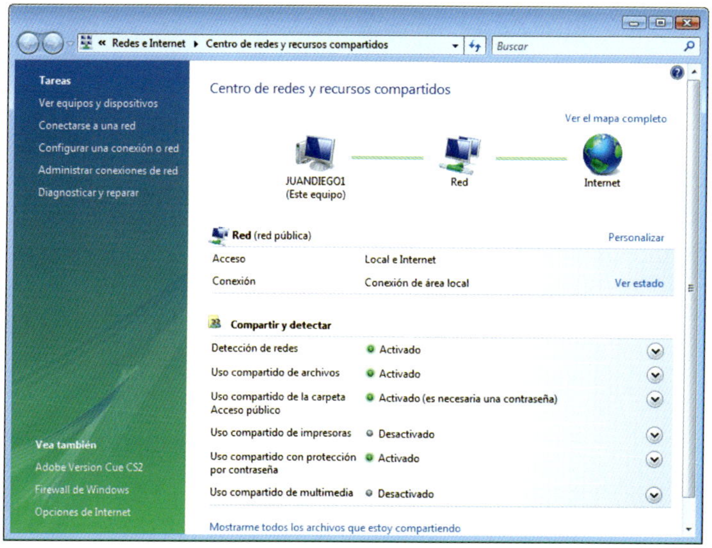

Una red de ordenadores es un conjunto de equipos interconectados. Además de ordenadores, se pueden conectar en red impresoras y otros periféricos. El objetivo de las Redes locales o LAN (*Local Area Network*, Red de Área Local) es que varios ordenadores personales compartan información y recursos, es decir, mejoren su productividad. Hace unos años, estas redes se utilizaban porque los ordenadores eran grandes y muy caros, y en muchas organizaciones o empresas sólo disponían de un ordenador con capacidad de procesar datos, mientras que el resto eran terminales de consulta que manejaban los usuarios. En la actualidad cualquier microordenador puede trabajar por sí solo, pero también tiene capacidad para comunicarse con otros ordenadores y por lo tanto para transmitir información.

Podemos compartirlo todo, tanto el hardware como el software y los datos, desde un archivo de vídeo, hasta utilizar una sola impresora o una unidad CD-ROM para varios ordenadores.

Las redes locales están físicamente cerca, es decir, todos los ordenadores están conectados mediante cables y a través de tarjetas de red a un servidor fijo situado en el mismo lugar que los terminales. Pueden abarcar todos los ordenadores de una o varias habitaciones, una o varias plantas o incluso todos los equipos de un edificio. Por regla general, existe un ordenador *Servidor* que proporciona los servicios y controla la red formada por el resto de terminales (los *Clientes*); aunque también existen redes que no requieren de un servidor.

La red debe poder recibir solicitudes de acceso a ella por parte de los nodos, que son cada uno de los ordenadores conectados a la red, y ha de poder satisfacer cada una de las solicitudes simultáneas de sus servicios. Cuando un ordenador se conecta a la red, ésta debe tener un método para contestarse a ese ordenador o nodo exclusivamente y que el mensaje no aparezca en el monitor de otro. Si la red tiene muchos ordenadores, estos problemas de comunicación se multiplican, por lo que se utilizan diferentes configuraciones y/o subdivisiones de red.

Tipos de redes locales

Si tenemos en cuenta su distribución lógica, existen, básicamente, dos tipos de redes (o arquitecturas de red básicas):

- **Redes basadas en servidor:** Utilizan la estructura Servidor-Cliente. Un equipo (el servidor) proporciona el servicio, mientras que los demás hacen uso del mismo (los clientes). Por ejemplo, Internet utiliza redes basadas en servidor para los servidores de páginas Web: las páginas están almacenadas en un ordenador remoto, a pesar de lo cual podemos verlas en el monitor de nuestro ordenador. El ordenador que actúe como servidor debe ser más potente para poder proporcionar a múltiples clientes un buen servicio. En muchos casos puede incluso proporcionar no sólo la red sino los controladores para manejar periféricos y software.
- **Redes P2P (*Peer to Peer*) o entre iguales:** No existe una máquina que funcione como servidor. Son las más utilizadas en el entorno doméstico, pues sólo se necesita que cada equipo tenga una tarjeta de red, y a través de ellas conectarlos utilizando un cable cruzado. Además tienen la ventaja de que si uno de los ordenadores que forman la red no está activo (por una avería, por ejemplo), eso no impide que el resto de los ordenadores de la red sigan intercambiando recursos.

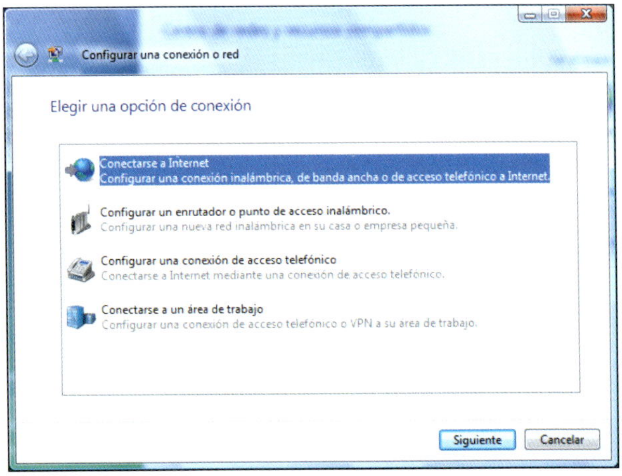

Cableado

Los cables que se utilizan en las LAN suelen ser cable coaxial y cable telefónico.

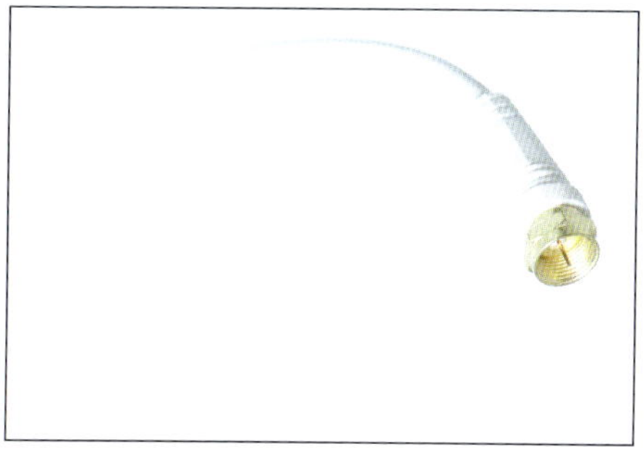

- **Conexión con cable coaxial fino:** La tarjeta de red debe tener un puerto o entrada formado por un conector hembra de tipo BNC, que son idénticos a los empleados en antenas de televisión.
- **Cable telefónico:** Los conectores (clavijas en cada extremo del cable) ahora son del tipo RJ45 que son iguales a los que se utilizan para cualquier teléfono fijo (RJ11).

A este tipo de cables, por asimilación a su función, se les suele llamar "cable de red" y diciendo esto mismo podemos comprarlos en cualquier tienda de informática, e incluso en algunos supermercados y grandes superficies. Además deberemos tener en cuenta cuantos metros de este cable necesitaremos, pues el precio, aunque es muy económico, varía según la longitud del cable. Es el tipo de cable más utilizado para redes locales, sobre todo las domésticas.

Tarjeta de red

Todos los ordenadores de una red deben tener instalada una tarjeta de red para poder comunicarse entre sí. Estas tarjetas, que normalmente van pinchadas en un *slot* PCI de la placa base, habilitan en el ordenador uno o varios puertos de comunicaciones, ya sea mediante conexiones RJ45 para cable telefónico (para trenzado de cobre) o conexiones de tipo BNC para cable coaxial fino.
Sin embargo, como las conexiones mediante cable RJ45 son las más habituales, cada vez más modelos de tarjetas de red se comercializan sólo con este tipo de puerto.

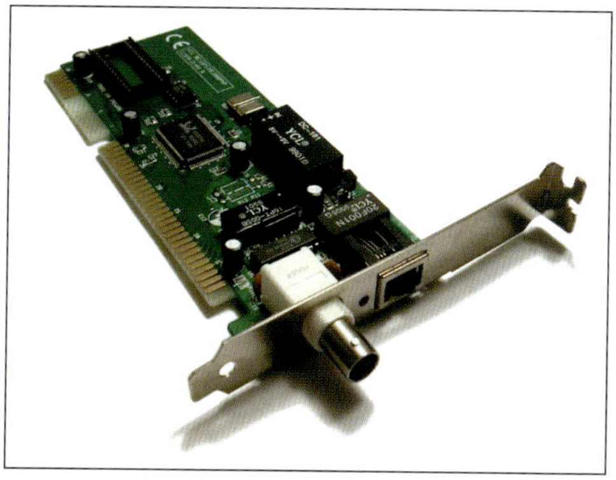

Nota

Para los ordenadores portátiles, en caso de que no lleven tarjeta de red interna, deberemos adquirir una tarjeta de red PCMCIA.

Hub y Switch

Un *Hub* es un concentrador de conexiones que permite centralizar todo el cableado de la red y así facilitar su instalación. Existen algunos tipos de red local, en la que los ordenadores se conectan en serie, uno detrás de otro, así que para que los datos pasen de un ordenador a otro se debe pasar por todos los que hay en el medio. Se trata de una topología de red en "Bus". El *Hub* permite otro tipo de red, ya que todos los ordenadores se conectan a él, y éste controla desde dónde vienen los datos y hacia dónde quieren ir. Un *Hub* también puede controlar a otros *Hub* que estén controlando otras redes. De esta forma montamos lo que hemos denominado una topología de red en "Estrella".

Un *Switch* (interruptor o conmutador) es otro dispositivo que se utiliza en las redes, cuya función consiste en interconectar una red con otra. Se utilizan sobre todo con redes de cierto número de ordenadores, pues cuando se trata de muchos equipos suele resultar conveniente "segmentar" la red, es decir, subdividirla. Por ejemplo, la red local de una empresa podemos segmentarla por departamentos (un segmento para Administración, otro para Dirección...). Si hacemos esto, deberemos instalar uno o varios *Switch* para interconectar la subred de cada departamento con el resto de subredes de la empresa. Además, los *Switch* también gestionan el tráfico de datos.

Este tipo de dispositivos son muy cómodos especialmente para las usuarios domésticos, ya que con ellos podemos configurar de un modo fácil, rápido y sencillo una red local o doméstica. Además podemos encontrar *Switches* relativamente baratos. También los sistemas operaativos han mejorado en este aspecto, añadiendo completos asistentes para la configuración de redes domésticas que no tienen nada que despreciarles a una red profesional. Hoy en día, quien no tiene una red en su casa es porque no ha probado sus ventajas.

Módem

Como ya debemos saber, nuestro ordenador sólo puede entender señales digitales, ceros y unos. El sistema telefónico sin embargo es analógico, es decir, creado antes de que existieran los dispositivos electrónicos digitales, y está diseñado para transmitir la voz humana. El módem es un puente entre las señales analógicas de la línea telefónica y las señales digitales que transmite el ordenador. El módem convierte, tanto las señales analógicas en digitales para que las procese el ordenador, como las digitales en analógicas para transmitirlas por las líneas de teléfono. Esto es la base de las comunicaciones y de Internet, ya que la mayoría de los ordenadores se conectan entre sí a través de la línea telefónica y por lo tanto necesitan un módem y acceso a la red telefónica.
Su principal característica es la velocidad por la que transmiten los datos y que se mide en Kbps (Kilobytes por segundo). Los módem más básicos alcanzan sobre la línea de teléfono una velocidad de hasta 56 Kbps, pero hay otros tipos de módem mucho más rápidos. Los módem RDSI se conectan a las líneas RDSI (Red Digital de Servicios Integrados) y alcanzan velocidades de transmisión mucho más altas (128 Kbps) y los módem ADSL o DSL utilizan una tecnología que permite conectarse a la red telefónica y hablar por teléfono al mismo tiempo, además de conseguir las velocidades de conexión más altas (actualmente en España se ofrecen conexiones DSL para usuarios domésticos de hasta 4 Mbps o Megabytes por segundo). Estos módem dividen la conexión telefónica que tenemos en nuestra casa u oficina, en un canal para voz (para hablar por el teléfono) y una canal para datos (para conectarnos a Internet).

Router

El *router* (enrutador o encaminador) es un dispositivo que, como su propio nombre indica, coloca en ruta los datos (en paquetes) que se envían hacia otros ordenadores que están en otro segmento de red o en otra red. Por tanto, sirven para interconectar segmentos de red o redes completas, pero hacen mucho más que esto: optimizan la conexión pues eligen la mejor ruta a través de la red.

Para ello utilizan protocolos de red, los cuales les permiten compartir información para poder "decidir" cuál es la mejor ruta para enviar o recibir la información en cada momento.

Ventajas de una LAN doméstica

Hoy día todos somos conscientes de la importancia de las redes de ordenadores. Internet se ha popularizado lo suficiente como para que sea algo cotidiano para la mayoría de la gente, abarcando cada vez más usuarios de todas las edades. Pero es posible que se pregunte qué ventajas puede proporcionar el tener una red LAN en casa.

Cada vez es más usual que haya varios ordenadores en un mismo domicilio: su equipo de sobremesa, su portátil (o el que le presta su empresa), el ordenador que utilizan los niños para jugar... Pero aunque sólo tenga dos ordenadores, las dos ventajas más importantes son compartir la conexión a Internet y compartir la impresora. Y seguramente, esto evitará muchas "peleas", sobre todo en cuanto a la conexión a Internet se refiere.

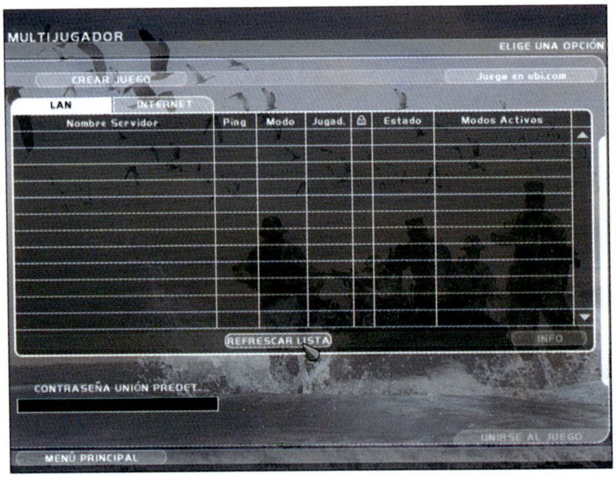

Si además se trata de un aficionado a los juegos, su LAN doméstica le permitirá disfrutar de sus juegos favoritos en familia o reunir a sus amigos para echar unas partidas. Es tal el auge de los juegos en red, que actualmente casi todos los juegos ofrecen fantásticas posibilidades para jugar tanto entre los ordenadores de una red y, al mismo tiempo, con cualquier jugador del mundo a través de Internet.

Nota

Una ventaja muy importante a tener en cuenta es la seguridad: si configuramos la red utilizando la arquitectura servidor-cliente, podemos proteger a todos los equipos instalando software de seguridad (por ejemplo, un *firewall*) sólo en el equipo que actúa como servidor (aunque es recomendable instalar antivirus en todos los ordenadores).

Wi-Fi

Mejorando la comodidad, cada vez más se están imponiendo las redes que no necesitan ningún tipo de cableado. Este tipo de redes permiten una mayor movilidad de las unidades y son más fáciles no sólo de instalar, sino también de manejar. Además su uso puede coexistir con redes de cables ya existentes.

Wi-Fi significa *Wireless Fidelity* y está basado en un conjunto de estándares denominado IEEE 802.11, del cual existen dos variantes, cada una de las cuales opera a una velocidad distinta: el 802.11b, a 11 Mbps, y el 802.11g, a 54 Mbps. No obstante, esta velocidad puede variar según la cantidad de usuarios conectados simultáneamente y según la calidad de la señal. Además de conectarnos a una LAN inalámbrica, utilizando Wi-Fi podemos conectarnos a Internet. Ya se comercializan *router* domésticos de bajo coste que nos permiten ambas cosas.

Las redes Wi-Fi cubren distancias cortas, unos 100 a 300 metros aproximadamente, pero este es también un rango teórico, pues los obstáculos interfieren en la línea de visión necesaria para que la señal llegue con claridad. En espacios abiertos, diáfanos y sin obstáculos la distancia puede aumentar considerablemente. La principal desventaja de este tipo de redes sin cables es la falta de seguridad. Allí donde haya una red de este tipo, cualquier ordenador con el hardware adecuado puede conectarse. No obstante, existen métodos de encriptación de la señal que tratan de solventar este problema; son más fiables, pero no son infalibles.

Bluetooth

Este tipo de conexión inalámbrica utiliza radiofrecuencia y se usa más normalmente entre distintos dispositivos (ordenador, portátil, teléfono móvil...) debido a que es un método de conexión de muy corto alcance. Por tanto, su objetivo es más la conexión y sincronización de nuestros dispositivos electrónicos entre sí, y cada vez más aparatos incluyen tecnología *Bluetooth*. Recientemente, esta tecnología de transmisión inalámbrica de voz y datos se ha popularizado mucho debido a su inclusión en la mayoría de los nuevos teléfonos 3G.

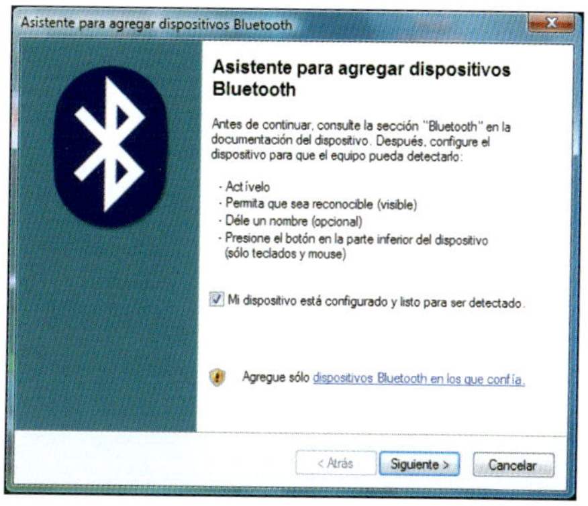

Capítulo 7
Internet

Un poco de historia sobre Internet

El origen de Internet es un proyecto militar del Departamento de Defensa de los Estados Unidos denominado ARPANET (*Advanced Research Projects Agency Network*, Red de la Agencia de Proyectos de Investigación Avanzados). A finales de los años 60, en plena Guerra Fría, el Departamento de Defensa se dio cuenta de lo vulnerable que resultaba para la transmisión de información la red telefónica (la destrucción de la conexión entre dos centrales telefónicas importantes podía tener como consecuencia dejar sin telecomunicaciones a medio país), y encargó a la agencia ARPA el desarrollo de una tecnología más segura para redes de comunicaciones, de tal forma que la inactividad de parte de la red no impidiera que la información llegase a su destino.

Así se inventó la tecnología de **conmutación de paquetes** que es la base de Internet y de su protocolo básico, IP (*Internet Protocol*): la información se divide en porciones denominadas paquetes, cada uno de los cuales además contiene información para que cada paquete pueda moverse por la red de forma independiente; si parte de la red queda destruida, los paquetes son redirigidos utilizando rutas alternativas con el objetivo de que lleguen a su destino.

Aunque Internet nació como un proyecto militar, su verdadera difusión vino gracias a las Universidades y a las investigaciones para mejorar la comunicación entre todos los profesores y científicos. Primero fue en Estados Unidos a finales de los años 80, cuando la NSF (*National Science Fundation*, Fundación Nacional de Ciencias) creó su NSFNET basada en el protocolo IP de ARPANET; pero más tarde la red se amplió por toda la comunidad científica internacional.

Gracias a los avances de la tecnología, las redes de diferentes Universidades y centros de investigación comenzaron a interconectarse unas con otras y poco a poco Internet se fue creando y desarrollando sin que nadie lo dirigiera. La interconexión de redes se desarrolló gracias a que en 1974 los investigadores.

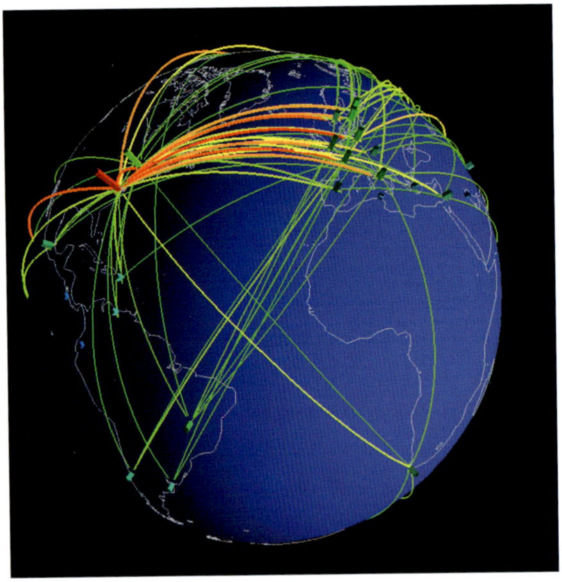

Robert Kahn y Vinton G. Cerf presentaron su invento: el protocolo TCP/IP (*Transmision Control Protocol/ Internet Protocol*). Kahn y Cerf llevaban algún tiempo trabajando para la DARPA (nuevo nombre de la agencia ARPA) en un proyecto de investigación para interconexión de redes denominado *Internetting*. Con el tiempo y el uso, el nombre se fue simplificando hasta quedarse simplemente en *Internet*, y con los años se llegó a convertir en lo que hoy conocemos. Pero entonces nadie podía pronosticar esta evolución.

Quizá unos de los hechos más significativos en la evolución de Internet y que provocó que se convirtiese en lo que hoy en día todos conoceos, fue la creación del lenguaje HTML por un grupo de científicos de Ginebra, quienes en 1990 realizan el primer servidor Web llamado *World Wide Web* (WWW) al que nos referiremos ahora. La introducción en el mundo de Internet de las tres w fue el paso más importante en la informática moderna. Hoy en día, no podemos concebir Internet sin la referencia a WWW y a la forma de navegar por la red y su estructura de servidores.

La interfaz de los ordenadores ha cambiado mucho desde entonces, ya que no existía una navegación visual como la que ahora conocemos. Las antiguas redes se basaban en mensajes de correo y envío de datos a través de órdenes de texto. Actualmente Internet está formada por miles de redes en todo el mundo, todas ellas utilizando protocolos de comunicaciones basados en TCP/IP. A este desarrollo también contribuyó la creación, como acabamos de ver, de lenguajes de edición de Web, como fue el HTML. Hoy en día existen numerosos programas y formatos de edición de páginas Web, que si bien están todos ellos basados en el HTML, han evolucionado de tal forma que su dominio se ha convertido en uno de los campos más punteros de la informática.

World Wide Web (WWW)

Las famosas WWW significan *World Wide Web* o Telaraña Mundial, y es lo que de forma simplificada conocemos como la Web, aunque muchas personas identifican equivocadamente Internet y la Web como una misma cosa. Simplificando mucho, podemos decir que la Web es parte de Internet. Por tanto, cuando coloquialmente se dice que se está "navegando por Internet", lo que hacemos es navegar por la *World Wide Web*. Hoy en día en la Web podemos encontrar de todo, y es nuestro modo más común de acceder a Internet.

Nota

Para consultar información en la Web es necesario disponer de dos elementos: conexión con Internet y tener instalado en el PC un navegador. Los más utilizados son Microsoft Internet Explorer, Opera, FireFox.

El correo electrónico

El *e-mail* es uno de los servicios cuya utilidad ha revolucionado el mundo de las telecomunicaciones y que más ha contribuido al desarrollo y popularización de Internet. Gracias al correo electrónico ya no tenemos que esperar días a recibir una carta. Los mensajes se intercambian a través de Internet rápidamente y, apenas unos segundos después de enviarlo, el destinatario del mismo recibe su mensaje, pudiendo recibir la información casi en el acto. Otra ventaja muy destacada del correo electrónico es junto a nuestros mensajes (básicamente de texto) podemos insertar imágenes y enviar archivos adjuntos. Por ejemplo, junto a nuestros comentarios sobre nuestro último viaje podemos incluir fotos realizadas en el mismo y un archivo de vídeo con una pequeña grabación de nuestros momentos favoritos.

FTP

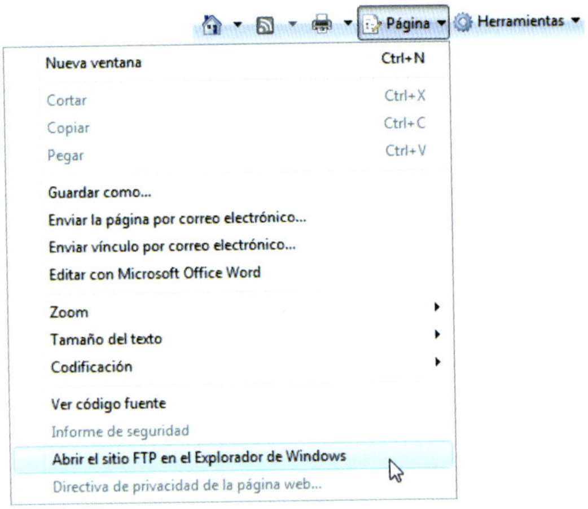

Cuando los archivos que deseamos enviar son de gran tamaño, el correo electrónico no es el medio más idóneo. Las cuentas de correo electrónico tienen un límite y si enviamos un archivo muy grande podemos llegar a bloquearlas o colapsarlas. Para la transmisión a través de Internet de archivos voluminosos el servicio más adecuado es el FTP (*File Transfer Protocol*, Protocolo de Transferencia de Archivos). En el funcionamiento del FTP intervienen dos partes: el servidor y el cliente. Cuando somos nosotros quienes "subimos" (enviamos) los archivos, el Servidor es el ordenador destino de los archivos, y nosotros somos el cliente. La transferencia de ficheros se realiza a través de un programa de software instalado en nuestro ordenador, el cual nos proporciona una interfaz sencilla para realizar esta tarea. Pero además de enviar archivos a un Servidor de FTP, también podemos descargarlos del mismo. En este caso, el Servidor es el ordenador remoto en el cual están los archivos que deseamos descargar, y nuevamente nosotros somos el cliente, utilizando nuevamente el programa de FTP que hemos instalado previamente.

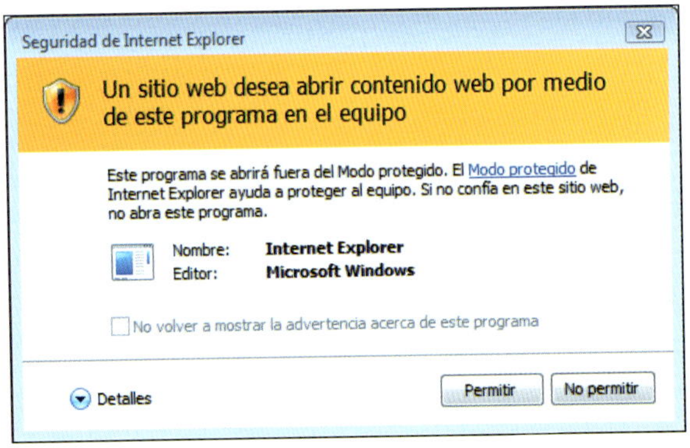

Una de las ventajas de las que dispone el nuevo sistema operativo Windows Vista, es que nos permite abrir directamente una página Web de FTP (el FTP no deja de ser una dirección Web a la que accedemos desde el explorador) como una pantalla del explorador de Windows. Anteriormente esto se podía hacer igualmente, pero ahora el sistema operativo nos avisará de que vamos a acceder a un sitio en el cual podemos realizar una transferencia de datos y, del mismo modo, una serie de datos puede entrar en nuestro ordenador. Evidentemente, esta operación es arriesgada si no confiamos en el origen de esos datos. También existen programas para acceder a un sitio FTP con seguridad y especialmente diseñados para transferir datos.

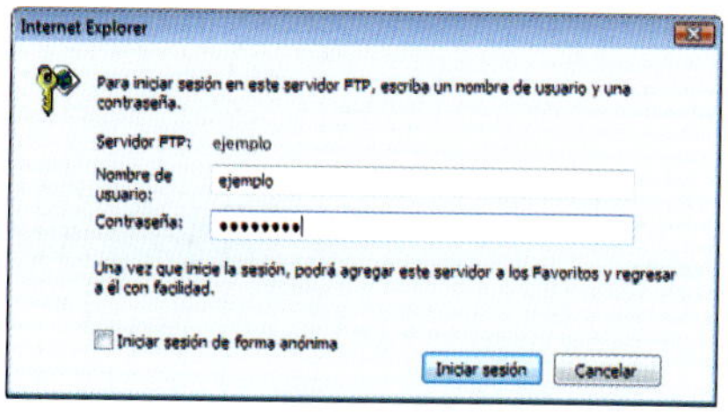

Cuando accedemos a un FTP lo más normal es que nos pida una contraseña, para que tanto el cliente como el servidor de FTP tengan la seguridad de que existe tal permiso para acceder a ese sitio, ya que los FTP normalmente constituyen espacios reservados para ciertos usuarios. Son muy útiles para intercambiar datos profesionales en caso de que no dispongamos de un acceso directo al servidor de una empresa (es decir, que no estemos trabajando en red local).

No tenemos que acceder necesariamente a un FTP mediante el explorador. En Internet podemos encontrar programas de descarga gratuita que sirven para realizar este intercambio. Algunos de estos programas permiten que en el caso de que se pierda la conectividad con el servidor, los datos transferidos no se pierdan y se pueda continuar con la transferencia una vez recuperada la conectividad.

Nota

Otra cosa a tener en cuenta es que las conexiones a páginas FTP suelen tener una conectividad limitada (en muchos casos por seguridad), con lo que la transferencia de archivos muy pesados puede ser lenta. Conviene intentar partirlos y comprimirlos para facilitar el proceso.

Servicios de News

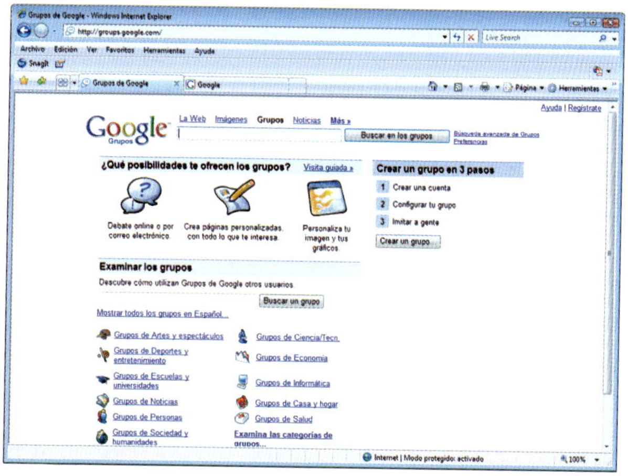

Los News son grupos de discusión sobre un determinado tema, que puede ir desde fútbol hasta Literatura polaca del siglo XIX. Los grupos de discusión los puede crear cualquiera, pero se mantienen gracias a la colaboración de todos los que se apuntan a ese grupo, expresando sus opiniones en una especie de tablón de anuncios, en el que los mensajes también pueden ser contestados. Los inscritos también reciben un boletín de noticias con novedades y opiniones de todos (debe existir una coordinación, que suele llevar la misma persona que creó el grupo). Los grupos de discusión son por lo tanto otra forma de comunicación en Internet y podemos encontrar tantos temas como ni siquiera podamos imaginar. Se crean en sitios Web dedicados a ellos; el más conocido es el del buscador Google, que podemos encontrar en `www.groups.google.com`.

Conexión telefónica

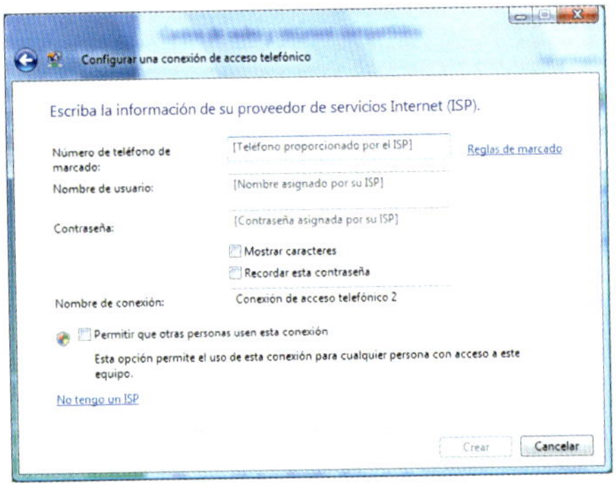

La velocidad de conexión es un factor muy importante y que todavía preocupa a muchos usuarios de Internet que sufren conexiones lentas. Como veremos ahora, existen varias formas de conectarnos a la Red con nuestro ordenador y cada una de ellas se caracteriza por disfrutar de una velocidad determinada. Esta velocidad se mide en Kbps, kilobytes por segundo que se pueden llegar a transmitir. Una conexión lenta, por ejemplo 33 Kbps, obtendrá los datos de Internet (por ejemplo, las imágenes de una Web) mucho más despacio, por lo que lo más seguro es que perdamos mucho tiempo delante del ordenador simplemente esperando. En condiciones normales, la comunicación entre los nodos de Internet es muy rápida, por lo que lo que verdaderamente notamos es esa descarga de datos en nuestra computadora. Si además de páginas Web, descargamos datos más pesados, como audio o vídeo, la velocidad de la conexión es determinante.

Aunque depende del tipo de módem, la conexión convencional a través de la línea telefónica suele ser de unos 56 Kbps. Actualmente, las conexiones a Internet por vía telefónica resultan demasiado lentas, sobre todo teniendo en cuenta el tipo de contenidos multimedia que habitualmente encontramos hoy día en casi cualquier página Web. Por ejemplo, descargar un *trailer* de una película de unos minutos de duración puede llevar horas y, por supuesto, mejor ni siquiera intente disfrutar de contenidos en *streaming*, porque lo más seguro es que si, con suerte y mucha paciencia, consigue escuchar o ver algo, será con cortes constantes y "a saltos". Por todo ello, en estos momentos este tipo de conexiones suelen ser o gratuitas o muy baratas. Si son gratuitas, no deberemos pagar por tener el servicio de conexión a Internet, sino solamente las llamadas realizadas. Otra opción consiste en utilizar una "tarifa plana", de tal forma que no pagamos las llamadas sino una determinada cuota por el servicio de conexión. Actualmente, estas conexiones de tarifa plana tienen un coste de entre 7 y 15 euros, lo cual resulta carísimo teniendo en cuenta que por un poco más ya se comercializan conexiones ADSL que son mucho más rápidas.

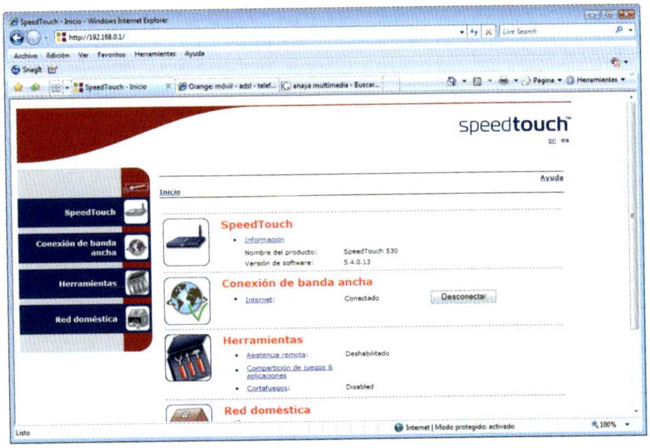

ADSL

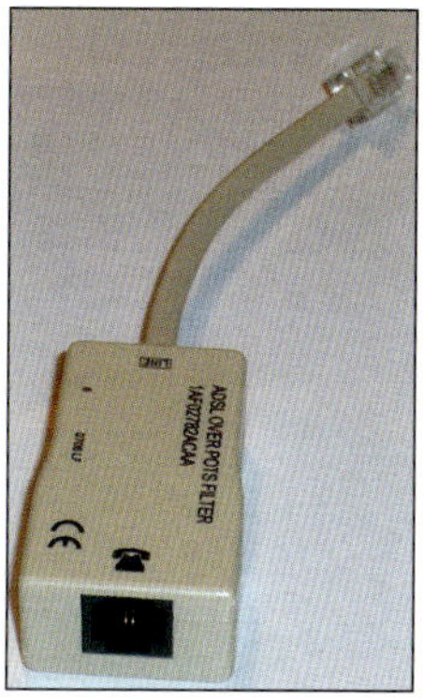

ADSL significa *Asymmetrical Digital Suscriber Line* (Línea de Abonado Digital Asimétrica) y es una tecnología que habilita un servicio digital de transmisión de datos sobre el par trenzado de cobre o cable telefónico. Se trata de una tecnología asimétrica, es decir, la velocidad de bajada de datos es distinta (y superior) a la velocidad de subida de datos.

La tecnología ADSL permite conexiones mucho más rápidas que las que podemos realizar con un módem, pero además una de sus principales ventajas es que aprovecha la infraestructura de la línea telefónica que tienen la mayoría de los hogares. A través de microfiltros o de un *splitter* (discriminador), se separa la línea de voz y la línea de datos, para así evitar que se produzca ningún tipo de interferencias.

El hardware necesario para disfrutar de una conexión ADSL es una tarjeta de red, un módem especial para ADSL (o un *router*), y o bien microfiltros o bien un *splitter*. Los microfiltros se instalan en las rosetas (conexiones telefónicas situadas en la pared) en las cuales deseemos utilizar un teléfono. Sin embargo, existen circunstancias en las cuales estos microfiltros no funcionan, y es cuando previamente se ha instalado en la misma línea una centralita telefónica o una alarma de seguridad. En estos casos, será necesario solicitar también la instalación de un *splitter*.

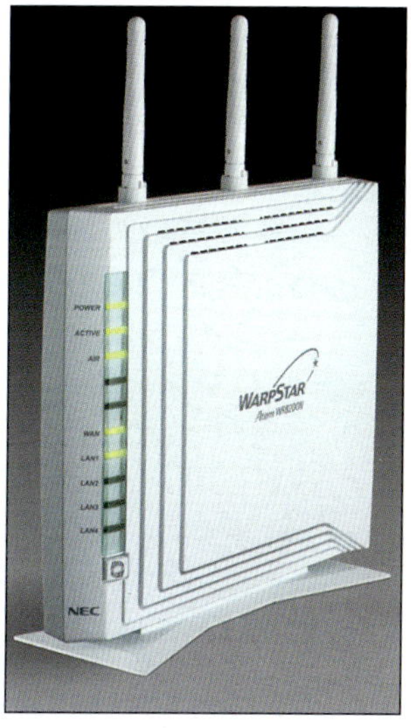

Actualmente el precio de estas conexiones resulta muy competitivo, entre 20 y 40 euros (dependiendo de la velocidad que contratemos), aunque estos precios del servicio en España son superiores a los de otros países europeos, y sería deseable abaratarlos para equipararlos a los de países como Francia, Alemania o el Reino Unido.

Además, los proveedores de Internet suelen proporcionar todo el hardware necesario cuando contratamos el servicio, y en estos momentos son numerosas las ofertas que incluyen un kit de conexión con *router* Wi-Fi. Lo que se paga es una cuota única mensual por la prestación del servicio, y no importa cuántas horas estemos conectados, pues siempre pagaremos lo mismo.

Otra ventaja es que siempre podemos estar conectados, por lo que los servicios basados en ADSL están teniendo una demanda cada vez mayor. Además, podemos disfrutar de la conexión a Internet al mismo tiempo que hablamos por teléfono, lo cual no era posible con las conexiones telefónicas convencionales.
Y, aunque son muchas las ventajas, eso no quiere decir que no existan inconvenientes: para funcionar correctamente el ADSL las líneas telefónicas deben cumplir unos mínimos de calidad y una distancia determinada a la central telefónica más cercana, lo cual quiere decir que en una misma línea en la que el servicio telefónico funciona perfectamente, puede ocurrir que el ADSL no funcione. Sobre todo, las líneas telefónicas más antiguas y deterioradas suelen dar muchos problemas de cortes e inestabilidad en la prestación del servicio.

Nota

A la hora de contratar una conexión ADSL debemos tener en cuenta que la velocidad que anuncian los proveedores se refiere a la velocidad de bajada de datos, y que la velocidad de subida es siempre menor (normalmente, justo la mitad).

Cable

El cable de fibra óptica es una de las opciones para ocio digital más completas. En realidad se trata de una opción muy buena, que puede conseguir velocidades de conexión muy altas. Aunque requiere una inversión muy alta (el cable tiene que estar presente físicamente) y por eso todavía hay muchos lugares donde no llega la cobertura de las operadoras.
Allí donde si pueden proporcionar servicio, ofrecen a sus clientes paquetes integrados de ocio multimedia y telecomunicaciones, los cuales incluyen servicios de Internet a alta velocidad, teléfono y televisión digital a precios muy competitivos.
Para conectarnos a través del cable necesitamos un dispositivo denominado cablemódem que nos permita utilizar la misma infraestructura que la televisión por cable (y algunas operadoras de cable ya ofrecen kit de conexión que incluye *router* Wi-Fi que funciona con este tipo de conexiones).

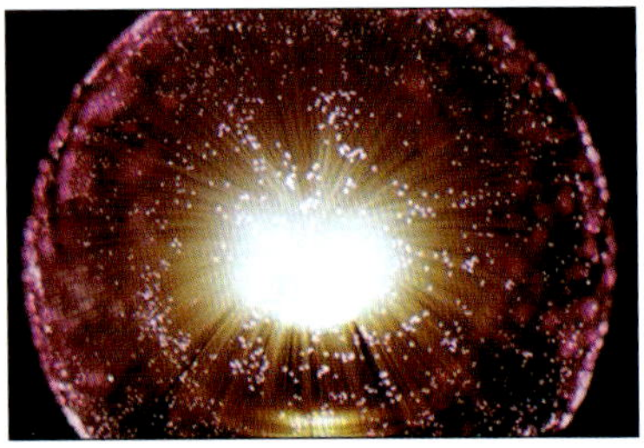

Este tipo de conexiones son algo más caras que el ADSL, pero técnicamente ofrecen una calidad muy buena y carecen de algunos de los problemas que presenta el ADSL, como frecuentes cortes o inestabilidad de la conexión.

Satélite

Los satélites de comunicación son, desde hace bastante tiempo, un elemento indispensable en plataformas como la televisión, en las que las emisiones vía satélite han permitido que las noticias y eventos lleguen a todos los rincones del planeta en cuestión de segundos. Sin embargo, su aplicación para otros servicios como Internet, está condicionada por el alto coste, aunque sus ventajas son muy grandes. Aparte de su gran tasa de velocidad en la conexión, la mayor ventaja de acceder a Internet a través de satélite es la posibilidad de conectarnos en cualquier punto del planeta. Existen muchos lugares en los que no llega ni siquiera el teléfono y la única posibilidad de acceder a la Red es a través de sistemas inalámbricos como el satélite.

Aunque la inversión a realizar por parte de la empresa que presta el servicio es muy importante, una vez existe esta infraestructura los proveedores ofrecen precios bastante buenos para contratar la conexión por satélite, fundamentalmente para dar servicio a aquellos clientes que no disponen de cobertura ADSL y por tanto no pueden disfrutar de banda ancha por línea telefónica.

Algunos proveedores que ofrecen el servicio a través del satélite ASTRA, para proporcionar este tipo de conexión combinan la tecnología de conexión por satélite (módem de acceso satelital y antena parabólica) con una conexión convencional por línea telefónica (vía módem) para conectar al usuario con un servidor *proxy* ASTRA NET que captura las solicitudes del cliente y encamina la respuesta por el canal de retorno vía satélite, en tiempo real, permitiendo la transmisión de banda ancha de los datos directamente al PC, donde serán recibidos a través del módem satelital (DVB) conectado a la antena parabólica. Esto es así porque la conexión vía satélite que proporcionan es unidireccional, es decir, solamente en la bajada de datos se ofrece banda ancha vía satélite. No obstante, también existen módems satelitales bidireccionales, capaces tanto de enviar como de recibir datos.

Navegadores

Anteriormente comentamos algunos conceptos básicos sobre la Web que ahora vamos a ver con mayor detalle.

El funcionamiento de Internet se podría comparar al del cuerpo humano. Igual que nuestro cuerpo se compone de millones de células que se renuevan constantemente, Internet se mantiene y crece, absorbiendo las "moléculas" que forman los ordenadores y las pequeñas redes que éstos forman y que van tejiendo la gran Red.

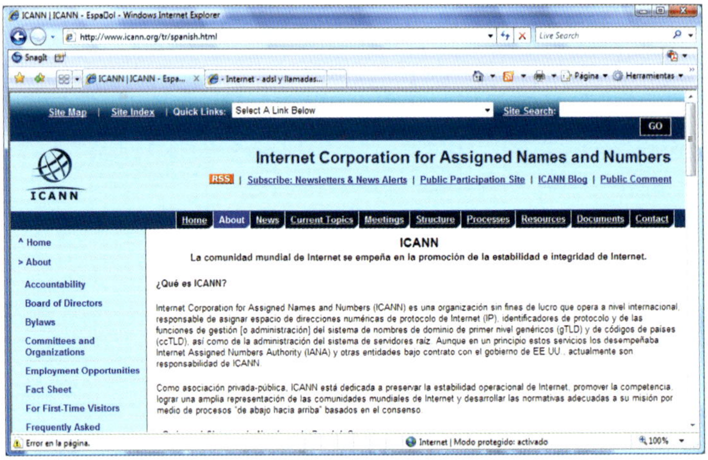

Cada uno de estos ordenadores tiene una dirección única, que es su identificación.

Si nosotros vemos las direcciones de Internet (URL, *Uniform Resource Locator* o Localizador Uniforme de Recursos) con un nombre de usuario y dominio (pepe.es), el ordenador no las ve así, sino como un conjunto de números divididos en grupos de cuatro y con valores que oscilan entre 0 y 255 (por ejemplo, 231.0.40.251). Son las direcciones IP. La traducción de la correspondencia entre "pepe.es" y 231.0.40.251 la lleva a cabo el DNS (*Domain Name System* o Sistema de Nombre de Dominios).

Veamos un ejemplo de URL y sus elementos más destacados:

`http://www.icann.org/tr/spanish.html`

- **http:** Es el protocolo de la Web, y da igual escribirlo en mayúsculas que en minúsculas, pero siempre debe ir seguido de los signos "dos puntos" (:) y "doble barra" (/ /). Significa *Hipertext Transfer Protocol*. Actualmente, en la mayoría de navegadores se identifica automáticamente el protocolo, con lo cual podemos empezar a escribir la dirección por las 3w.
- **www:** Como ya sabemos, son las iniciales de *World Wide Web*.
- Separando las www del nombre de dominio debe estar el signo "punto" (.).

- **icann.org:** Es el nombre de dominio. En la parte derecha nos encontramos con la extensión (`.org`), que suele indicar la situación geográfica del sitio Web ("`.es`" España, "`.fr`" Francia o "`.ve`" Venezuela) pero también puede indicar otros supuestos como "`.org`" de organización o "`.info`" de información, aunque también se pueden juntar (visite la página del ejemplo, `http://www.icann.org` para encontrar más información).
- **tr/spanish.html:** Indica la ruta del archivo de hipertexto (o de otro tipo) que estamos consultando. **tr** será el nombre del directorio en el cual se encuentra el archivo `spanish.html`.

Pues bien, aunque es conveniente saber qué es un URL, una dirección IP y un nombre de dominio, no es necesario profundizar en estos conceptos pues existen unos programas denominados navegadores que nos facilitan la vida en cuanto a la exploración de la Web se refiere. Los navegadores son programas encargados de traducir el **hipertexto**.

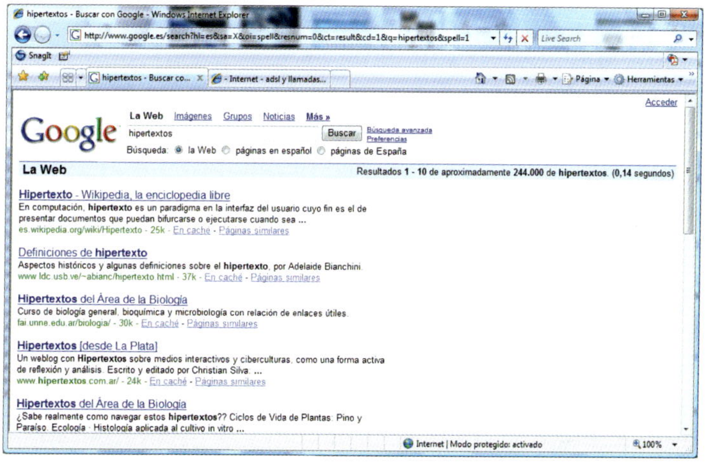

La idea básica del hipertexto es referenciar documentos de forma que sea fácil moverse de unos a otros siguiendo el hilo formado por conceptos relacionados. Los conceptos referenciados se destacan visualmente mediante color azul y subrayado (aunque esto puede configurarse de otras formas). Se denominan *links*, vínculos o enlaces y seguirlos es tan fácil como hacer clic sobre uno de ellos.

Un investigador del CERN, Tim Berners-Lee, inventó en 1989 el hipertexto, el sistema de enlace entre documentos que es el núcleo básico de la Web. La Web ha cambiado muchísimo desde entonces, pues al principio estaba formada básicamente por documentos de texto enlazados unos con otros. Actualmente, la Web es compleja y sobre todo, multimedia: audio, vídeo, animaciones...

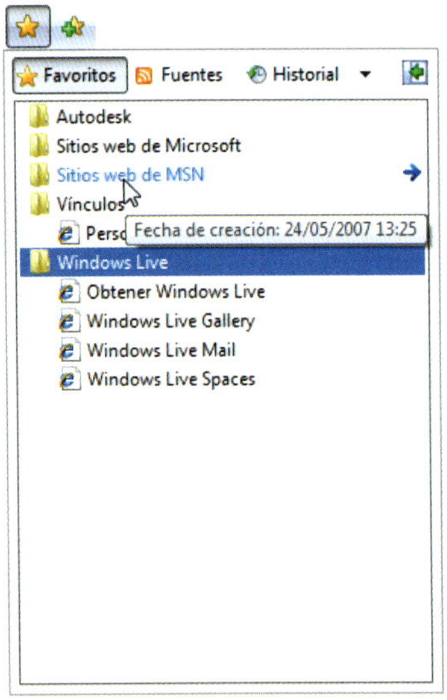

Como decíamos, los navegadores facilitan precisamente eso, la "navegación". Utilizando un navegador ni siquiera es necesario recordar direcciones URL, pues podemos marcarlas como Favoritos o *Bookmarks* utilizando una descripción que nos recuerde su contenido, de tal forma que para volver sólo tendremos que hacer clic en el nombre del Favorito que corresponda dentro de un menú del navegador. Lo que nos guarda es la dirección a la que tenemos que acceder, de modo que así no es necesario escribirla de nuevo en el navegador. Como atajo también podemos utilizar el historial de páginas visitadas.

Los navegadores han evolucionado en el mismo sentido. Los primeros navegadores eran muy sencillos pues su cometido consistía en traducir los sencillos documentos de hipertexto que inundaban la Web, que básicamente contenían texto y enlaces.

Ahora los navegadores nos ofrecen una sencilla interfaz de usuario con herramientas visuales y fáciles de utilizar pero preparadas para sacarle todo el partido a los recursos multimedia de la Web. Y no sólo traducen hipertexto (HTML), sino que también entienden otros muchos lenguajes utilizados actualmente para programar páginas Web. La mayoría de los navegadores son muy similares y tienen una estructura parecida, con los mismos elementos:

- **Cuadro de texto de la barra de navegación:** La barra de navegación está en la parte superior. En este cuadro de texto escribimos la dirección HTTP directamente.
- **Botones de la barra de navegación:** Podemos ir hacia delante, a la página anterior, a la página inicial (que nosotros configuramos), etc.
- **Ventana de contenido:** En ella visualizamos el contenido de la página.

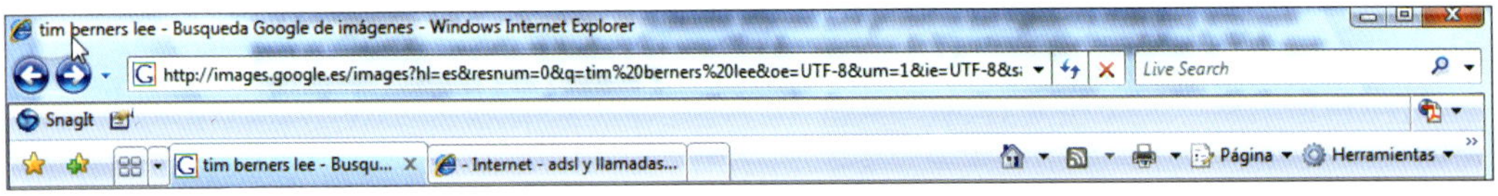

- **Barra de estado:** Podemos ver el estado de la navegación.
- **Menús:** Igual que en la mayoría de las aplicaciones visuales.

Microsoft Internet Explorer

Internet Explorer, al igual que la mayoría de los productos de Microsoft, es el navegador más utilizado y se distribuye gratuitamente o junto con el sistema operativo Windows (lo que llevó a Bill Gates a los tribunales). Explorer es un navegador muy similar a Netscape (los dos han crecido de forma paralela y en la actualidad son los dos navegadores más conocidos). Por ejemplo, los Marcadores de Netscape Navigator serían los Favoritos del Explorer y el resto de opciones son prácticamente las mismas, exceptuando la navegación tabulada, que no es posible realizar con Explorer (cada página Web se abre en una ventana independiente).

Otras opciones específicas de Internet Explorer son el Historial, con todas las páginas visitadas en las últimas tres semanas (aunque se puede configurar) y la compatibilidad total con el resto de herramientas de Microsoft que tengamos instaladas.

Algunas de las novedades de la nueva versión de Internet Explorer (la 7.0, incluida en el sistema operativo Windows Vista y de libre distribución en Internet), consisten en una mayor versatilidad de sus pestañas y de la forma de trabajar con ellas. Ya no sólo trabajamos con ventanas, sino que las pestañas nos permiten tener varias páginas abiertas dentro de la misma ventana, pudiendo pasar de una a otra de forma muy cómoda. Además, con este sistema de pestañas, podemos incluir más de una página de Inicio, así como ver todas las páginas abiertas en mosaico dentro del explorador pulsando el botón **Pestañas rápidas**.

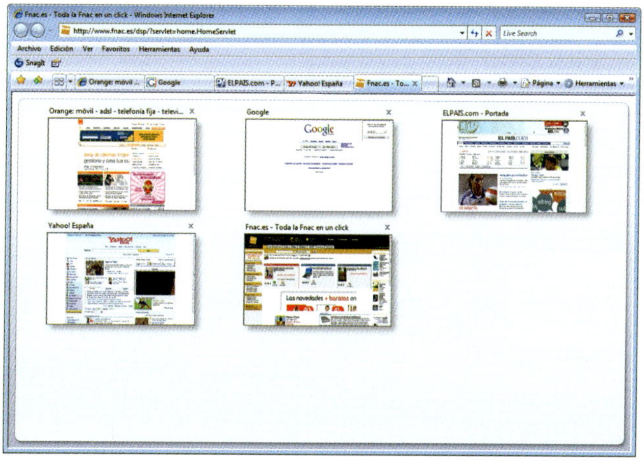

Además, esta versión de Internet Explorer sigue contando con el resto de características, como son la opción de buscar en la Web mediante *Live Search*, edición de páginas, descargas e impresión, etc.

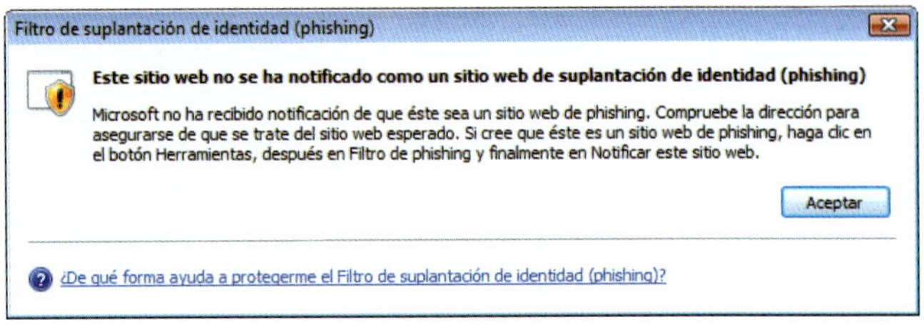

En cuanto a la seguridad y a su refuerzo, Internet Explorer 7.0 ha añadido un muro más para evitar cualquier intento de acceso no deseado a nuestro ordenador. Con el filtro de suplantación de identidad o *phishing*, el explorador puede comprobar si la página Web a la que accedemos es potencialmente peligrosa y si se está intentando acceder a nuestro ordenador. Todas las páginas que no superan este requisito pasan a ser denunciadas automáticamente a Microsoft y a una "lista negra", y seremos avisados cada vez que intentemos acceder a ellas. También mantendremos la notificación de seguridad en la barra inferior del navegador.

Mozilla FireFox

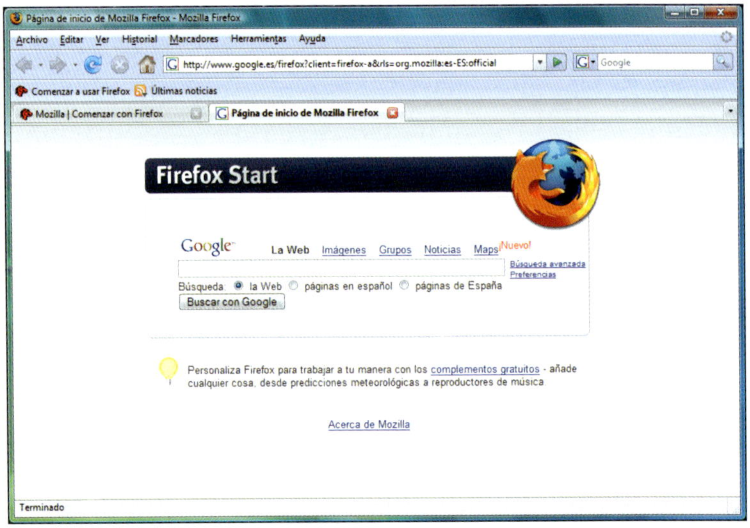

Actualmente, Mozilla FireFox es uno de los navegadores cuyo uso se está haciendo más popular entre los usuarios de todos los sistemas operativos, ya sean tanto de Windows, como de MacOS o de Linux. Es un navegador bastante intuitivo y fácil de usar: de hecho, gran parte de la interfaz de su versión 2.0 ha sido adaptada por Microsoft para su nueva versión del Explorer.

Nota

Podemos descargar gratuitamente la versión 2.0 de Mozilla FireFox de la página Web `http://www.mozilla-europe.org/es/`. También podemos encontrar otra serie de complementos para el navegador así como guía de referencia para su uso.

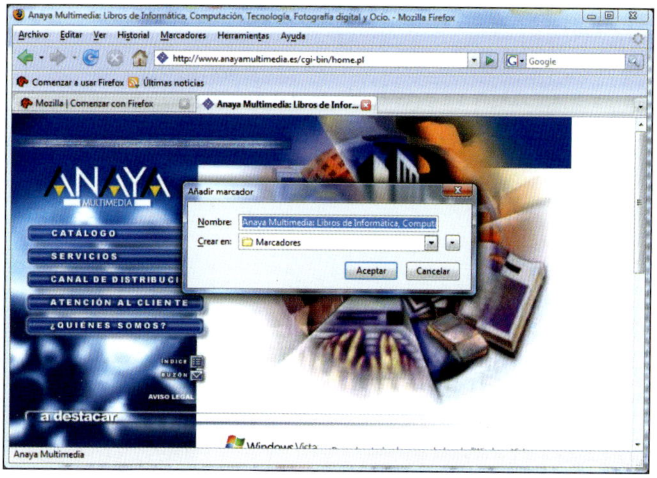

Lo único que diferencia a Mozilla de Explorer es el nombre de algunas de sus opciones (por ejemplo, los Favoritos aquí los encontraremos como Marcadores). Por lo demás tenemos las mismas opciones para trabajar con pestañas o con ventanas, además de crear accesos directos a nuestras preferencias y la opción de descargar fuentes RSS de noticias, así como consultar el Historial de las páginas visitadas. Del mismo modo, tanto la barra de herramientas como los botones del panel de navegación son similares a cualquier otro navegador.

Opera y otros navegadores

Existen pocas alternativas a estos dos navegadores, que copan prácticamente todo el mercado. El navegador Opera, también gratuito (aunque existe una versión de pago), es el tercero en discordia. Aunque es uno de los más veteranos, las nuevas versiones son de bastante calidad y disponemos de versiones para múltiples plataformas y dispositivos móviles. Opera proporciona navegación tabular con pestañas no sólo para abrir las páginas Web, sino también el gestor de Bookmarks y la utilidad para descargas. Una opción muy interesante de Opera es el Zoom, utilidad para aumentar la visualización de las páginas y todo su contenido como si se tratase de una imagen. Una de sus ventajas más aplaudidas es una utilidad para bloquear los *pop-up*, aunque esto es algo que ya han ido incorporando todos los navegadores o bien directamente o bien a través de complementos.

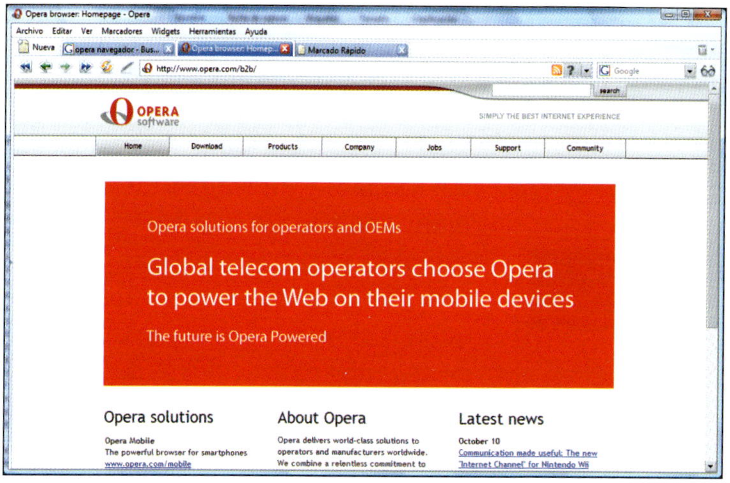

Otras opciones al monopolio de Microsoft son: Vantage Browser de OLRnet o Mosaic (el sucesor de uno de los primeros navegadores en la historia de la Web). En la Web podemos encontrar numerosos navegadores gratuitos así como complementos para la barra de navegación.

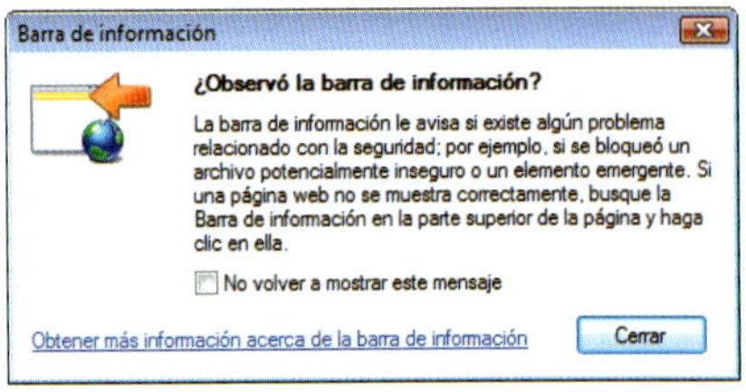

Nota: Los *pop-up* pequeñas ventanas con mensajes publicitarios que se abren automáticamente al visitar algunas páginas Web, que a veces resultan bastante molestos, sobre todo si se abren unos cuantos al mismo tiempo. Todos estos elementos emergentes pueden ser bloqueados según el nivel de seguridad con el que tengamos configurado el explorador y según su contenido.

Los weblog y RSS

Los *weblog* (abreviado, *blog* o bitácora) constituyen uno de los fenómenos más revolucionarios de Internet de los últimos años. Los *blog* han democratizado la Web, la gran Telaraña Mundial proporcionando las herramientas necesarias para que cualquiera pueda publicar y discutir información en la Web, sin que sea necesario tener ningún tipo de conocimiento técnico sobre creación de documentos para la Red.

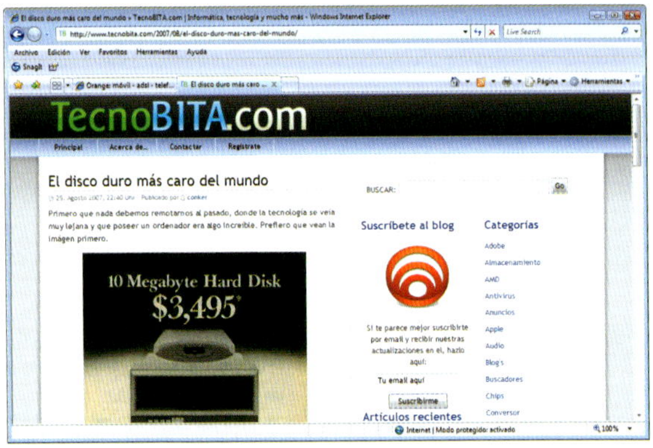

Básicamente, un *blog* es un diario temático online, una página Web que se actualiza muy frecuentemente y en la cual uno o varios autores publican pequeños artículos sobre un determinado asunto. Los artículos se denominan **entradas** (en inglés, *post*) y aparecen ordenadas en orden cronológico inverso, es decir, primero lo más reciente. Una característica fundamental de los *blog* es que proporcionan un sistema muy sencillo para que cualquier persona pueda añadir comentarios a cualquiera de las entradas ya publicadas.

Por tanto, el sistema es pura democracia online: cualquier persona puede crear un *blog* y publicar sobre cualquier tema todo aquello cuanto se le ocurra y cualquier persona puede comentar lo que otros han escrito en un *blog*.

Esto no significa en absoluto que se trate de un sistema anárquico, es más, muchos *blog* están moderados (es decir, el autor se reserva el derecho a borrar entradas o comentarios que considere fuera de lugar), pero el motivo fundamental de ello es orientar el *blog* para evitar que se pierda el hilo temático y para conservar las formas y el respeto debido a todos y para todos.

Existe un vocabulario propio de los *weblog*, compuesto por una serie de términos sencillos que suelen utilizarse habitualmente en las bitácoras.

- **Entrada:** Cada artículo publicado.
- **Permalink:** Enlace permanente. Es la dirección URL que el sistema de publicación asigna a cada entrada, la cual deberá utilizarse para enlazarla.
- **Blogero:** Escritor de *blog*.
- **Blogosfera:** Término que se utiliza para referirse al mundillo de los *blog* de forma genérica.
- **blogroll:** Lista de enlaces a otros *blog*.
- **trackback:** Enlace inverso que avisa a otro *blog* cuando citamos una de sus entradas.

Una especial particularidad de los *blog* es que además de en html se suelen publicar en otros formatos. Uno de los más utilizados es RSS, un formato derivado de XML y que se utiliza para compartir la información de forma que pueda ser publicada fácilmente en otras páginas Web. Esta técnica de intercambio de información se denomina **sindicación**.

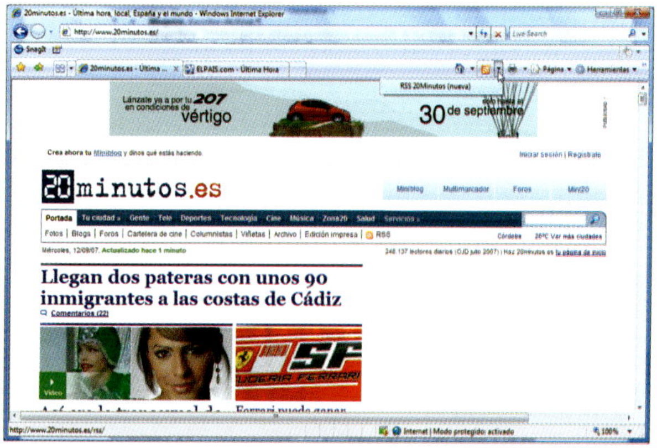

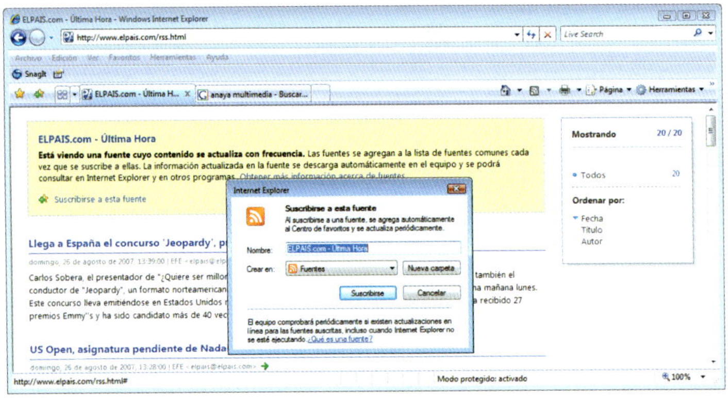

RSS es parte de la familia de los formatos XML desarrollado específicamente para sitios de noticias y *weblogs* que se actualizan con frecuencia y por medio del cual se puede compartir la información y usarla en otros sitios Web o programas. A esto se le conoce como sindicación.

El término RSS puede referirse a varios estándares de sindicación:

- *Rich Site Summary* (RSS 0.91).
- *RDF Site Summary* (RSS 0.9 y 1.0).
- *Really Simple Syndication* (RSS 2.0).

Los programas que leen RSS se denominan "agregadores" o "lectores de *feeds*" y son herramientas de gran utilidad pues pueden leer RSS procedentes de muchas fuentes distintas, lo cual nos ahorra tener que visitar un montón de *blog* distintos en busca de información sobre uno o varios temas de nuestro especial interés. Y no sólo extraen información de las bitácoras, sino que cada vez más sitios Web ofrecen una versión RSS de sus informaciones, sobre todo los sitios Web de noticias u otros cualquiera que se actualicen muy a menudo.

Gracias a estos programas ya no hay excusa que valga a la hora de estar al día sobre un determinado asunto. En cualquier página de descargas podemos encontrar lectores de *feeds* tanto *freeware* como *shareware*, pero ya hay navegadores que incorporan esta función, como son las nuevas verisiones de Internet Explorer, Opera y Mozilla FireFox.

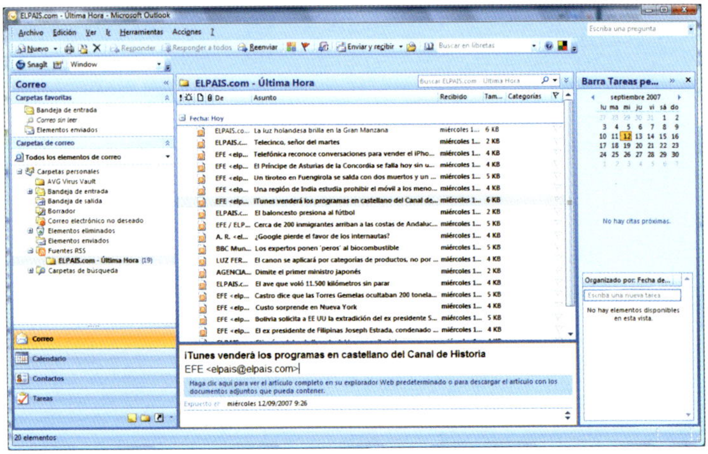

Breve historia del e-mail

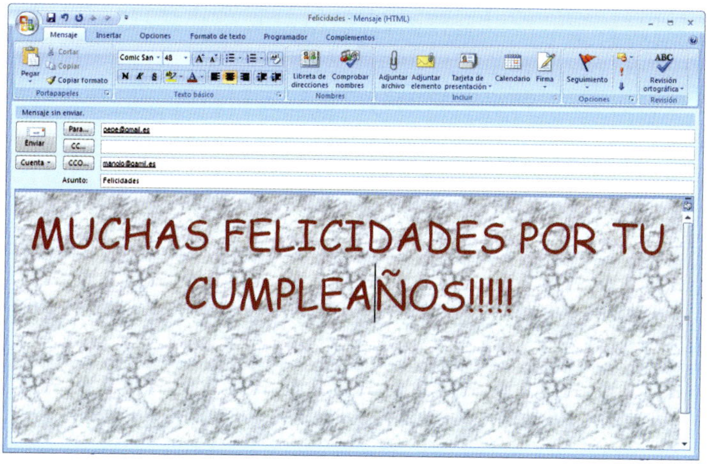

El e-mail o correo electrónico fue inventado por Ray Tomlinson en 1971, cuando trabajaba en una empresa que a su vez recibió un encargo para trabajar para ARPANET. Entonces ya existía la posibilidad de enviar mensajes entre varios usuarios de un mismo ordenador, lo cual resultaba muy útil en los entornos informáticos de entonces, pues la mayoría de los equipos eran terminales "tontos" conectados a un ordenador.

Tomlinson perfeccionó el programa que se utilizaba para ello de tal forma que sirviera para enviar y recibir mensajes entre distintos ordenadores de una red. Fue él quien inventó el uso actual de la arroba "@" para separar del usuario del nombre de la máquina en las direcciones de los buzones de correo. En inglés @ significa "at" (la preposición "en"), de lo cual se obtiene, por ejemplo, "fulanito@nombre_maquina", es decir "fulanito en nombre_maquina".
En el caso de Tomlinson "la máquina", es decir el ordenador que utilizó para enviar el primer e-mail fue el Tenex Machine, en la empresa BBN Technologies.

El correo electrónico o *e-mail* ha sido uno de los factores clave de la revolución de Internet. Esta nueva forma de comunicación ha revolucionado tanto el mundo de la informática que mucha gente ha entrado en el mundo de los ordenadores sólo para poder comunicarse a través de esta nueva forma de correo.
La dirección o buzón de correo electrónico se ha convertido en una nueva identificación personal, tan importante como el número de teléfono o la dirección de nuestra casa. El intercambio mundial de mensajes demuestra las enormes ventajas de un correo casi instantáneo, internacional y con posibilidad de adjuntar otros archivos, aunque su desventaja es que dependemos de un acceso continuo a un ordenador conectado a Internet que no siempre es posible.

Cómo funciona

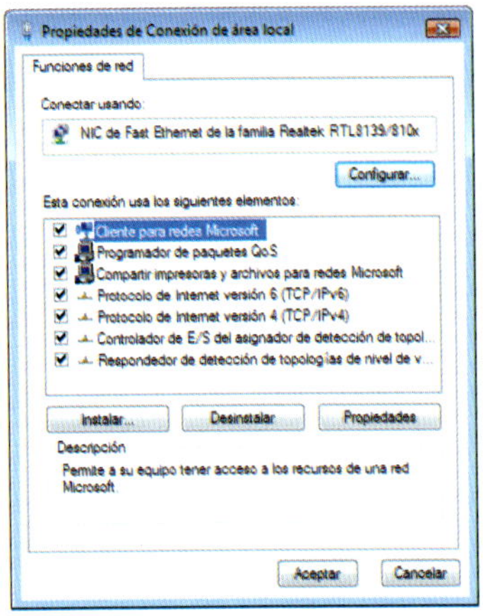

El correo electrónico utiliza el protocolo SMTP (*Simple Mail Transfer Protocol*), perteneciente al TCP/IP. La ventaja de este formato, creado a principios de 1980, es que es compatible con todas las plataformas informáticas (Mac, PC, etc.) ya que se basa en texto ASCII, que es la codificación de la mayoría de los signos de escritura que utilizamos.

Su principal inconveniente es que no permite el envío de ficheros binarios (archivos de imagen, gráficos, programas...). Solamente permite el intercambio de mensajes de texto plano sin formato.

En 1992 aparece otro formato, el MIME (*Multipurpose Internet Mail Extensions*, Extensiones de correo Internet multipropósito), que ayuda a codificar y descodificar otros formatos de escritura y que por vez primera posibilita el envío de todo tipo de ficheros binarios y archivos adjuntos.

Por último, el protocolo POP (*Post Office Protocol*, Protocolo de la Oficina de correos), que actualmente se encuentra en su tercera versión POP3, es el que nos permite descargar y almacenar los mensajes de correo en nuestro ordenador (enviamos un correo por medio de los protocolos MIME o SMTP y lo recibimos gracias al POP).

Las direcciones de correo electrónico están formadas por dos partes separadas por el famoso símbolo de la arroba "`@`".

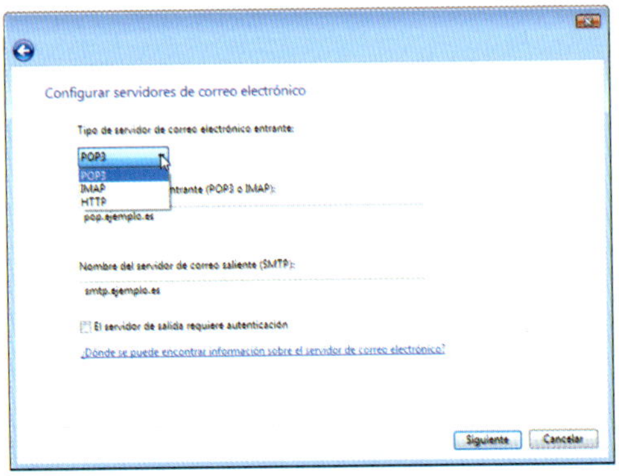

La primera parte es el nombre de usuario, que es una identificación personal y que por lo tanto deberíamos elegir nosotros. La segunda parte, a la derecha del símbolo de la arroba, es el nombre de dominio y subdominio, que dependen de nuestro servidor de correo o Internet y su extensión, que ya vimos al hablar de las direcciones de Internet o URL.

Nuestro nombre de usuario puede ser el mismo con diferentes nombres de dominio o servidores. Como es lógico, el conjunto de nombre de usuario y dominio forma una dirección única, a escala mundial. Por ejemplo, si damos de alta el usuario "mi_nombre_de_usuario" en el servidor de correo de `www.hotmail.com`, obtendremos la dirección de *e-mail* "`mi_nombre_de_usuario@hotmail.com`".

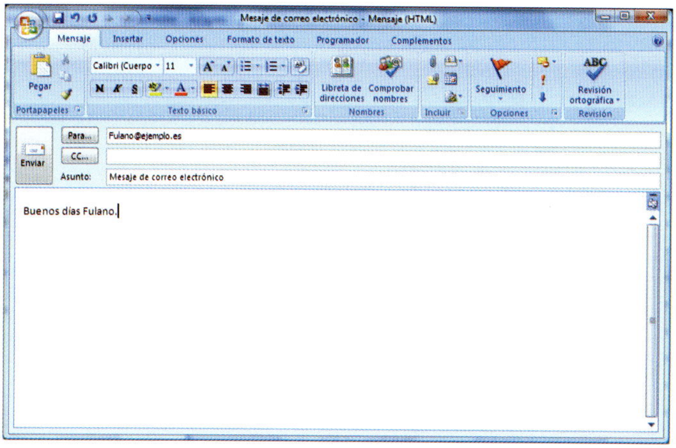

Una de las ventajas fundamentales del *e-mail*, además de la comodidad y rapidez (los mensajes llegan casi instantáneamente y nos ahorramos el paseo hasta la oficina de correos o el buzón más cercano), es el hecho de que todos los mensajes enviados a un determinado buzón de correo electrónico permanecen almacenados en el Servidor de Correo de nuestro proveedor de Internet hasta que el usuario se conecta para descargarlos y leerlos. Esto quiere decir que recibiremos nuestros mensajes aunque no tengamos el ordenador encendido ni estemos conectados a la Red. A esto se une el hecho de que no sólo podemos enviar texto sino archivos e información adjunta.

Una vez que tenemos una dirección de correo electrónico (ya sea porque nos la ha proporcionado nuestro proveedor de Internet o porque hemos dado de alta un buzón de correo en uno de los muchos servidores que en la Web proporcionan este servicio), lo siguiente que necesitamos es un "cliente" de correo electrónico, es decir, un programa que se comunica con el Servidor de Correo para hacer posible el envío y recepción de mensajes.

Hay diversas formas de obtener un software cliente de correo electrónico.

En primer lugar, algunos sistemas operativos incluyen gestores de correo. En Windows tenemos Windows Mail si utilizamos Windows Vista (en las versiones anteriores Outlook Express). En Mac OS podemos utilizar Mail.

En segundo lugar, algunos paquetes ofimáticos incluyen este tipo de programas. Tal es el caso de Microsoft Office y su gestor de correo Outlook.

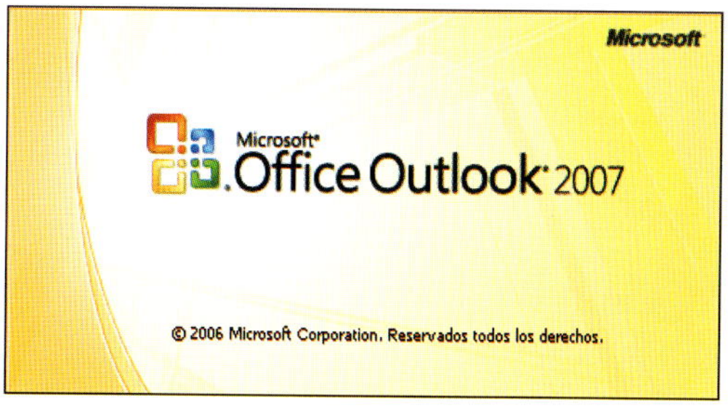

Por otro lado, como comentamos ya anteriormente, algunos navegadores incluyen una utilidad para *e-mail*, como Netscape y Opera.

Existen gestores de correo electrónico gratuitos que podemos obtener en páginas de descarga de *freeware* y *shareware*, por ejemplo, Eudora (uno de los clientes de correo más veteranos de la historia de Internet).

Webmail o POP

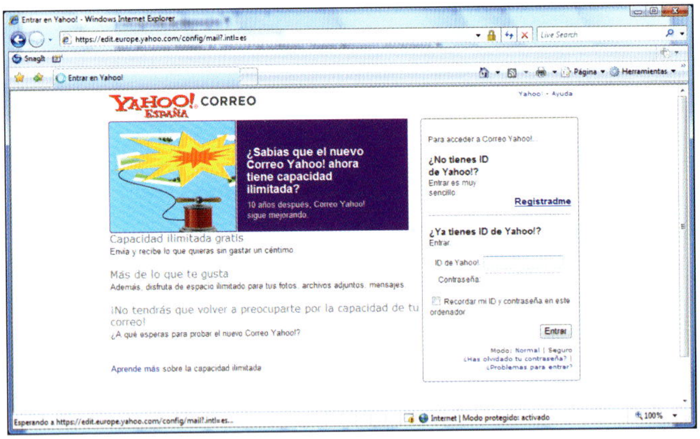

Para enviar y recibir correo podemos utilizar sistemas de correo electrónicos basados en Web que proporcionan una interfaz para gestión de e-mail a través del propio navegador. A este tipo de servicios se les suele denominar *Webmail* o *Internet Mail*, para diferenciarlos de los servicios que utilizan el protocolo POP junto con un software gestor de correo.

La ventaja de gestionar el correo a través de una página Web es que podemos gestionar el correo desde cualquier ordenador en cualquier parte del mundo, simplemente conectándonos a esa página Web. Nuestra dirección de correo nos pertenecerá para siempre, a no ser que el sitio Web desaparezca o cambien las condiciones de servicio.

Crear una cuenta

Crear una cuenta de correo gratuita en Internet es un proceso muy sencillo, en el que deberemos rellenar unos datos personales, a través de diversos formularios. Dependiendo del sitio Web, estos datos son más o menos y, también dependiendo del tipo de sitio, a veces es recomendable inventar un alias y no especificar nuestros verdaderos datos. Éstos son algunos de los portales o sitios Web que nos permiten crear cuentas de correo:

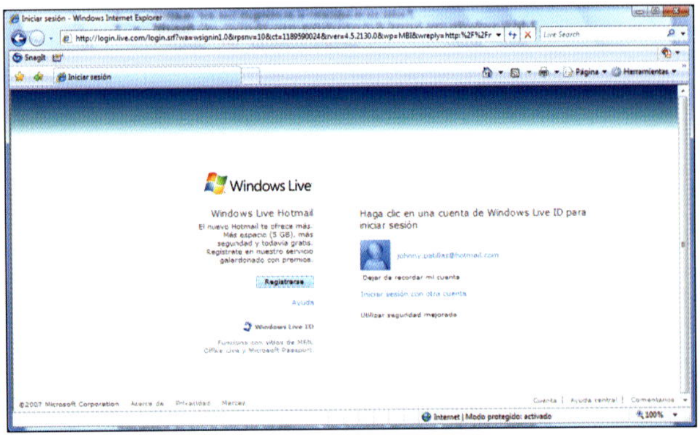

- **Yahoo.es:** Es uno de los sitios más veteranos, lo que demuestra que una dirección en este sitio puede durarnos toda la vida. Ofrece un espacio de 1 Giga para almacenar mensajes.
- **Hotmail:** El correo electrónico de Microsoft ofrece 250 Mb de almacenamiento.
- **Terra.es:** Son muy exigentes en la veracidad de los datos.
- **Mixmail:** Un clásico del correo gratuito a través de Internet, pero sólo ofrece 10 Mb.

- **Gmail:** Es un servicio de *Webmail* bastante especial que ofrece el famoso buscador Google. Es uno de los servicios más punteros, pues ofrece 2000 Mb de espacio para almacenamiento. También es gratuito, pero algo "exclusivo", pues sólo se puede dar de alta una cuenta a través de una invitación enviada por alguien que ya sea usuario de este servicio.

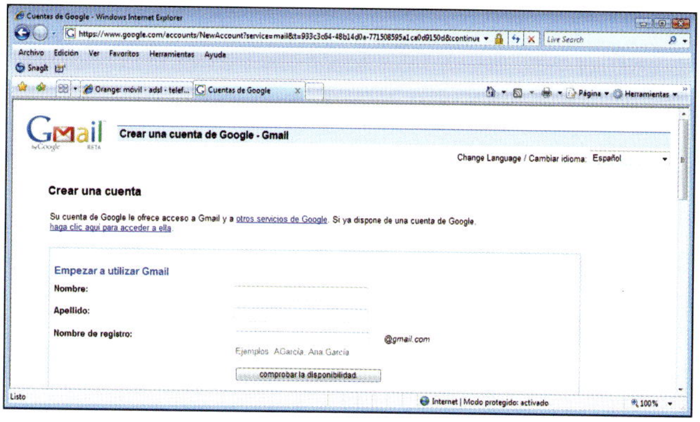

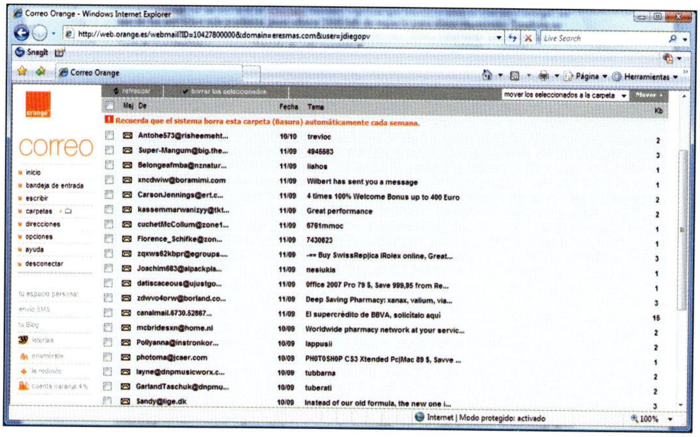

Existen muchos otros sitios, aunque lo más importante es encontrar uno en el que nuestro nombre de usuario no esté reservado por otra persona. Esto es cada vez más difícil y es posible que debamos buscar algo muy complicado para encontrar un nombre con el que nos identifiquemos y que esté libre.

Existen otras opciones a la hora de elegir un sitio u otro, como el espacio de buzón (un disco duro virtual en el que guardamos los mensajes y los archivos que nos envíen), la rapidez de uso y la facilidad. También conviene tener en cuenta los servicios adicionales que se nos ofrecen, sobre todo aquellos relacionados con el control de virus y los filtros *anti-spam*, servicios relacionados con el correo electrónico que normalmente son muy valorados por los usuarios.

Nota

Cuando hablamos de servicios de correo electrónico en Internet, ya sean POP o Webmail, se denomina *spam* a todo correo no deseado o no solicitado, que normalmente es enviado con fines publicitarios. Por tanto, un filtro *anti-spam* es un programa que detecta el *spam* con el objetivo de evitar que esos correos no deseados colapsen nuestro buzón. Normalmente, los filtros *anti-spam* se pueden configurar para que se elimine todo correo no deseado o bien para que sea almacenado en una carpeta independiente de tal forma que sea el propio usuario quien decida.

Gestores de correo

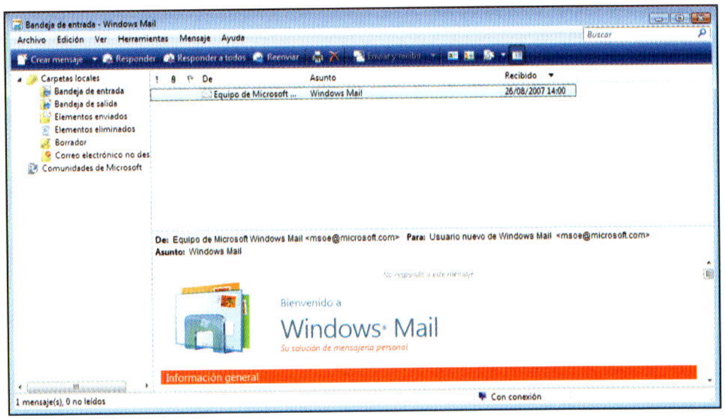

Los gestores de correo son programas diseñados para manejar nuestras cuentas de *e-mail*. Esta gestión incluye no sólo leer los mensajes, sino borrarlos, ordenarlos, archivarlos o cambiar fácilmente de una cuenta de correo a otra.

Para poder utilizar este tipo de programas con nuestras cuentas, debemos conocer unos datos que nos debe proporcionar nuestro proveedor y que son el servidor POP3 (correo entrante) y SMTP (correo saliente).

Microsoft Outlook

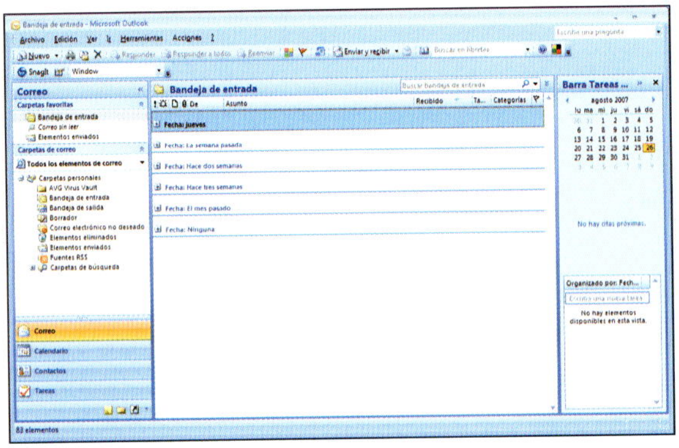

Microsoft Outlook es el programa de gestión de correo más conocido y actualmente se incluye dentro del paquete de Office.

Se trata de una mezcla entre gestión de mensajes de correo y agenda. Además, posee muchas utilidades muy prácticas, como la libreta de direcciones, en la que podemos introducir varios datos, aparte de la dirección de correo electrónico.

Enviar un mensaje con Outlook es muy sencillo, pulsando el botón **Nuevo** de la barra de herramientas y escribiendo la dirección del destinatario en el campo **Para**. También podemos enviar una copia del mensaje a otros usuarios (campo **CC**, Con Copia). En el campo **Asunto** escribimos el tema de nuestro mensaje, aunque es opcional.

Nota

Los campos **Para**, **Asunto** y **CC** los encontraremos en la práctica totalidad de los gestores de correo. Además, también podemos encontrar un campo denominado **CCO**, Copia Oculta, mediante el cual se puede enviar una copia del mensaje a una o varias direcciones de *e-mail* sin que el resto de destinatarios lo sepan.

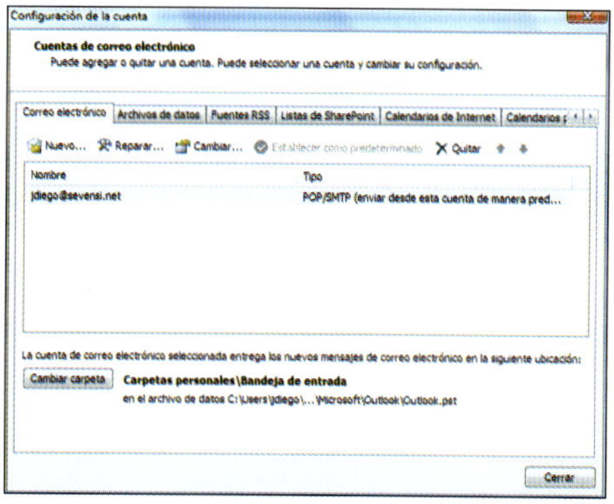

Para crear una cuenta de correo, debemos ir al menú Herramientas y seleccionar la opción Configuración de la cuenta... En el cuadro de diálogo que aparece, vamos añadiendo cuentas con el botón **Nuevo...** y seguimos las instrucciones del asistente, en el que vamos introduciendo todos los datos, incluidos el nombre del servidor de correo entrante y saliente (POP3 y SMTP).

Nota

Windows Mail (el programa que en Windows Vista ha venido a sustituir a Outlook Express) viene a ser una versión reducida de MS Outlook, con las mismas funciones básicas para correo electrónico. La diferencia fundamental son las utilidades de agenda y organización personal de la versión de Outlook que viene en el paquete Office (**Calendario** y **Tareas**), ausentes en Outlook Express. Asimismo, las capacidades de filtrado y organización de MS Outlook son también más potentes y precisas.

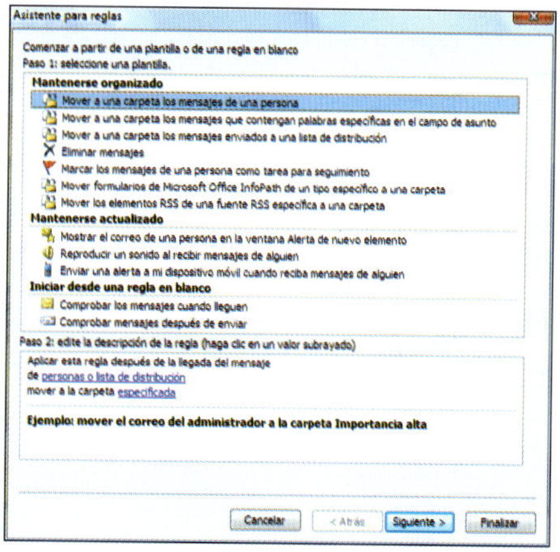

Con MS Outlook se puede organizar el correo según llega fácilmente utilizando lo que se denominan "reglas de correo". Mediante estas reglas, le indicamos al programa una serie de parámetros o condiciones que debe cumplir un determinado correo, y qué queremos que el programa haga con él si cumple dichas condiciones.

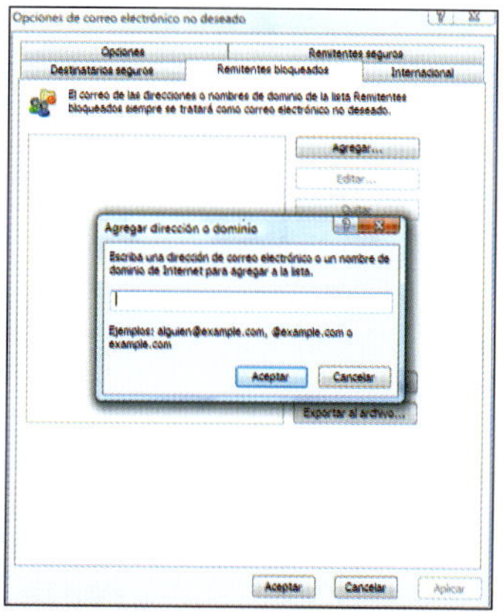

De esta forma, podemos configurar que todos los mensajes de una persona (o de un grupo) vayan automática-mente a una determinada carpeta que previamente debemos haber creado dentro de nuestro **Inbox** (buzón de correo entrante, al que de forma predeterminada van los mensajes cuando los descargamos del servidor utilizando Outlook).

Otra de las utilidades más interesantes de Outlook como gestor de correo es el filtro *anti-spam*. Podemos indicar que un determinado mensaje es correo no deseado cada vez que recibamos un correo no solicitado.

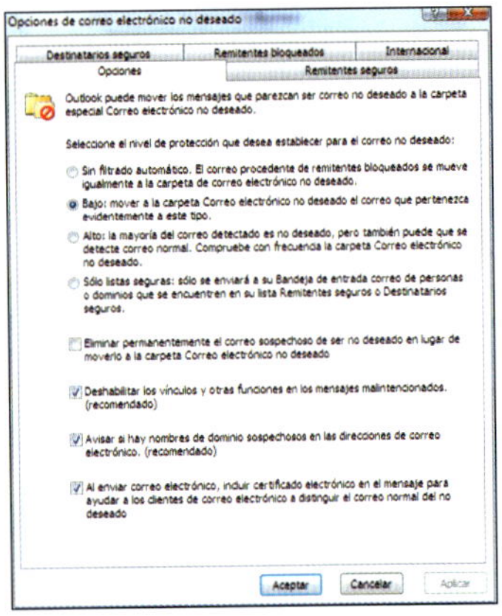

La próxima vez que llegue un correo del mismo servidor o del mismo remitente (según hayamos configurado el filtro), Outlook lo detectará y realizará la acción que le hayamos indicado según el caso (eliminarlo, almacenarlo en la carpeta Correo electrónico no deseado). Según utilizamos el filtro anti-spam Outlook va creando listas de remitentes y destinatarios seguros (aquellos cuyo correo deseamos recibir y a quienes solemos enviar correo también nosotros) y listas de remitentes y destinatarios bloqueados (aquellos de quienes no deseamos recibir correo ni enviarles correo).

Las listas de distribución

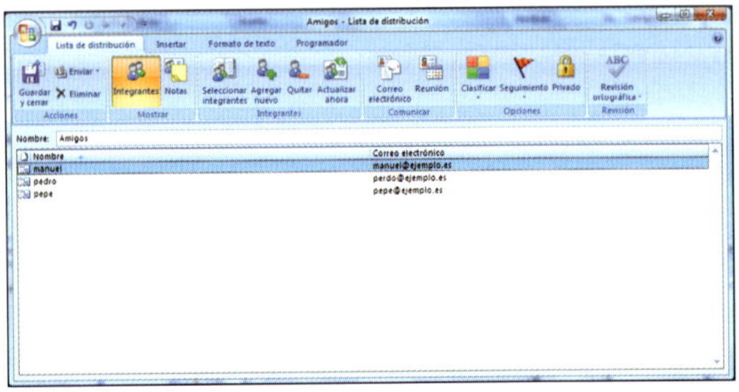

Una lista de correo o lista de distribución es un conjunto de buzones de *e-mail* cuyos respectivos titulares han consentido previamente en recibir mensajes sobre un determinado tema. Para publicar un mensaje mediante una lista de correo enviamos el mensaje al buzón genérico que identifica a la propia lista, de tal forma que todos los usuarios suscritos a dicha lista recibirán una copia del mismo.

Para evitar un aluvión de mensajes diarios, las listas de correo, sobre todo las más activas, suelen ofrecer dos tipos de suscripción a la lista, para que el usuario pueda elegir entre recibir todos los mensajes que se envíen a la lista o recibir un resumen diario en un único mensaje que incluya el contenido de todos los mensajes enviados a la lista ese día en concreto.

Se puede decir que una lista de correo es una especie de foro virtual que utiliza el *e-mail* para intercambiar informaciones, comentarios, opiniones... sobre un determinado tema. Existen sitios Web en Internet que nos permiten apuntarnos a listas o bien crear y gestionar una lista propia.

Configuración de una cuenta

Configurar una cuenta de correo electrónico es relativamente sencillo y sólo tenemos que seguir los asistentes que los programas gestores de correo electrónico traen incorporados. Vamos a ver aquí la configuración de una cuenta de ejemplo con Windows Mail.

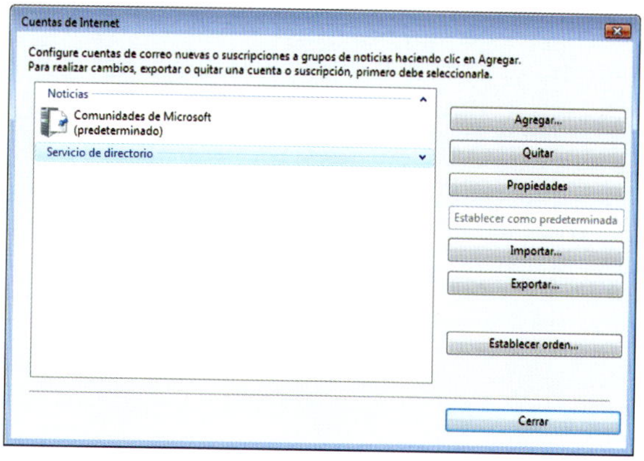

Lo primero que tenemos que hacer, una vez abierto el programa que vayamos a utilizar, es usar el asistente para la configuración de cuentas de correo. Normalmente, si no tenemos ninguna creada, el programa nos preguntará nada más abrirlo si queremos crear una nueva cuenta. Esta operación es muy sencilla. Con los pasos que vamos a seguir podremos configurar rápidamente cuantas cuentas quedamos.

Para abrir el asistente sólo tendremos que ir a Herramientas>Cuentas. Nos aparecerá el cuadro de diálogo Cuentas de Internet, y para iniciar el asistente no tenemos más que hacer clic en el botón **Agregar** y después en la opción deseada, en este caso Cuenta de correo electrónico y después hacer clic en **Siguiente**.

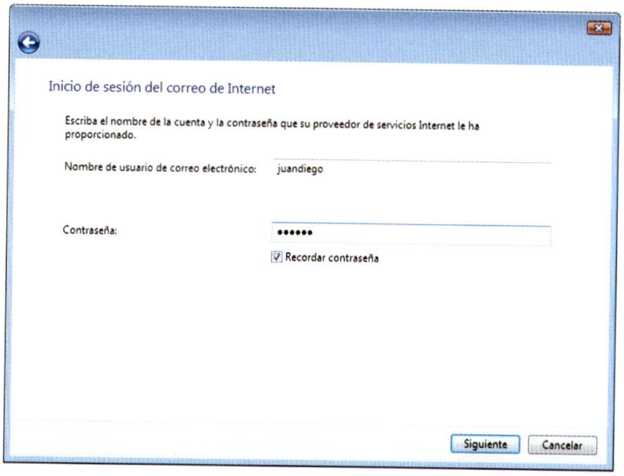

En primer lugar nos aparecerá el nombre a mostrar, es decir, el nombre que aparecerá en todos nuestros mensajes enviados y que como tal aparecerá en la bandeja de entrada del receptor. El paso, pues, es escribir nuestro nombre o el que queramos usar. Tras hacer clic de nuevo en **Siguiente**, deberemos introducir la dirección de correo electrónico que tenemos. El siguiente paso será configurar el servidor de correo electrónico. Deberemos elegir el tipo de correo (POP3, IMAP o HTTP) e introducir en los campos al efecto el nombre del servidor para el correo entrante y saliente, y que permiten tanto el envío como la recepción de nuevos mensajes.

Por último deberemos introducir el usuario del dominio y la contraseña necesaria para entrar en ese correo.

Nota: Todos los datos necesarios para la configuración de nuestro correo electrónico nos los tiene que proporcionar la empresa con la que tengamos el correo, tanto la dirección como los datos de configuración de POP3 o IMAP.

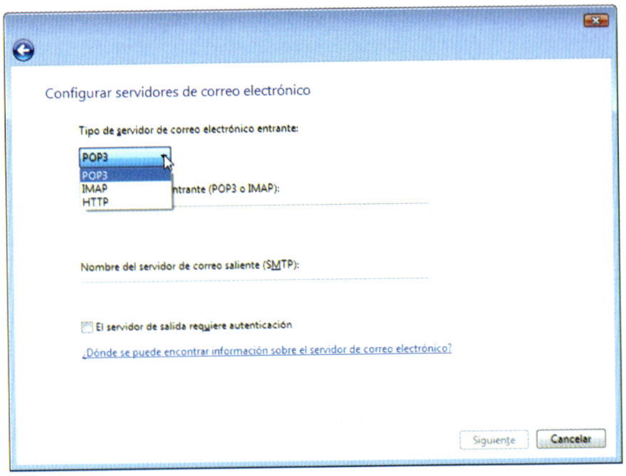

Tras terminar la configuración de la cuenta, el asistente nos preguntará si deseamos descargar el correo en ese momento. Al hacerlo así, el programa ejecutará inmediatamente la opción Enviar y recibir y descargará los mensajes a nuestra bandeja de entrada si el correo ha sido configurado correctamente. Inmediatamente aparecerá entre las cuentas de correo la que acabamos de crear.

Desde este mismo cuadro de diálogo podemos hacer las modificaciones de la configuración de la cuenta siempre que queramos, así como editar algunas de sus propiedades. También podremos eliminar cuentas de correo e importar y exportar las configuraciones a otros gestores, muy útil, por ejemplo si vamos a pasar de Windows Mail a MS Outlook o viceversa.

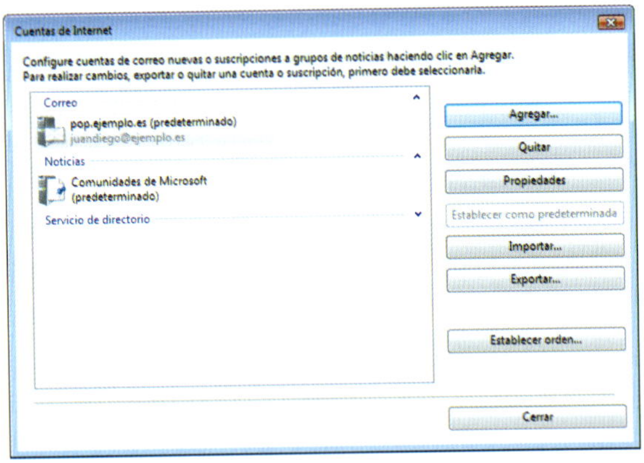

Después nos aparecerá el mensaje de bienvenida del programa con un correo electrónico por defecto y si hemos elegido la opción de descargar nuestro correo, todos los mensajes de la cuenta.

Con estos sencillos pasos ya habremos configurado una cuenta de correo electrónico y estaremos en condiciones de enviar y recibir mensajes. Podemos repetir los mismos pasos para configurar cuantas cuentas queramos en nuestro gestor de correo electrónico, y luego organizarlas y distribuirlas como más nos guste o más útil nos resulte.

Nota

Es importante saber que si descargamos los mensajes de un servidor POP3 a un gestor de correo electrónico, estos mensajes desaparecerán del servidor, y sólo los tendremos disponibles desde el gestor y no desde la página Web del proveedor. El único modo de "descargar" los mensajes a un gestor y mantenerlo en el servidor al mismo tiempo es si tenemos contratada y configurada una cuenta de Exchange Server, cosa no muy habitual entre usuarios domésticos (ya que el servicio es de pago y hace falta un servidor configurado), aunque sí podemos encontrarlo en una empresa.

El servicio de News o grupos de noticias

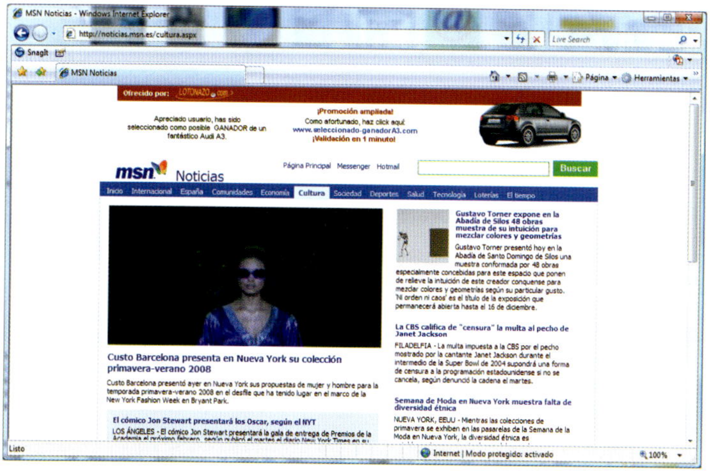

Las *News* (Noticias) son grupos de discusión en torno a un determinado tema, pero, a diferencia de las listas de correo, funcionan más bien como un tablón de anuncios.

El origen de los grupos de noticias (*Newsgroups*) es Usenet. En 1979 varios estudiantes de la Universidad de Duke (Carolina del Norte, USA) inventaron este sistema de intercambio de mensajes entre ordenadores vía línea telefónica. Para leer las informaciones ya publicadas había que conectarse al servidor de *News* en el cual se almacenaban mediante un software cliente denominado *newsreader* (lector de *news*).

Las noticias se fueron agrupando por temas formando una jerarquía y cualquier usuario que leyera una noticia en Usenet podía publicar una respuesta u opinión al respecto, lo cual hizo que Usenet acabara convirtiéndose en un marasmo de informaciones. Esto se solucionó en parte cuando en 1995 la empresa Deja News empezó a archivar los mensajes de Usenet para facilitar funciones de búsqueda.

En 2001, el buscador Google adquirió el archivo de Usenet que contiene todo lo publicado a partir de 1981. Google añadió potentes funciones de búsqueda, además de nuevas herramientas para crear grupos de noticias utilizando una interfaz de usuario basada en la Web.

Con nuestro gestor de correo electrónico también podemos configurar y descargar grupos de noticias. Lo único importante es saber que, como en todos los casos, hay suscripciones gratuitas y otras que no. También hemos visto que muchas páginas Web contienen fuentes RSS, que es otra forma fácil y normalmente gratuita de recibir noticias en MS Outlook.

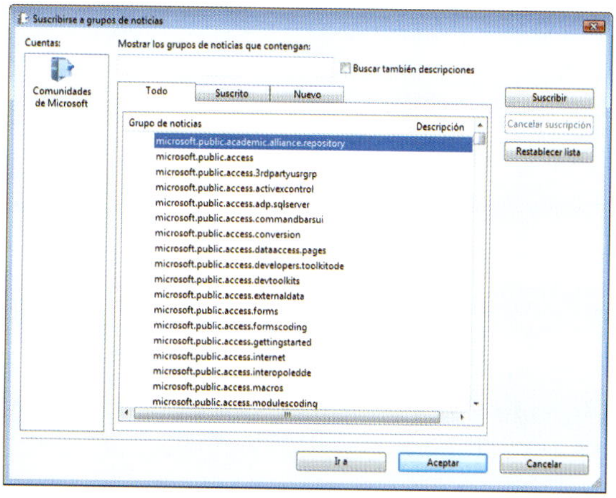

Transmitir archivos mediante FTP

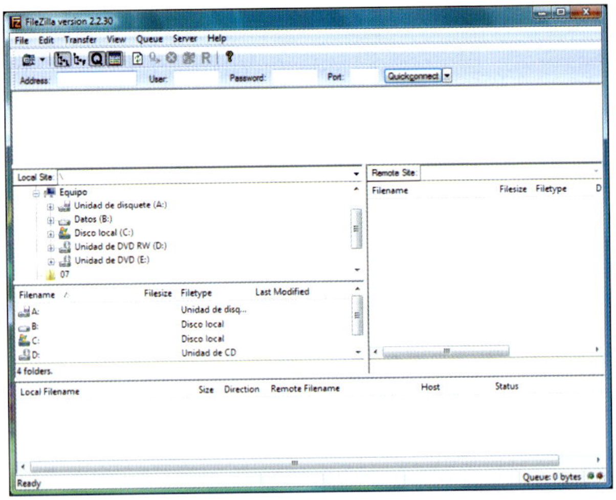

FTP significa *File Transfer Protocol*, Protocolo de Transferencia de Archivos, y es el servicio de Internet más adecuado a la hora de transmitir archivos voluminosos o un gran número de ellos. El FTP utiliza una arquitectura de servicios basada en el sistema servidor-cliente. La máquina que funciona como servidor debe tener instalado un software apropiado para permitir el acceso de usuarios que descarguen contenidos utilizando este servicio. Igualmente, el ordenador que pretende descargar los archivos (recibirlos) debe tener instalado un software cliente para FTP, como CuteFTP o FileZilla.

El funcionamiento de este tipo de programas es muy sencillo. Debemos tener un nombre de usuario y una contraseña que nos permita el acceso a determinados servidores de FTP, o bien configurar un acceso anónimo si se trata de un servidor público, en cuyo caso sólo será necesario conocer la dirección del servidor (el usuario suele ser nuestro e-mail y la contraseña "anonymous"). Las direcciones FTP son similares a los URL de la WWW, sólo que el protocolo a utilizar debe indicarse de la siguiente forma: `ftp://nombre_servidor/directorio/subdirectorio`.

Los programas clientes de FTP suelen tener una interfaz muy fácil y similar al Explorador de archivos de Windows.

WebTV, Internet desde el sofá

Algunos servicios de televisión por satélite o por cable ofrecen servicios integrados de ocio digital que incluyen acceso a Internet a través del televisor para la realización de consultas sencillas, tales como información adicional sobre los programas que emiten o envío de mensajes de correo electrónico, pero no se trata de un acceso a Internet como el que podemos disfrutar en un ordenador.

Para poder utilizar la televisión como dispositivo de consulta de la Web es necesario disponer de un terminal especial que se conecta al televisor (de aspecto similar al descodificador de la televisión por satélite). Algunas empresas ya los comercializan, como Microsoft que además del equipo necesario ofrece el propio servicio de acceso a la Red incluyendo contenidos adaptados a la resolución y tamaño de la pantalla de televisión.

P2P y derechos de autor

El P2P (*Peer to Peer*) consiste en utilizar Internet para formar redes "entre iguales" formadas por los ordenadores de los propios usuarios con el objetivo de intercambiar archivos entre ellos. De esta forma, en vez de utilizar la arquitectura cliente-servidor, todos se conectan con todos y cualquier equipo puede subir y bajar archivos a la red al mismo tiempo utilizando para ello un programa determinado. El problema de este tipo de programas es su posible ilegalidad pues este tipo de software nos ayuda a intercambiar archivos mp3, películas de vídeo y otro tipo de datos que pueden violar las leyes relacionadas con los derechos de autor. Por tanto, el uso correcto de los programas para P2P es responsabilidad del usuario, dado que podemos compartir montones de archivos gratuitos cuyos contenidos no están sujetos a derechos de autor, o bien podemos acceder a un servicio de suscripción por el cual se nos autoriza a descargar un número determinado de archivos a cambio de satisfacer una determinada cuota. Los programas más usados para P2P son eMule, BearShare, KazaA Lite, LimeWire y OverNet. Se trata de redes en las que se comparten todo tipo de archivos, con lo cual debemos recordar que es responsabilidad del usuario el utilizarlos correctamente. El P2P no es ilegal en sí mismo, sino según el uso que de él se haga.

Redes legales de P2P

Actualmente existen varias redes P2P absolutamente legales. Para ello se utilizan diversos métodos que impiden la descarga indiscriminada de archivos que pudieran estar protegidos por derechos de autor. Uno de esos métodos consiste en limitar el número de usuarios con los cuales se comparten los archivos, de tal forma que podemos compartir archivos de nuestra propiedad sólo con nuestros amigos. Tal es el caso de la red de intercambio que utiliza el software Grouper (`www.grouper.com`). Otra forma de evitar descargas ilegales consiste en compartir archivos multimedia mediante *streaming*, de manera que permitimos la visualización de vídeos o la escucha de música sin descargar el archivo físicamente, lo cual es totalmente legal siempre que el usuario en cuyo equipo estén alojados físicamente los archivos los haya adquirido de forma legal. De esta forma se disfruta del ocio multimedia y se evita la distribución no autorizada. Tal es el caso de la red de usuarios que utilizan el programa Mercora IMRadio (`http://www.mercora.com`).

Ventajas e inconvenientes de comprar en Internet

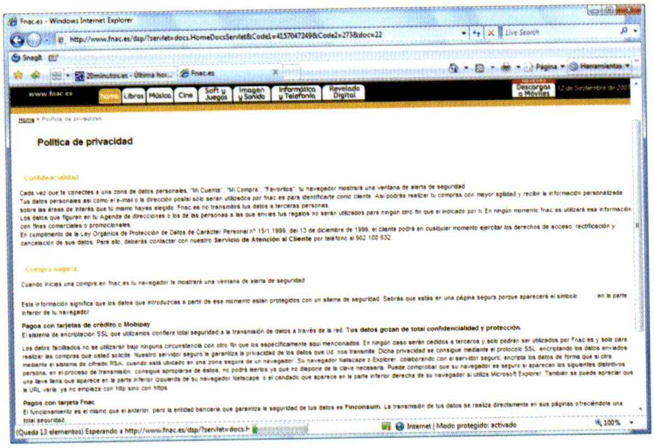

El comercio electrónico consiste en la compra y venta se servicios o productos a través de Internet. Todo el proceso se realiza a través de la Web, desde la búsqueda del producto deseado hasta el pago del mismo, con lo cual se evitan molestos desplazamientos y otros inconvenientes de los grandes centros comerciales (colas, esperas, atascos a la entrada, escasez de aparcamiento...). Buscamos lo que queremos y lo compramos desde casa, y posteriormente recibimos el producto en nuestro propio domicilio.

El principal inconveniente del comercio electrónico es la seguridad. Para comprar debemos proporcionar una serie de datos personales que, si son interceptados en el camino virtual que va desde nuestro equipo hasta el servidor de la tienda pueden ocasionarnos problemas, fundamentalmente la intercepción del número de nuestra tarjeta de crédito. Además, a nadie le gusta que los datos de su domicilio viajen por Internet sin ningún tipo de seguridad.

La importancia de sentirse seguro

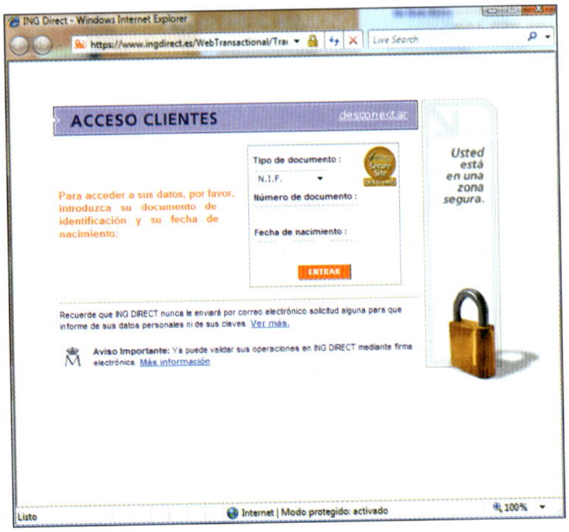

Para evitar todos estos problemas las tiendas de Internet suelen ofrecer a sus clientes diversos sistemas de seguridad. El más extendido es el sistema de servidor seguro mediante tecnología SSL (*Secure Sockets Layer*), un sistema de cifrado de transacciones y encriptación de datos que permite establecer una conexión segura entre nuestro ordenador y el servidor de la tienda para poder mandar datos personales sin preocupaciones. El navegador suele avisarnos siempre que entramos y salimos de un sitio que utiliza este sistema. Además, si lo deseamos no es necesario utilizar tarjeta de crédito para el pago, pues los comercios electrónicos suelen ofrecer medios de pago alternativos, como transferencia bancaria o contrareembolso.

Marketing y Publicidad en la Web

Al igual que ocurre con otros medios de comunicación, el éxito de Internet convierte a la Web en una forma más de llegar a potenciales compradores, lo cual hace de la publicidad un elemento a tener muy en cuenta cuando se habla de la Red.

El elemento publicitario más famoso de Internet es el *banner*. Consiste en un espacio publicitario de forma rectangular insertado entre el resto de elementos de una página Web. Es habitual que una Web tenga varios *banner* de distintos tamaños situados en diversos lugares. Al principio de empezar a utilizarse los *banner* eran un elemento muy atrayente, sobre todo si incorporaban imágenes en movimiento, pero con el tiempo los usuarios se han acostumbrado a su presencia y prácticamente tienden a ignorarlos.

Otro tipo de publicidad ampliamente utilizado en la Web son los *pop-up*, pequeñas ventanas que se abren a veces cuando visitamos un sitio Web y que suelen contener mensajes publicitarios. Suelen "saltar" automáticamente al primer plano de nuestra pantalla mientras se carga la página Web que realmente deseamos visitar, y pueden llegar a ser muy molestos, especialmente cuando se abren varios al mismo tiempo inundando toda la pantalla con un montón de ventanitas. Existen navegadores y otros programas que los bloquean impidiendo que aparezcan de forma automática, lo cual lógicamente impide su efectividad como mensaje publicitario.

Muchos estudios han concluido que el tipo de publicidad que funciona en Internet es la publicidad contextual, es decir, aquella que cambia según el contexto o entorno, cambiando según la temática de la página en la que aparece y adaptándose a los gustos del usuario. Así, existen navegadores cuya publicidad cambia según el tema de la página que abra el usuario, o según los enlaces en los cuales haga clic.

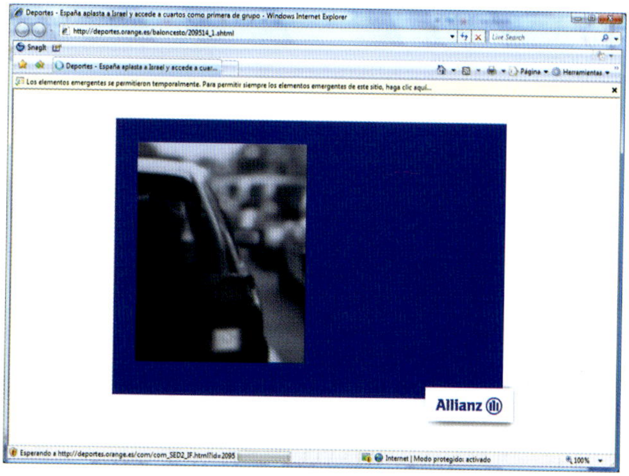

Utilidades para control paterno de la navegación

La Web es un medio abierto y libre, lo cual hace que sea posible encontrar de todo, incluyendo aquellos contenidos poco adecuados para los ojos de los niños. Por tanto, si un ordenador tiene entre sus usuarios habituales un niño, es conveniente que un adulto instale y configure un programa para control paterno o control parental de la navegación que impida al niño visitar páginas Web no adecuadas a su edad o que puedan mostrar contenidos pornográficos, violentos, etc.

Existen múltiples utilidades para evitar que el niño visite determinados sitios Web. Algunas marcas de antivirus suelen comercializar paquetes de seguridad integrados que además de antivirus y firewall incluyen filtros de contenido para control paterno, como es el caso de McAfee Internet Security o Panda Platinum Internet Security. También existen programas especializados para controlar la navegación por parte de padres o tutores, como Custodius Nanny o Control Kids.

Normalmente, estos programas combinan la utilización de listas "negras" públicas sobre sitios porno, con contenidos violentos o de apuestas en línea, con el filtrado de páginas mediante palabras clave relacionadas con los temas que desean bloquearse, y además suelen incluir la posibilidad de personali-

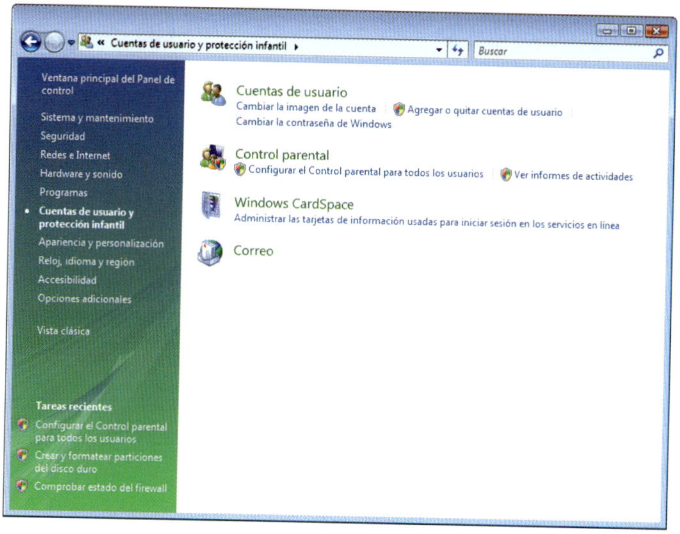

zar esas listas manualmente, añadiendo el adulto directamente los URL de páginas que no desea sean vistas por los pequeños de la casa.

Además, los sistemas operativos han ido incorporando medidas de seguridad para la infancia. Esto es a lo que se suele llamar Control Parental. Windows Vista nos permite crear una cuenta de usuario restringido en la que podemos bloquear el contenido a ciertas páginas Web, a juegos que no consideremos oportunos para menores o a cualquier fichero, página Web que queremos proteger del acceso por parte de menores. Además, el Control Parental también nos permite realizar un seguimiento de actividad de ese usuario (tiempo que ha utilizado en juegos, en Internet, etc.).

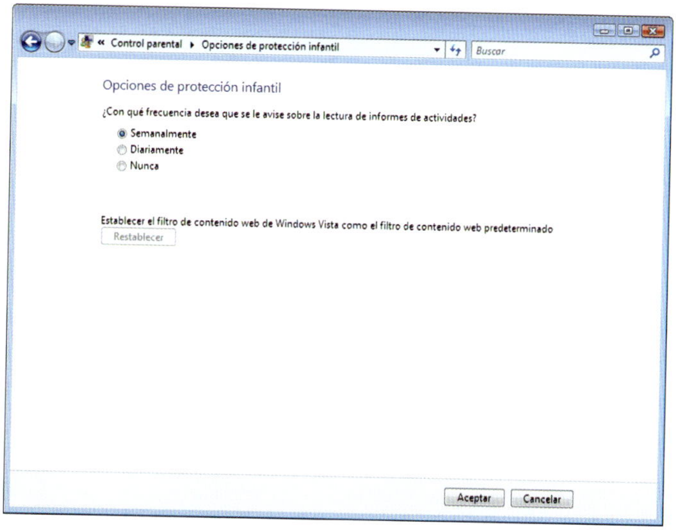

Estas funciones permiten que podamos asegurar el contenido que ven nuestros menores, ya que, si bien es cierto que Internet es totalmente necesario para la educación de cualquier persona, no menos cierto es que abunda contenido poco saludable para los mismos fines.

El uso de Internet para el desarrollo intelectual de los menores, así como para sus estudios hoy en día es fundamental, pero bien podríamos decir que más importante es aprender a usarlo.

Nota

Lógicamente, para poder realizar estas funciones tenemos que estar dotados de la cuenta con permisos de Administrador en el equipo.

Capítulo 8
Internet y la comunicación interpersonal

Chat

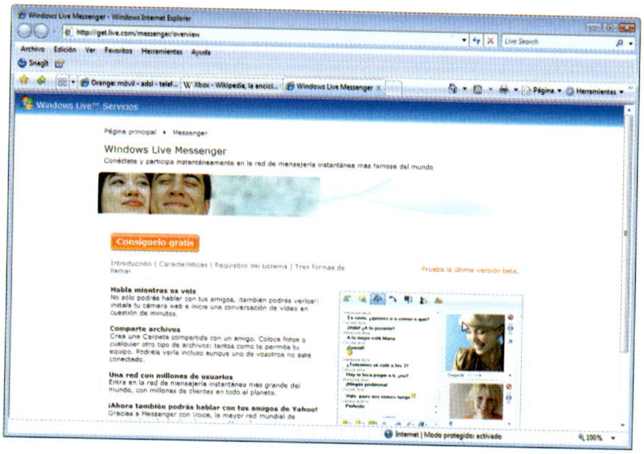

El chat, ha supuesto otra de las revoluciones de Internet con una nueva forma de comunicación interpersonal que rebasa todas las barreras. Básicamente consiste en conversaciones en tiempo real (nuestros mensajes llegan instantáneamente) que se deben llevar a cabo páginas Web habilitadas para ello. Nuestra identidad es un alias (*nickname*) que nos inventamos y que normalmente no especifica nada ni sobre nuestra personalidad ni sobre nuestro aspecto. Este anonimato es la base del éxito de los chats, que ha convertido Internet en la mayor agencia de contactos del mundo. Existen diversos sitios Web en los que podemos chatear, algunos clasificados por temas.

Originalmente, consiste en conversaciones mediante mensajes de texto en tiempo real, y se puede estar chateando con varias personas a la vez ya sea invitando a otros usuarios a una conversación ya iniciada entre dos de ellos, o bien de forma privada con cada uno.

Mensajería instantánea

También existen aplicaciones especialmente diseñadas para chatear. Estos programas de mensajería instantánea han ampliado mucho las posibilidades actuales del chat, de forma que actualmente podemos utilizarlos para realizar videoconferencia y conversaciones de voz, además del clásico intercambio de mensajes en modo texto.

ICQ

ICQ (`www.icq.com`) es uno de los programas de mensajería más veteranos en la Red y con una gran cantidad de opciones. Fue el primero en ser utilizado masivamente en la Red, y además incluye funciones para envío de archivos, videoconferencia y charlas de voz. Existen versiones de ICQ que funcionan en redes Wi-fi y en dispositivos móviles (PDA y teléfonos móviles).

MSN Messenger

El Messenger del portal MSN, de Microsoft, es uno de los programas de mensajería que más usuarios tiene actualmente en todo el mundo. En esta aplicación se puede utilizar como nombre de usuario la dirección de *e-mail* de Hotmail.com o cualquier cuenta de Microsoft Passport, lo cual resulta tan cómodo que ha hecho de Messenger la elección para la mayoría de usuarios de Hotmail.

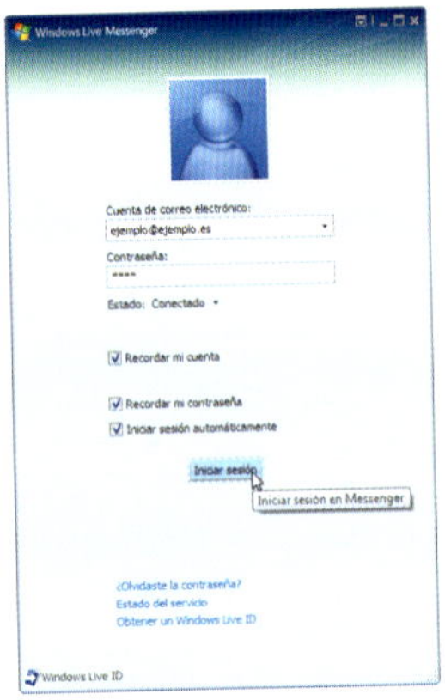

Se trata de un sistema muy similar al chat pero es más personal pues nos comunicamos con conocidos que previamente insertamos en nuestra libreta de direcciones.

La versión más actual, Windows Live Messenger, además de enviar simples mensajes de texto, con Messenger se pueden intercambiar archivos, realizar conferencias de audio y vídeo y colaborar en documentos a través de la Red. Su mayor ventaja es que cuando un contacto está en línea, se puede iniciar instantáneamente una conversación.

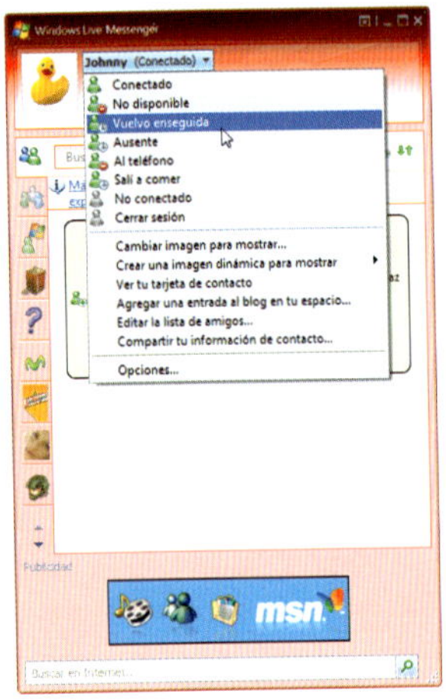

Además, las conversaciones se pueden enriquecer con la utilización de emoticonos, que son pequeños dibujos de caritas con diversos gestos que sirven para expresar emociones cuando la comunicación se realiza mediante mensajes instantáneos de texto.

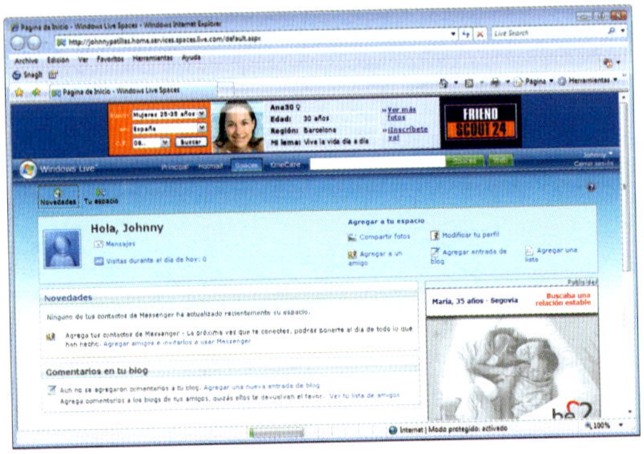

Nota

Windows Live Messenger también pone a nuestra disposición un espacio personal, en el que podemos compartir fotos, archivos, y crear nuestra propia entrada o *blog*, haciendo de nuestro correo electrónico un lugar de encuentro con todos nuestros contactos y abriéndolo a posibles visitas.

Yahoo! Messenger

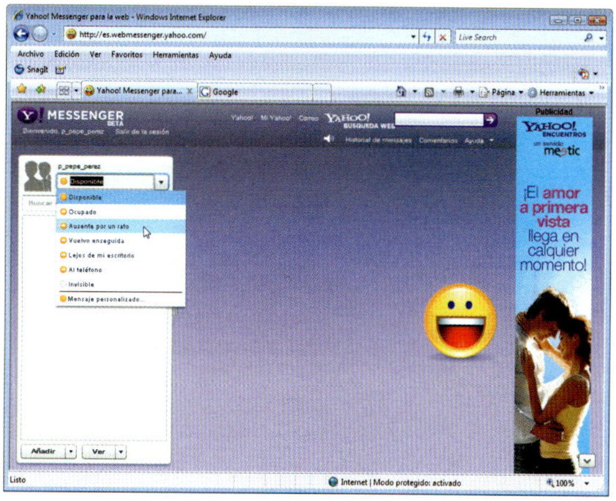

Se trata de otro de los programas de comunicación instantánea más utilizados internacionalmente. El portal Yahoo es uno de los más veteranos de la Red, y sus servicios son reconocidos por su gran calidad. Lo primero que hemos de hacer para utilizarlo es registrarnos para así conseguir una ID Yahoo!, un identificador personal formado por un nombre de usuario y una contraseña. Si así lo deseamos, en el propio proceso de registro se puede elegir que se nos asigne gratuitamente una dirección de *Webmail* Yahoo con ese mismo nombre de usuario y contraseña. Asimismo, podemos utilizar la ID Yahoo! para acceder a otros servicios del portal que también requieran de un registro por parte del usuario. Las características básicas de este Messenger son muy similares a las del resto: conversaciones de voz, videoconferencia, utilización de emoticonos (animados o no animados), envío y compartición de fotos y otro tipo de archivos, personalización visual de la aplicación...

Yahoo Messenger ya es totalmente compatible con Windows Messenger, de modo que con la misma Id podemos compartir contactos y correos.

Pidgin (Gaim) y otras aplicaciones multiprotocolo

En los últimos años han surgido varios proyectos de desarrollo de aplicaciones para mensajería instantánea que superan las barreras y problemas de compatibilidad ofreciendo soluciones software compatibles con la mayoría de los protocolos de comunicación instantánea actualmente más utilizados. Uno de los más famosos es Pidgin (Gaim) (`http://www.pidgin.im/`), debido a su amplia compatibilidad: nos permite comunicarnos, entre otros, con los usuarios de ICQ, MSN Messenger, Yahoo Messenger, IRC y Jabber. No sólo nos facilita la comunicación con amigos que utilicen estos programas, sino que también soporta algunas de las características de cada uno de ellos. Existen versiones de Gaim para Windows, Mac OS y Linux.

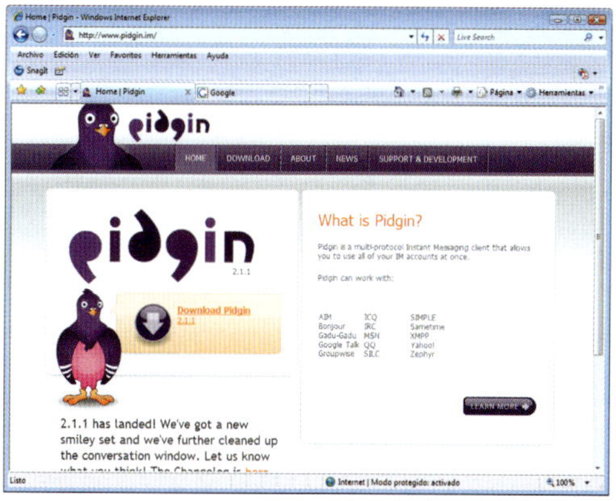

SMS

La otra gran forma de comunicación es la de mensajes a móviles, aunque siempre se debe considerar como un complemento a los teléfonos inalámbricos.

SMS (*Short Message Service*, Servicio de Mensajes Cortos) es un servicio de mensajería a móviles GSM, que consisten en texto de una longitud determinada. Aunque la recepción de este tipo de mensajes en nuestro móvil es gratuita, no siempre es así el envío. Al principio, existían multitud de sitios Web que permitían el envío de mensajes gratuitos a cualquier parte del mundo. Ahora la cosa ha cambiado y muchos de estos servicios son de pago o están muy limitados. En cualquier caso hay numerosos portales que nos ofrecen estos servicios a buen precio y pueden sernos útiles.

MMS

Los mensajes MMS (*Multimedia Message Service*, Servicio de Mensajes Multimedia) además de texto, permiten enviar imágenes y sonido, cuya calidad dependerá del modelo y la marca del teléfono móvil.

Las posibilidades por tanto se multiplican y se crean nuevas formas de comunicación. Estas nuevas posibilidades también son muy grandes si tenemos en cuenta la posibilidad de mandar mensajes MMS desde Internet. También podemos enviar imágenes digitalizadas y sonido que previamente tengamos en disco, con lo que la interactividad entre el ordenador y nuestro móvil es más fluida.

Videoconferencia: Conceptos básicos

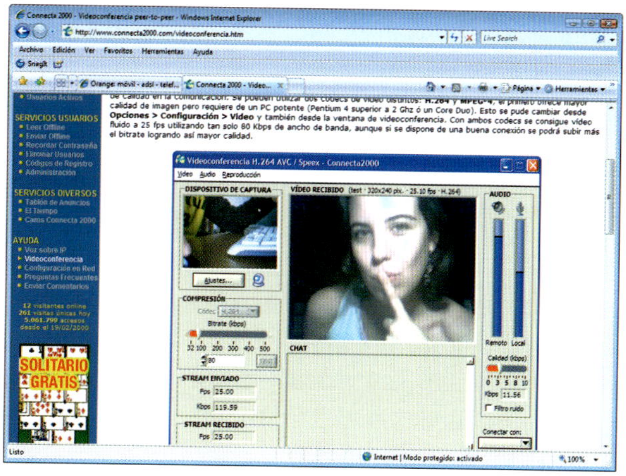

Ya hemos visto varias formas de poder comunicarse en Internet. La base de esta comunicación es nuestra identidad anónima cuando entramos, lo que hace que nos desinhibamos con mayor facilidad que en las comunicaciones cara a cara. Pero si ya conocemos a nuestro receptor o simplemente queremos una conversación más cercana y natural, el sistema de videoconferencia es lo más idóneo. Cumpliendo unos pocos requisitos podemos ver a nuestro interlocutor, y éste a nosotros, estemos en el lugar que estemos, incluso en lados opuestos del planeta.

La videoconferencia, con cada vez más mejoras, puede suponer la comunicación del futuro. Existen varios tipos de conferencia y no todos deben realizarse por medio de dos ordenadores con Webcam.

La comunicación se está convirtiendo en una mezcla de informática, telefonía e Internet, por lo que cualquier sistema de conferencia podrá ser posible a partir de dos ordenadores, dos teléfonos o TV interactiva y cualquiera de sus posibles combinaciones. Todo se podrá conectar y ya existen pruebas de ello: telefonía por ordenador, navegación Web en el televisor, vídeo en el teléfono móvil... y lo que siempre estará presente en cualquiera de estos aparatos es Internet.

Actualmente, si hablamos de comunicación entre dos ordenadores, la videoconferencia consiste en un tipo de comunicación instantánea mediante imágenes y sonido en tiempo real, lo cual quiere decir que vemos y escuchamos a nuestro interlocutor "en vivo y en directo".

Normalmente, para agilizar la transmisión a través de Internet de las imágenes y que podamos vernos y escucharnos sin cortes ni saltos, es decir, de forma fluida, tanto el software como el hardware para videoconferencia genera vídeo de calidad media-baja.

Nota

Evidentemente, existen programas y cámaras capaces de producir vídeo de calidad, pero además de que son mucho más caros que las Webcam domésticas, exigen un ancho de banda muy grande. Normalmente, los usuarios suelen preferir el poder verse y hablar en tiempo real de forma fluida, aunque eso signifique sacrificar calidad de imagen.

Hardware y software necesario

Lo primero que es necesario es una buena conexión a Internet, con una velocidad de transferencia de datos que permita transmitir vídeo y sonido a una calidad aceptable, por lo que las conexiones antiguas y lentas no nos servirían.

Lo segundo más importante es una Webcam, que nos permita capturar nuestra imagen. Las Webcam, como ya vimos, son pequeñas videocámaras digitales, de una calidad suficiente para grabar pequeñas imágenes de poco espacio en disco (para poder enviarlas por la Red) y su precio suele ser muy bajo. También podrían servir muchas cámaras digitales configuradas como Webcam. Si también quisiéramos transmitir sonido, nuestra Webcam debería tener micrófono o deberíamos utilizar uno aparte.

©Copyright Microsoft Corporation

Con respecto al software, existen varios programas que nos servirían para realizar una videoconferencia. Por otra parte, como antes vimos actualmente casi todos los programas de mensajería instantánea incorporan funciones de videoconferencia. Es muy recomendable utilizarlos pues son muy fáciles de configurar y en unos pocos minutos podemos tener todo listo para empezar a disfrutar de la sensación de ver y escuchar a aquellos a quienes tenemos lejos.

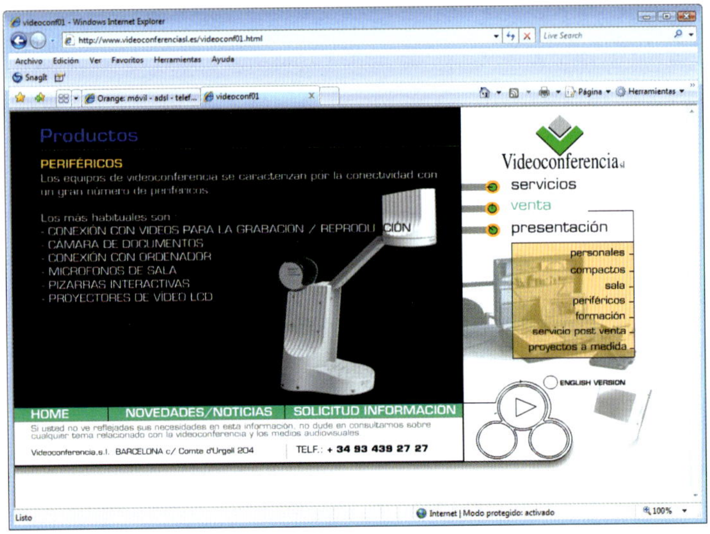

Llamadas PC a PC

©Copyright Microsoft Corporation

Internet, como estamos viendo, ha revolucionado el mundo de la comunicación desde diversos puntos de vista, facilitando las relaciones interpersonales como antes nunca lo había hecho ninguna otra tecnología. Esto también incluye las comunicaciones de voz. Es indudable el enorme ahorro que supone el poder realizar llamadas telefónicas a cualquier lugar del mundo utilizando Internet ahora que la tecnología ha avanzado lo suficiente como para alcanzar una muy buena calidad en las conversaciones de voz a través de la red.
De hecho, hoy en día muchas empresas utilizan esta tecnología para su trabajo, lo que ha provocado que evolucione todavía más el mundo de las telecomunicaciones.

Existen programas que nos permiten realizar llamadas de PC a teléfono, la mayoría de los cuales ofrecen tarifas mucho más económicas que una conferencia telefónica, pero cuando se trata de llamadas de PC a PC el servicio es totalmente gratuito siempre que se disponga de conexión a Internet.

VoIP (*Voice Over IP*) es una tecnología que permite la transmisión de la voz a través de redes IP, como Internet. Para ello VoIP transforma las comunicaciones de voz en paquetes de datos que viajan a través de la Red utilizando el protocolo IP. Esto es así porque VoIP convierte la señal de voz analógica a un formato digital susceptible de ser transmitido a través de redes de ordenadores. Cuando los paquetes transmitidos llegan a su destino, son nuevamente descomprimidos y transformados a señal de audio analógica.
VoIP posibilita realizar llamadas de PC a teléfono, de teléfono a teléfono y de PC a PC. Hay páginas Web, como `http://www.recursosvoip.com`, con montones de información sobre cómo llevar a cabo estos tres tipos de llamadas, sobre el hardware necesario y sobre los operadores o empresas que proporcionan estos servicios. Nosotros vamos a centrarnos únicamente en las llamadas PC a PC.

Aunque últimamente han mejorado mucho, los programas de mensajería instantánea a veces transmiten la voz en las conversaciones de forma entrecortada, sobre todo cuando la Red está muy saturada. Para solventar esto, podemos utilizar programas de VoIP que se integran con las aplicaciones de mensajería instantánea, como es el caso de Dharma Phone (`www.datavoice.es/DharmaPhone`), el cual se integra con ICQ para mejorar sus funciones de mensajes de voz instantáneos.
No obstante existen programas de mensajería a través de Internet cuyas capacidades son excelentes en cuanto a conversaciones de voz se refiere, como es el caso de NetMeeting y Skype.

NetMeeting

NetMeeting es a menudo el programa de VoIP más utilizado por los usuarios de Windows, pues viene instalado de forma predeterminada en diversas versiones de este sistema operativo. Además de chatear y hablar, permite compartir muchas aplicaciones de Windows.

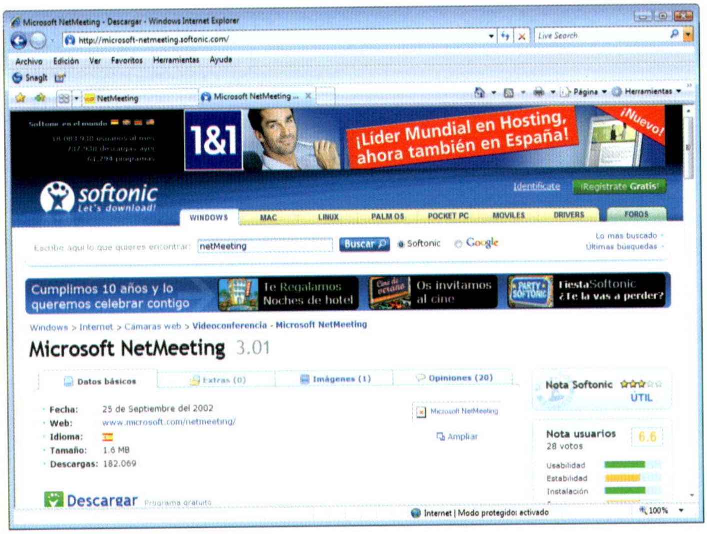

Una interesante utilidad de esta aplicación es su pizarra electrónica, mediante la cual podemos dibujar gráficos sencillos y que los vea nuestro interlocutor. En cualquier caso, podemos encontrar más programas y software para tener disponibles estas funciones en nuestro equipo, pero siempre tenemos que tener encuenta los requisitos de hardware para que funcionen correctamente y sin problemas. Las opciones son muy amplias y van desde software gratuito a paquetes de pago mucho más desarrollados.

> **Nota**
>
> En Windows Vista no viene instalado de serie (al igual que tampoco viene Windows Live Messenger), pero podemos descargarlo de la Web y configurarlo de forma muy sencilla.

Área de encuentro de Windows

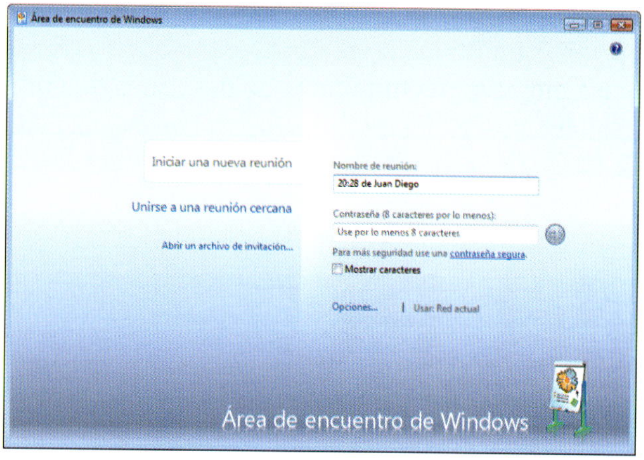

Esta es una opción nueva que incorpora el nuevo sistema operativo Windows Vista. Su funcionamiento es muy sencillo y nos permite realizar reuniones a través de una red interna LAN o a través de una conexión Wi-Fi. Mediante estas reuniones podemos compartir documentos, programas e incluso el propio escritorio. Podemos convocar la reunión e invitar a otras personas, y unirnos a reuniones ya hechas.

El Área de encuentro de Windows se localiza en Iniciar>Todos los programas y su configuración es muy sencilla.

Aunque no podemos hacer llamadas ni videollamadas con él, es un complemento muy bueno si trabajamos con estas tecnologías, ya que nos permite realizar otro tipo de funciones mientras estamos hablando con otra persona. Además, sí nos permite realizar presentaciones a través de un proyector remoto. Todo es cuestión de saber combinarlo con las posibilidades de nuestro hardware.

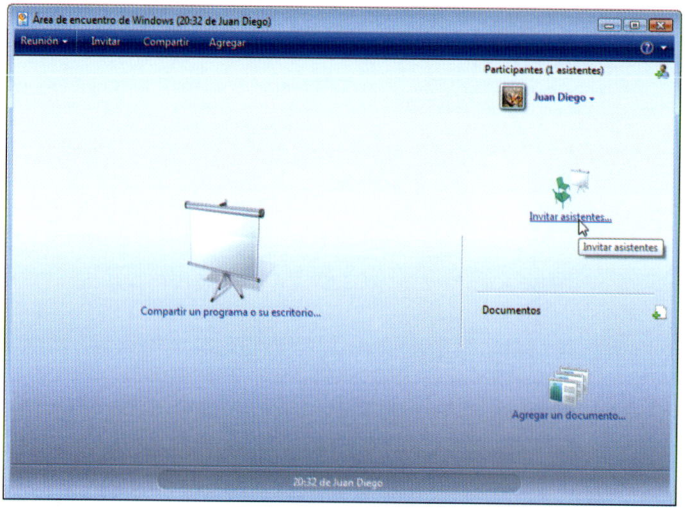

Como decíamos, aunque no es una herramienta definitiva para trabajar en una red, sí es muy útil a la hora de realizar trabajos sencillos, especialemente para usuarios domésticos o incluso para profesionales que tengan una red sencilla. Como siempre, lo mejor es tener estas herramientas y aprender a sacarles partido a cada una en su justa medida, sabiéndolas aplicar para cada caso.

Capítulo 9
Mantenimiento del PC

Utilidades de análisis

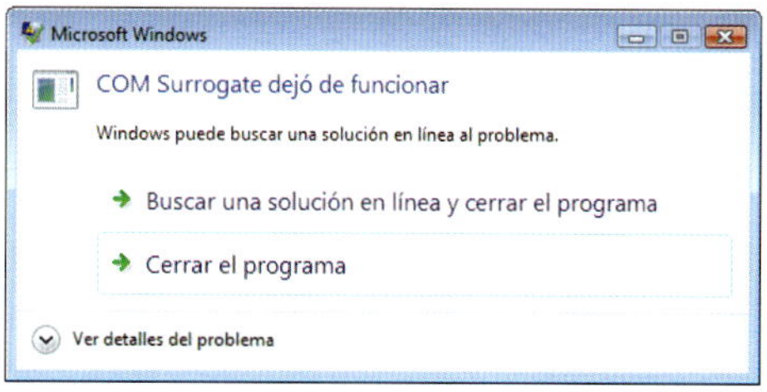

Que nuestro ordenador tenga un buen mantenimiento es fundamental para que el uso de todas las aplicaciones sea cómodo y efectivo. Un ordenador con poca memoria, con el disco duro muy fragmentado o con problemas de drivers o de incompatibilidad entre dispositivos hará que sea difícil ejecutar ciertas aplicaciones, con lo que perderemos gran parte del potencial de nuestro equipo. Además, y aunque no siempre sea imprescindible realizar estas tareas de mantenimiento, siempre son útiles para alargar la vida de nuestro PC y prevenir cualquier posible fallo.

Unas simples nociones básicas nos pueden ayudar a que no tengamos que llevar el ordenador a un servicio técnico, de modo que ahorremos tiempo, dinero y, el mayor inconveniente, no arriesgarnos a perder nada de nuestra valiosa información.

Ante todo hay que decir que una de las cosas más importantes consiste en tener siempre copia de seguridad de los datos ya sea en CD o DVD, ya que hay ficheros que no son reemplazables en ningún caso, y cuya pérdida puede ser un auténtico desastre.

Aunque pueda resultar un proceso largo y en ocasiones algo dificultoso, los sistemas operativos, los programas y otras aplicaciones siempre pueden reinstalarse, pero los datos (ficheros, carpetas, etc.) tienen la mala costumbre de borrarse o dañarse.

En este capítulo vamos a ver unos sencillos consejos para detectar posibles fallos y mantener nuestro equipo al cien por cien.

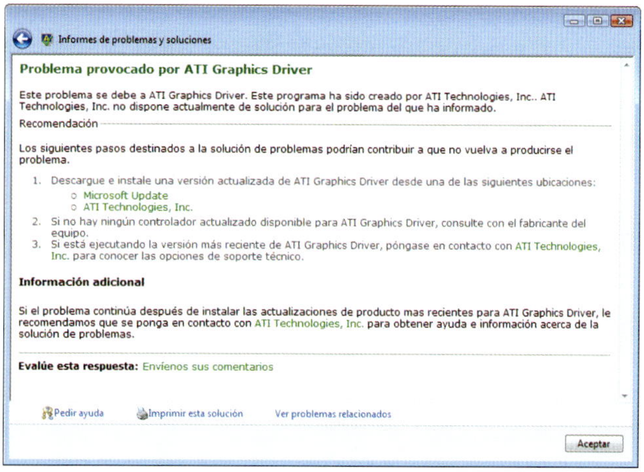

Identificación de problemas

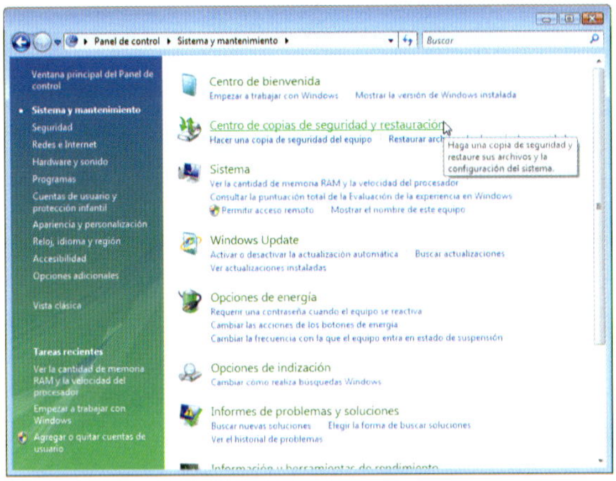

Existen diversas aplicaciones para identificar los problemas que pueda tener nuestro equipo. Por otro lado, las utilidades de optimización nos ayudan a mejorar el funcionamiento del sistema acelerando el arranque y funcionamiento de determinados programas, recursos e incluso el sistema completo.

Existen utilidades muy especializadas, como GameGain (`www.pgware.com`), que optimiza la configuración del ordenador para acelerar el funcionamiento de juegos; y, por otro lado, paquetes completos que agrupan distintas aplicaciones con el objetivo de conseguir mejorar y acelerar el sistema a un nivel más general, como MindSoft Utilities XP (`www.mindsoft.es`) o Norton Utilities (`www.symantec.es`). En cualquier caso, desde el Panel de control de Windows tenemos la posibilidad de acceder a los aspectos más importantes para el mantenimiento de nuestro equipo.

Una de las cosas más importantes consiste en la comprobación de que todos los dispositivos de nuestro ordenador están funcionando correctamente. Un dispositivo que no está bien instalado o que tiene algún problema de incompatibilidades no sólo provocará que no funcione, sino que puede afectar negativamente al funcionamiento del resto del equipo. Para comprobar esto disponemos del Administrador de dispositivos, una herramienta fundamental de Windows que sirve tanto para detectar errores como para solucionarlos, así como para actualizar los controladores de los diferentes dispositivos. Podemos llegar a él a través de la opción Sistema del Panel de control o pulsando **Tecla de Windows-Pausa** para abrir las opciones de sistema.

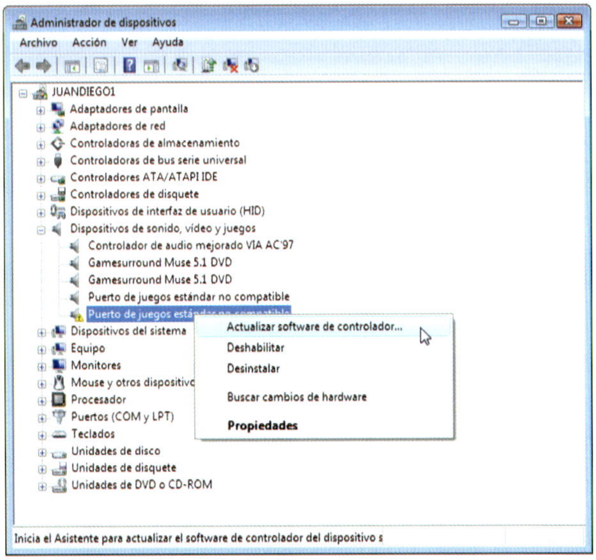

Actualización de drivers

Un *driver* es un controlador de dispositivo, un pequeño programa cuya utilidad es que el sistema operativo reconozca parte del hardware o software y sea capaz de trabajar con él. Son, por lo tanto, utilidades que se integran en el sistema operativo. Normalmente, cuando compramos un nuevo periférico, desde un ratón hasta una grabadora de DVD, suele traer un CD con los *drivers* para los sistemas operativos más conocidos. También podemos conseguirlos por Internet, especialmente en la página del fabricante. Además, el sistema operativo contiene gran cantidad de *drivers* para todo tipo de dispositivos, de modo que en muchas ocasiones un sistema operativo "a la última" hace innecesario instalar manualmente muchos de los controladores.

Nota

Nos sólo es necesario instalar los *drivers* necesarios para el funcionamiento de los componentes: conviene tenerlos siempre actualizados. Muchos de ellos son mejorados por los fabricantes periódicamente para su mejor funcionamiento y mayor compatibilidad con los sistemas operativos nuevos.

Desfragmentar el disco duro

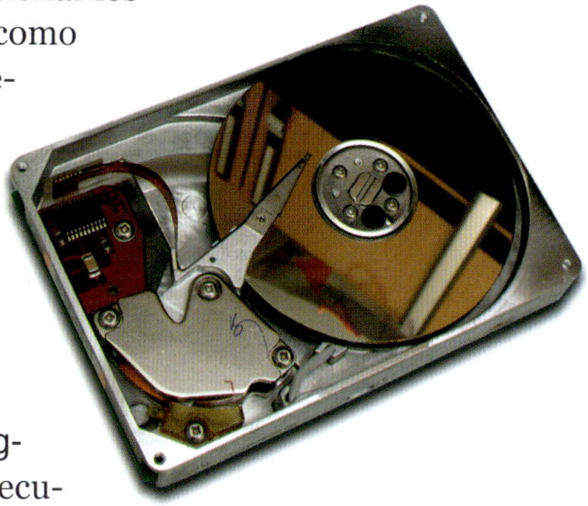

Existen multitud de utilidades para gestionar los discos del ordenador, tanto los duros como los flexibles (disquetes). Este tipo de herramientas vienen por defecto en el sistema operativo que tengamos instalado. En Windows, por ejemplo tenemos el Desfragmentador de disco, que redistribuye los datos en el disco duro. Se abre mediante el menú Iniciar>Todos los programas>Accesorios>Herramientas del Sistema>Desfragmentador de disco, y es conveniente ejecutarlo de vez en cuando (sobre todo, después de agregar una gran cantidad de datos o de instalar programas).

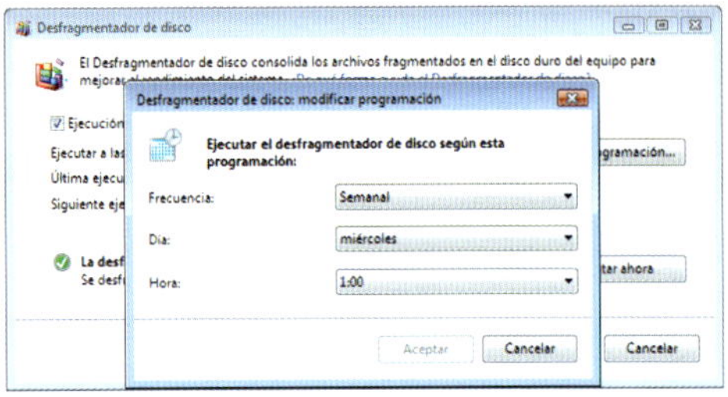

Esta herramienta reordena los datos de forma que sea más rápido acceder a ellos. Con el uso, los archivos, carpetas y otros datos acaban fragmentados, es decir, físicamente "esparcidos" por todo el disco duro. Con la desfragmentación volvemos a reunir esos fragmentos y esto en ningún caso afectará a la ubicación lógica de los datos en el sistema operativo (su lugar en el árbol de carpetas y subcarpetas). Además podemos programarla para que se ejecute periódicamente de forma automática a una hora en la que no se está utilizando el equipo (sólo es necesario que esté encendido), debido a que es una operación que suele tardar bastante.

Información del sistema

Esta aplicación de Windows, también situada en Iniciar>Todos los programas>Accesorios>Herramientas del sistema, es similar a una utilidad de análisis del sistema, pero más básica. Proporciona mucha información pero utiliza términos de carácter técnico que quizás algunos usuarios no sean capaces de comprender. Se trata fundamentalmente de una utilidad enfocada a informáticos y administradores del sistema, más que una utilidad para ayudar al usuario a obtener información sobre su equipo.

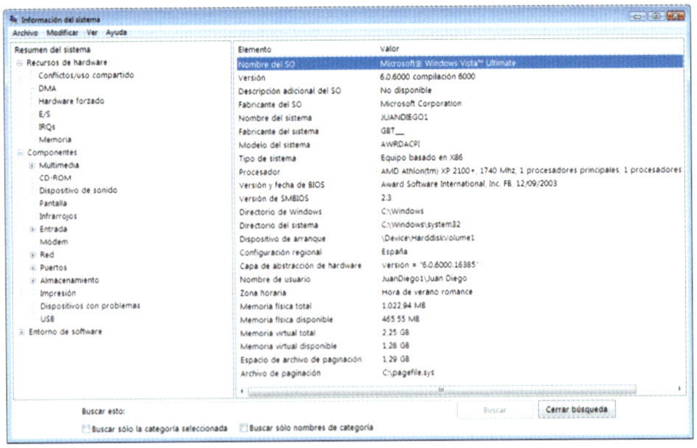

Liberador de espacio en disco

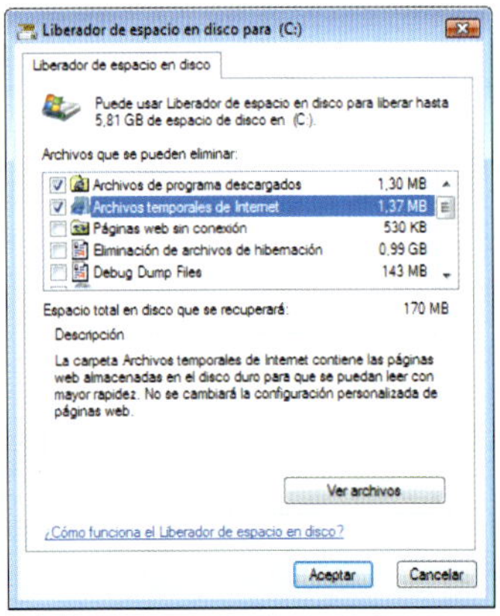

Esta herramienta (Iniciar>Todos los programas>Accesorios>Herramientas del Sistema>Liberador de espacio en disco) es muy útil para ahorrar memoria física de nuestro disco duro. Como todas tiene un sencillo asistente que nos permite maximizar la cantidad de memoria de nuestros discos duros. Podemos elegir el disco y las carpetas en las que queremos liberar espacio. Otra opción consiste en hacerlo manualmente.

Restaurar el sistema

A veces ocurre que, justo después de instalar un programa, un nuevo dispositivo de hardware o un periférico y sus correspondientes controladores, Windows se inicia pero con errores. Puede ser que tarde mucho más que antes en iniciarse, que se quede colgado poco después de hacerlo, o que se inicie en Modo a prueba de errores para alertarnos de que algo ha ido mal y que debemos solucionarlo para que el sistema se inicie correctamente.

> **Nota** El Modo a prueba de errores de Windows es una modalidad de inicio del sistema en la cual Windows sólo ejecuta servicios y aplicaciones básicas, y utilidades limitadas con el objetivo de ayudarnos a solucionar problemas de inicio del propio sistema operativo.

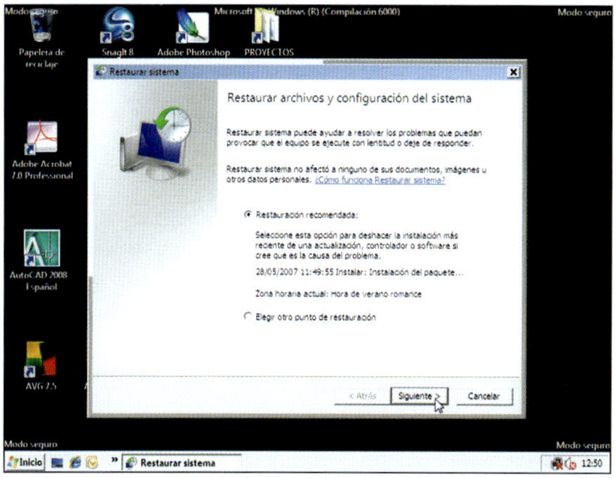

En estos casos existe una utilidad denominada Restaurar sistema (en el menú Iniciar>Todos los programas> Accesorios>Herramientas del sistema), que sirve para que el equipo vuelva a la configuración que tenía la última vez que se inició correctamente. Por tanto, lo que cambia es el sistema operativo, los datos de programas, archivos, etc., no son modificados. Esto quiere decir que tras restaurar el sistema no perderemos los últimos cambios realizados a, por ejemplo, archivos de Word o PowerPoint, los últimos mensajes de correo electrónico recibidos ni ningún otro tipo de ficheros o documentos del usuario.

Esta utilidad supervisa los cambios realizados en Windows y en sus programas y crea, diariamente, puntos de restauración identificados mediante fechas. Además de los puntos de restauración que se generan automáticamente todos los días (y también cuando en el sistema realizamos una acción tal como instalar un programa o un nuevo controlador de dispositivo) nosotros mismos podemos crear puntos de restauración antes de realizar modificaciones importantes en nuestro sistema operativo.

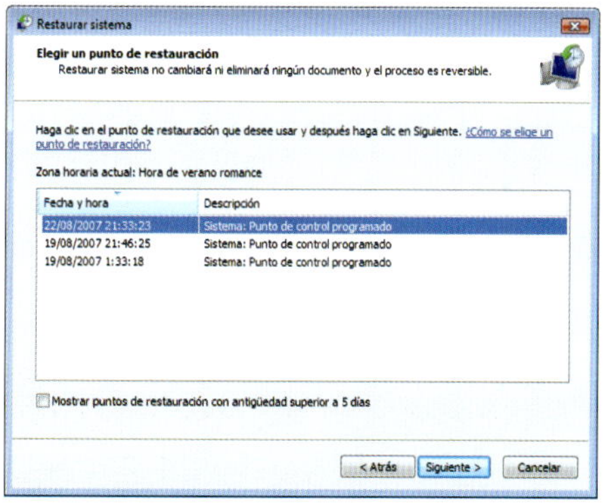

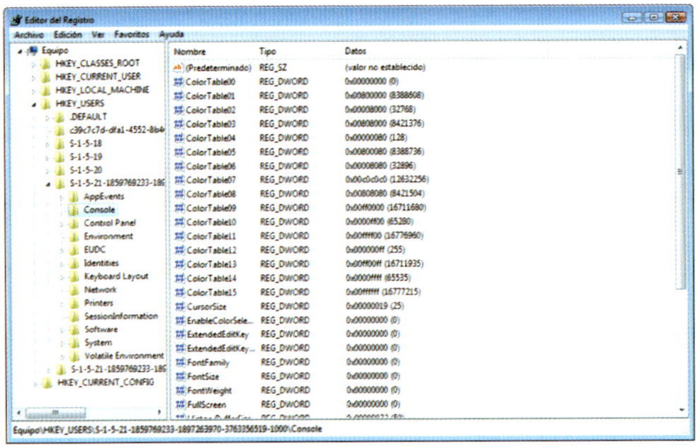

Esto es posible porque el sistema operativo guarda todas las configuraciones en un archivo llamado Registro. Podemos editar el Registro manualmente, pero no es conveniente si no somos administradores avanzados del sistema. De este modo nos aseguramos que ante cualquier cambio en el Registro no deseado, siempre podamos volver a una versión previa del mismo.

Copia de seguridad

La herramienta de Windows para realizar copias de seguridad (Iniciar>Todos los programas>Accesorios>Herramientas del sistema>Estado y confirmación de copias de seguridad) nos ayuda mediante asistentes a la realización de copias de seguridad del sistema completo, de un disco duro o partición de disco determinada, o de una serie determinada de datos que nosotros podemos seleccionar. También facilita la restauración del sistema a partir de una copia de seguridad ya realizada con esta aplicación.

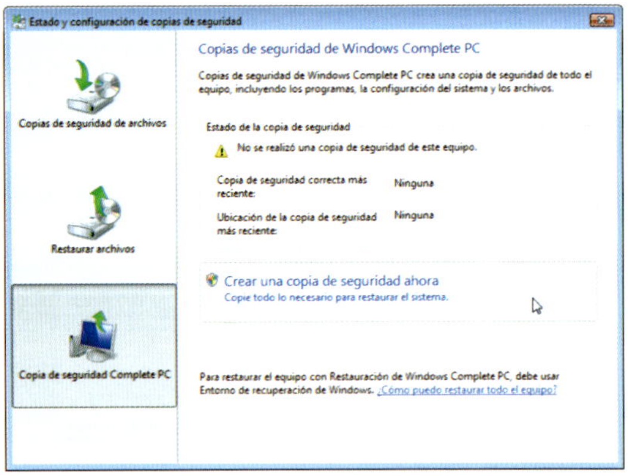

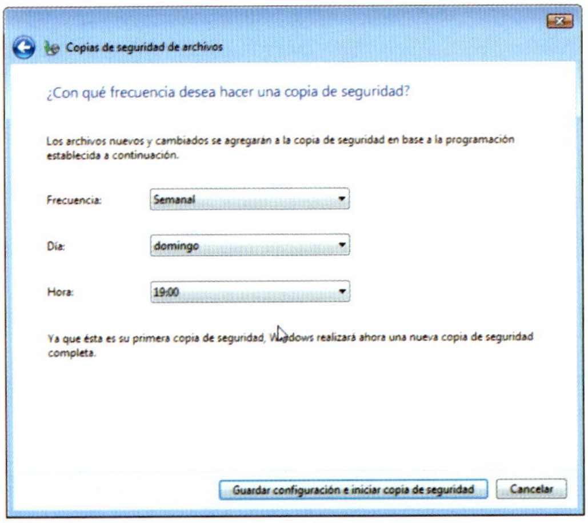

Estas copias de seguridad pueden resultar de vital importancia en caso de que se produzcan daños en el disco que puedan suponer una pérdida de datos, o también en caso de que el sistema operativo no se inicie y sea necesario volver a instalarlo de nuevo. Al igual que con otras aplicaciones del sistema, podemos automatizar periódicamente una copia de seguridad para que cualquier fallo nunca nos pille desprevenidos, manteniendo siempre a salvo en un CD o DVD todos nuestros archivos.

Conviene tener siempre copias de seguridad de los archivos de nuestro equipo o, por lo menos, de todos aquellos que no queramos perder y no podamos recuperar. Podemos guardar archivos, correos electrónicos, imágenes, etc. También podemos hacer copias de seguridad con otros programas de grabación como Nero, que nos ofrecen sencillos asistentes para ello.

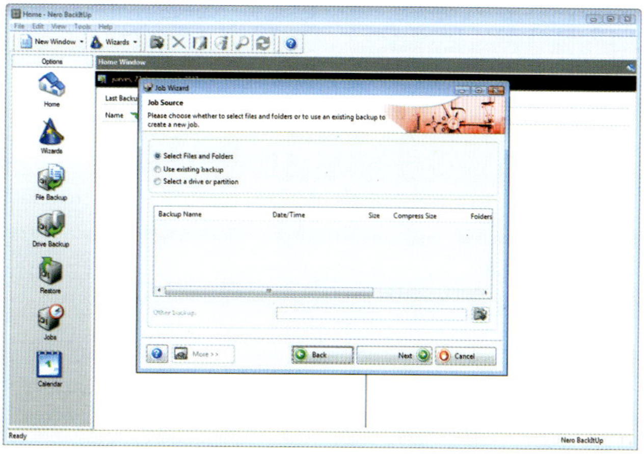

Windows Easy Transfer

La aplicación Easy Transfer (Iniciar>Todos los programas>Accesorios>Herramientas del sistema) es muy útil para realizar una copia completa de todo nuestro PC (o parte del mismo) a otro ordenador. De este modo, cuando vayamos a realizar cualquier operación delicada, o simplemente a formatear el disco duro, podemos hacer un volcado rápido de todos nuestros datos mediante un simple cable de red a otro ordenador.

> **Nota**
> Al contrario que el resto de herramientas que se encuentran en versiones anteriores de Windows (aunque con otros nombre y opciones), Windows Easy Transfer es una aplicación exclusiva de Windows Vista.

Windows Easy Transfer no sólo sirve para hacer copias de seguridad, sino que permite transferir toda la configuración del sistema por si, por ejemplo, queremos trabajar en otro ordenador exactamente igual que lo estamos haciendo en el nuestro. Piense por ejemplo que compra un equipo nuevo. Con esta aplicación puede transferir las cuentas de usuario, los documentos de cada usuario, sus correos electrónicos, contactos, etc., y la configuración personalizada de cada programa.

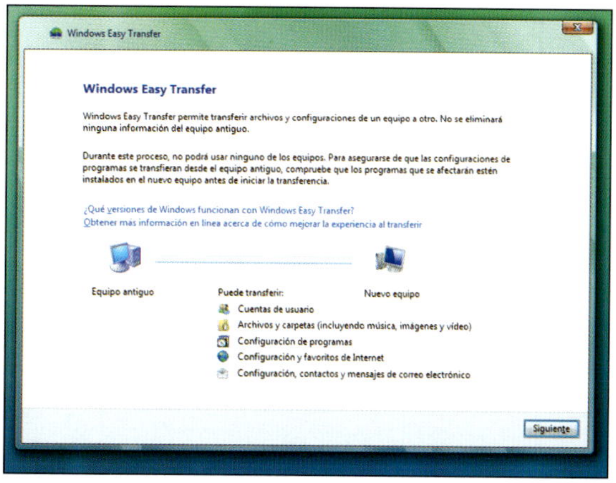

Formatear discos

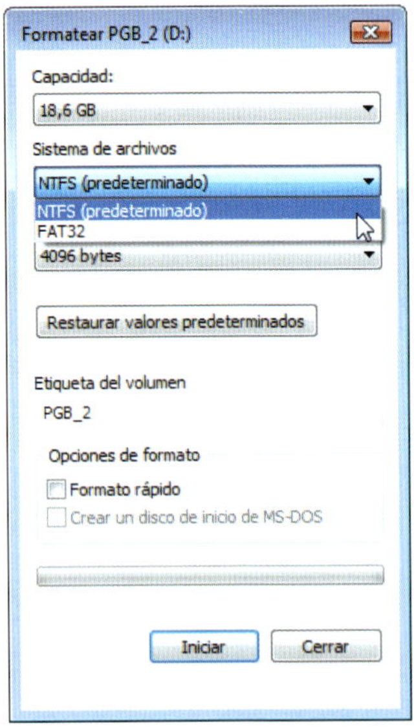

Formatear (o dar formato) un disco duro es una operación muy sencilla pero irreversible en su ejecución: después de formatear un disco duro no podremos recuperar ninguno de sus datos. Cuando formateamos un disco realizamos varias operaciones al mismo tiempo. Por un lado eliminamos todos los archivos y lo dejamos "limpio" (es decir, vacío y sin fragmentar). Pero también podemos elegir el sistema de archivos que vamos a utilizar en el disco (NTFS, FAT o FAT 32).

Conviene formatear periódicamente los discos, especialmente si alguno lo dedicamos a grabar y borrar archivos y programas temporales. Llegará un momento que por mucho que desfragmentemos el disco se haga necesario un formateo o, simplemente, porque tenemos algún programa que está dañando la integridad del sistema y no podemos desinstalarlo, o bien porque tenemos un virus "molesto".

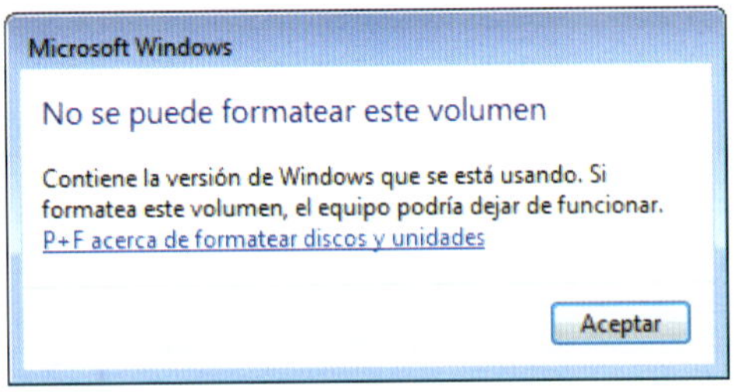

También se hará necesario formatear el disco cuando una vez encontrado un problema en el sistema operativo y, habiendo probado todo tipo de herramientas del sistema, no consigamos resolver el problema. Eso sí, antes de formatear un disco duro, asegúrese de que tiene copia de seguridad de todos los datos. Para ello podemos utilizar la herramienta administrativa que hemos visto con anterioridad: el sistema de copias de seguridad que Windows Vista incorpora.

Formatear un disco duro con datos es sencillo: sólo tenemos que hacer clic con el botón derecho del ratón encima del icono del disco en la ventana Equipo y elegir Formatear...

Nota

Si el disco que vamos a formatear es el que contiene el sistema operativo deberemos proceder de otro modo, ya que Windows no puede formatearse a sí mismo mientras está funcionando. Sólo MS-DOS y otros sistemas operativos antiguos podían, ya que se cargaba en memoria RAM debido al poco espacio que ocupaba.

Particiones de disco

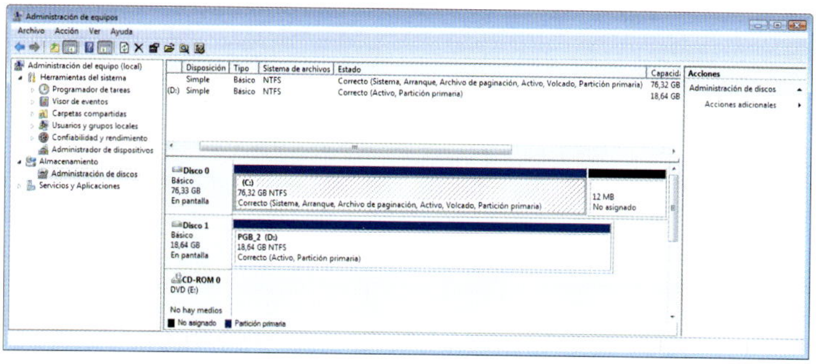

Una partición de disco duro no consiste en otra cosa que en la división del mismo en dos partes o sectores, de modo que el equipo identificará dos discos duros en lugar de uno. Las particiones son muy útiles para dividir el contenido de los discos, especialmente si nuestro equipo sólo dispone de uno. Pensemos que cuando tengamos que formatear, hacer copias de seguridad o reinstalar el sistema, deberemos hacer una copia de seguridad de los archivos. Una forma sencilla es pasarlos a un disco que no va a ser formateado: otra, a una partición. Si sólo tenemos un disco duro, al dividirlo podemos instalar el sistema operativo en una de las particiones y los datos en la otra. De este modo, si hay que reinstalar el SO, bastará con formatear la partición 1, dejando la partición 2 intacta.

Reinstalación del sistema operativo Windows Vista

En ocasiones puede ser necesario reinstalar Windows cuando no funciona correctamente y el problema no ha podido solucionarse mediante la utilidad Restaurar sistema. También puede ocurrir que un virus haya afectado al sistema operativo de forma tal que se haga imprescindible una reinstalación para poder iniciar el sistema: esto es así si Windows no se inicia, ni siquiera en el Modo a prueba de errores. En estos casos deberemos proceder a una nueva instalación del SO. Podemos elegir dos opciones:

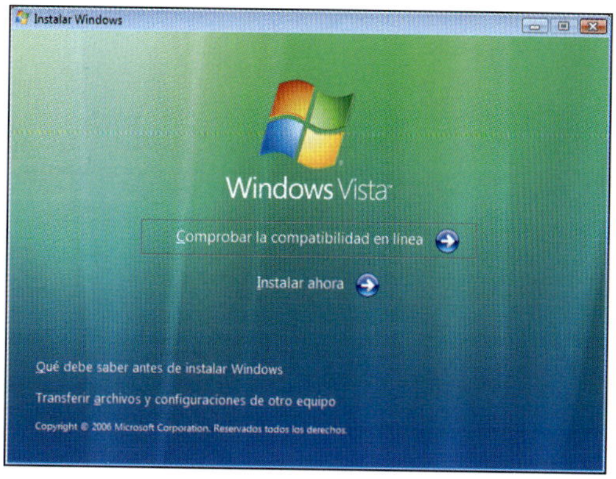

- Reinstalar el sistema.
- Formatear e instalar.

En el primer caso bastará con introducir el DVD original de Windows Vista y esperar el autoarranque del DVD para que se ejecute el asistente de instalación (puede ser que nos pida la confirmación para continuar o que superemos el control de cuentas para saber si nuestro usuario tiene permiso para realizar esta operación).

En el segundo caso tendremos que introducir también el DVD en la unidad lectora y después reiniciar el sistema. Si tenemos elegida la opción en la *Boot Sequence* de la BIOS de que el sistema se inicie desde la unidad de DVD, automáticamente nos aparecerá la ventana de instalación del SO. Si no, deberemos acceder antes a la BIOS (normalmente pulsando **Supr** mientras se reinicia el ordenador) y configurar esta opción.

En ambos casos (reinstalación o instalación nueva) nos aparecerá la ventana de instalación de Windows Vista con un sencillo asistente que contiene las siguientes opciones:

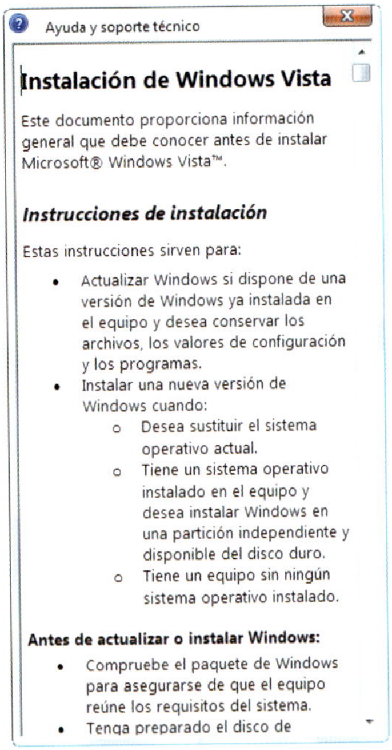

- Comprobar la compatibilidad en línea: Esta opción nos permite saber si hay algún problema de compatibilidad entre Windows Vista y nuestro equipo a través de Internet. También nos permitirá encontrar actualizaciones para nuestro equipo (*drivers*, software) que sean necesarias para la instalación.
- Instalar ahora: Desde aquí iniciaremos el asistente de instalación.
- Qué debe saber antes de instalar Windows: Aquí encontraremos algunos consejos y trucos especificando los requisitos mínimos del sistema para la instalación de Windows Vista.

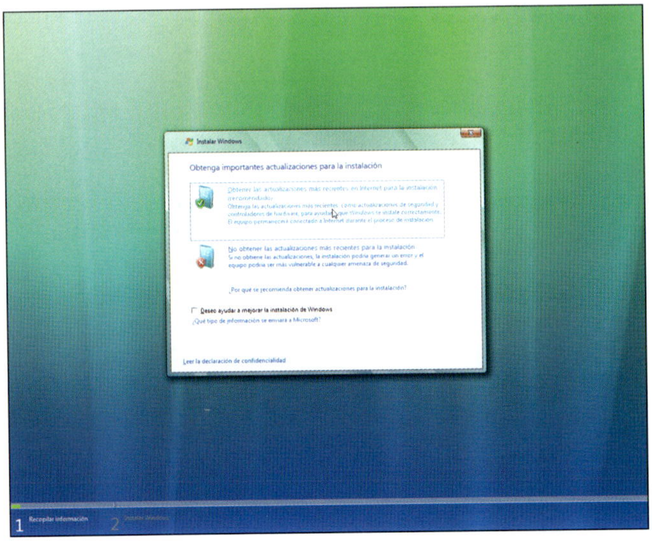

- Transferir archivos y configuraciones a otro equipo: Si hemos olvidado hacer alguna copia de seguridad antes de reinstalar el sistema (o de actualizarlo, por ejemplo de XP a Vista), este es el momento. Windows abrirá Easy Transfer para que podamos pasar nuestros archivos y configuraciones a otro equipo conectado al nuestro y así asegurarnos de que no perdemos ni un solo dato.

Una vez comprobadas todas las opciones, podemos iniciar el asistente de instalación. Éste comenzará recopilando la información necesaria (cargar *drivers* y controladores en memoria RAM) para que procedamos a instalar Windows Vista. También nos ofrecerá la posibilidad de conseguir las últimas actualizaciones del sistema operativo.

> **Nota**
>
> Microsoft actualiza habitualmente sus sistemas operativos con los llamados "parches". Con ellos se consigue solventar los errores que se han encontrado en el sistema con anterioridad y así hacerlo más estable y más compatible con todos los equipos. Cuando la cantidad de estos parches se hace mayor, se lanzan los llamados *Services Packs* (SP), que consisten en una serie de mejoras realizadas sobre el sistema operativo original, normalmente para conseguir que el sistema operativo consiga una mayor compatibilidad con otros programas.

Ahora ya podemos elegir qué hacer. Instalar de nuevo el SO sobre el antiguo (se guardan las configuraciones y los archivos) o formatear el disco y hacer una instalación nueva (perderemos todos los datos del disco o de la partición elegida. Esta opción sólo estará disponible si hemos reiniciado el ordenador). También nos permitirá hacer particiones y elegir la forma de gestionar nuestros discos.

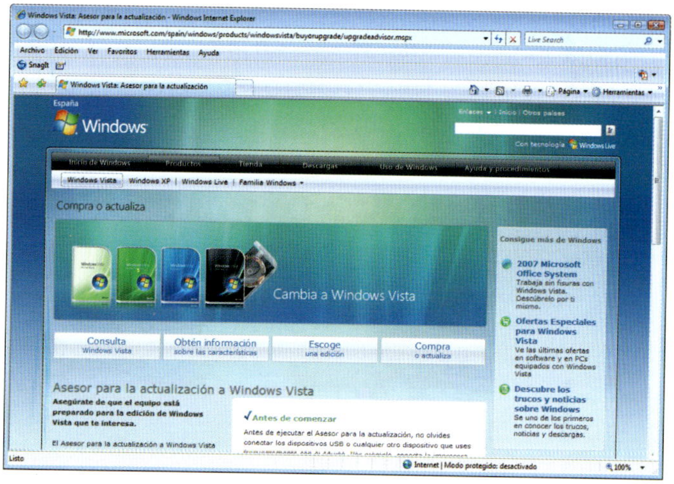

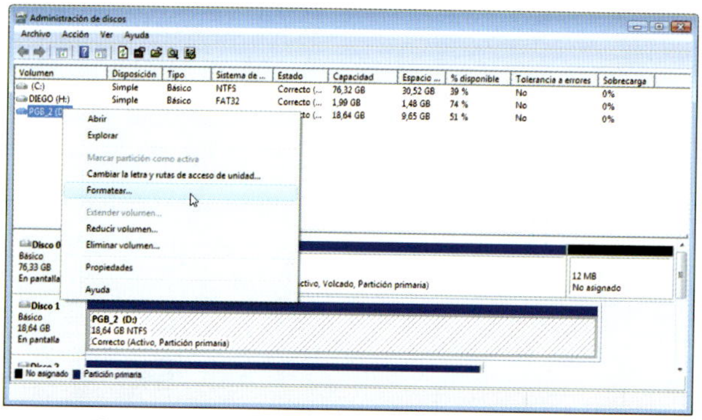

Como decíamos antes, las particiones son una utilidad que no debemos dejar de tener presente, ya que en muchos casos pueden ser muy importantes a la hora de gestionar la memoria de nuestro disco duros y los programas y el software instalado en ellos. En caso de tener más de un disco duro quizá no les encuentre mucha utilidad, pero con uno sólo son muy recurrentes. Además nos permiten también insatlar más de un sistema operativo en nuestro ordenador.

Detectar necesidades reales de actualización

No cabe duda de que a todos nos gustaría tener el mejor ordenador, con todas las nuevas tecnologías a nuestra disposición y los últimos avances en informática a un clic de distancia. Sin embargo, no siempre es necesario tener el ordenador más potente del mercado, porque el mejor ordenador es aquel que satisface nuestras necesidades.

Si tiene montones de dinero, compre lo mejor que encuentre, pero si tiene que ajustarse a un determinado presupuesto, tanto para un ordenador nuevo como para mejorar el que ya tiene, piense bien en qué tipo de cosas necesita hacer con su equipo y busque donde conseguir lo que necesita a buen precio (hay mucha oferta de componentes informáticos actualmente y por eso no siempre es mejor lo más caro).

Qué componentes pueden actualizarse o ampliarse

Siempre llega un momento en que nuestro querido ordenador se nos queda "pequeño". Si este momento ha llegado, aquí tiene los pasos para solucionarlo. Los factores que intervienen en el rendimiento de una máquina son: el procesador, la BIOS, la placa base, la memoria, la tarjeta de vídeo, el disco duro y el CD-ROM o DVD-ROM. Aquí nos vamos a centrar en aquellos elementos más fáciles de reemplazar (si cree que necesita actualizar el procesador, la BIOS o la placa base es mejor que acuda a un servicio técnico profesional).

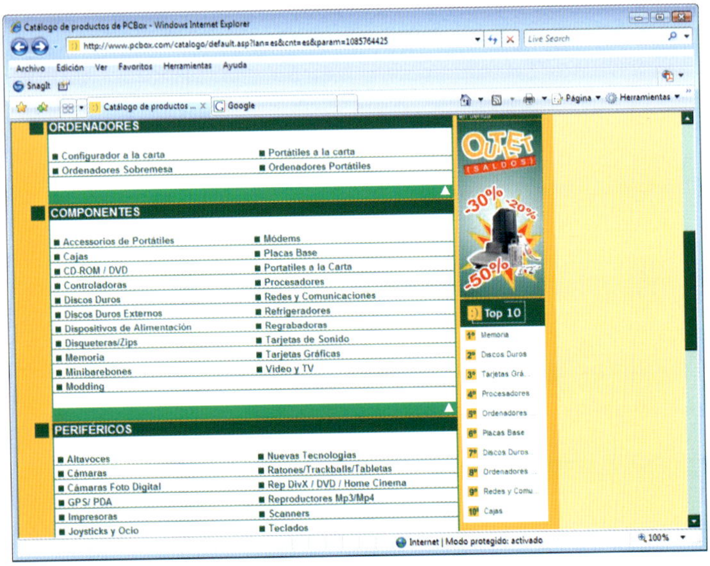

Ampliar la memoria

Los programas y los sistemas operativos más modernos necesitan más memoria, sobre todo si trabaja con varios programas a la vez, con archivos de datos muy grandes, o con programas de Diseño gráfico o CAD. Los módulos de memoria se introducen en unas ranuras que se encuentran en la placa base.

Si no tenemos ranuras libres, podemos quitar módulos antiguos que sean de menos capacidad de memoria. Las ranuras de la placa tienen unos enganches en los extremos que permiten la inserción de los módulos. No debemos forzarlos demasiado, pero sí lo suficiente como para que los módulos queden bien incrustados (normalmente cuando oímos el sonido de un clic).

También es necesaria la memoria RAM para juegos y en general para todos aquellos programas que exigen mucho de la interfaz gráfica. Además, ampliando la memoria RAM podemos dedicar más memoria a nuestra tarjeta gráfica si fuese necesario.

Instalar un disco duro

La capacidad del disco duro no influye directamente en el rendimiento siempre y cuando tengamos espacio libre suficiente para la memoria virtual (espacio en disco que se usa como memoria). Sin embargo cada vez almacenamos en el ordenador archivos de mayor tamaño (muchos programas, archivos de audio, vídeo...) lo cual hace que necesitemos discos de mayor capacidad. Lo primero que debemos comprobar es que tengamos espacio físico dentro del ordenador. Este espacio suele estar encima de la disquetera y puede servir, además de para un disco duro, para una unidad CD-ROM o DVD-ROM o una grabadora. También debemos comprobar el tipo de conexión del disco duro: IDE o SCSI. Las controladoras IDE son las más habituales. Todos los discos IDE están conectados a ellas a través de los cables de datos.

Si mantenemos dos discos duros, deberemos cambiar los *jumpers* de configuración, para que uno sea *Master* (maestro) y otro *Slave* (esclavo). Normalmente los discos llevan una pegatina en la que indican cómo configurar los *jumpers* (o en el manual de instrucciones). El maestro debe ir instalado al final del cable IDE y el esclavo en el centro; la controladora, bien una tarjeta o la placa base, va en el otro extremo.

Procure no forzarlo al introducirlo; siempre será mejor fijarla con 4 tornillos que con 2 muy apretados. Si puede elegir, intente colocarlo en una bahía con buena ventilación por abajo y por arriba.

Conecte ahora los cables: el de alimentación (uno con 4 cables de colores) tiene un bisel que facilita su correcta orientación, así que el mayor problema es que esté algo duro; el de datos tendrá una línea de color diferente (rojo por lo general) en el borde que corresponde al pin número 1, lo que facilita la conexión con el disco duro, que tendrá otra marca identificando dicho pin (si tiene suerte, será un número 1; si no, busque una flecha, un punto u otra marca).

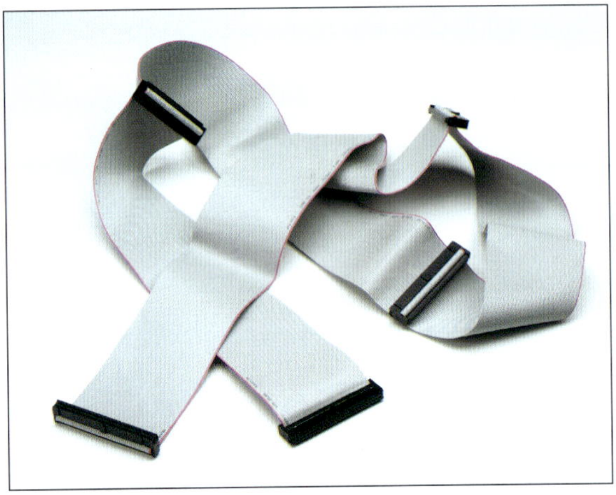

Cierre la caja y conecte todo. Arranque el ordenador y entre en la BIOS. Vaya a la zona de introducción de datos de los discos duros y coloque los correspondientes a cada disco (maestro o esclavo, capacidad, etc.); si su BIOS lo admite, podrá seleccionar "AUTO" para que cada vez que arranque se coloquen dichos valores automáticamente. Esta opción suele llamarse Standar BIOS Configuration en casi todos los ordenadores. De todos modos, tal y como decíamos, casi todos los ordenadores identifican automáticamente los nuevos discos duros y no es necesario realizar esta operación.

Nota: Los *jumpers* son unos pequeños trozos de plástico que los discos duros llevan en la parte trasera. Según la posición en la que se coloquen estas piezas (tapando unos *pines* u otros) el disco duro pasará de ser maestro a esclavo.

Instalación de tarjetas PCI

El resto de componentes (tarjetas de sonido, de audio u otras) se instala a través de tarjetas PCI. Normalmente, ampliar la tarjeta de sonido sólo nos interesaría si somos profesionales del sonido. Cambiar la tarjeta de vídeo es una opción recomendable si trabajamos con complicados sistemas de diseño, infografía (para 3D) o si somos unos fanáticos de lo último en videojuegos.

Estas tarjetas se instalan en la parte posterior del ordenador, porque tienen conexiones que deber dar hacia fuera.

La parte trasera del ordenador suele tener estas ranuras tapadas con láminas metálicas que debemos quitar cada vez que instalemos una nueva tarjeta (el número de ranuras es también limitado).

La inserción de la tarjeta se hace por presión (siempre con cuidado) y se asegura con un tornillo.

Debemos tener cuidado con los conectores de circuitos del lateral de la tarjeta (los dorados que se conectan en la ranura) ya que nuestros dedos pueden estropearlos o provocar fallos de conectividad (y tampoco debemos manipular los chips de la parte superior).

Capítulo 10
Ocio y multimedia

Usos de ocio del ordenador

Desde que los ordenadores se comercializaron entre el público general y no sólo los expertos, una de las funciones más importantes que han tenido ha sido la del ocio digital. Con ellos hemos podido jugar, escuchar música, ver películas, y un largo etcétera de funciones multimedia. Algunos de los primeros "ordenadores" que todos vimos y tuvimos fueron pequeños equipos con un lenguaje BASIC muy sencillo y que nos permitían disfrutar de juegos que ya son clásicos. Todos los que vivimos aquella época no podemos sino recordar con nostalgia ordenadores como los Spectrum, los Amstrad o los Amiga.

Hoy en día todo ha cambiado mucho. Los juegos son espectaculares, las opciones multimedia abarcan una infinidad de posibilidades, y el ordenador se ha convertido casi en un electrodoméstico que ha sustituido a la televisión, al DVD ya los equipos de música. No hay nada que no pueda hacer un ordenador hoy en día.

Nota

Actualmente una de las razones por las que se compran nuevos equipos es única y exclusivamente por sus capacidades multimedia. Gran parte del software básico y sistemas operativos no necesitan una potencia tan abrumadora (especialmente en cuanto a gráficos se refiere). Pero hay que pensar que cada vez los ordenadores son en mayor medida de uso doméstico y no tanto de trabajo o estudio.

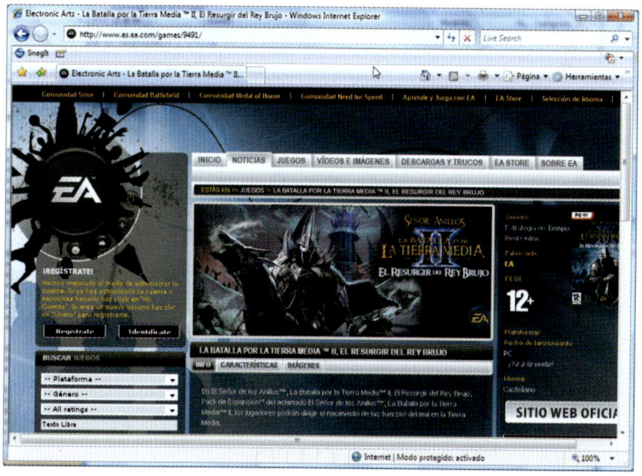

Esta ha sido una de las razones por las que la evolución del hardware y el software ha sido tan rápido en los últimos años. Cada vez le exigimos más a nuestro equipo y a sus prestaciones, con lo que tanto desarrolladores de software como fabricantes de hardware tienen que dar el máximo en innovación para conseguir siempre tener en el mercado las novedades más importantes.

Reproducir música

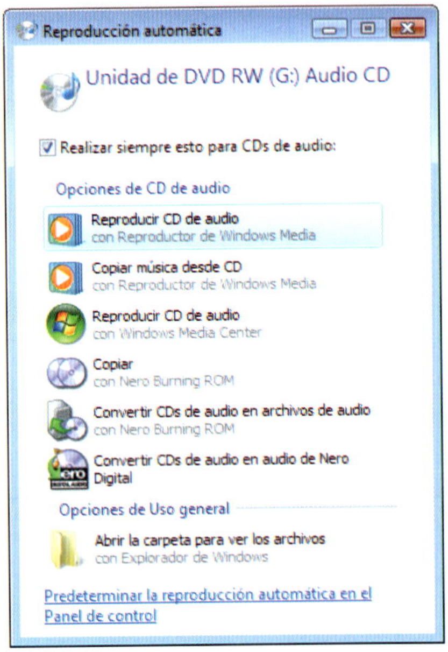

Una de las funciones más comunes que podemos realizar con nuestro PC es la de escuchar música mientras trabajamos. Incluso si disponemos de una buena tarjeta de sonido y de unos altavoces con cierta potencia y calidad podemos incluso sustituir el equipo de música.
El procedimiento es muy sencillo: no tenemos más que insertar un CD de música en nuestra unidad lectora de CD o DVD y automáticamente Windows iniciará la ventana Reproducción automática preguntándonos qué queremos hacer, podemos escuchar el CD, grabarlo y si tenemos algún programa más avanzado, como Nero, alguna opción más.

También podemos reproducir música que tengamos guardada en nuestro disco duro y en cualquier formato. Uno de los más comunes es el `.mp3`, especialmente utilizado por su versatilidad (existen gran cantidad de reproductores portátiles de poco tamaño que son capaces de reproducirlo) y por el limitado espacio de memoria física que ocupan los ficheros creados en este formato.
Al empezar la reproducción se abrirá el Reproductor de Windows Media. Es un programa sencillo pero muy útil, ya que nos permite una gran variedad de posibilidades. Podemos personalizar toda la música de nuestro disco duro por álbumes, intérpretes, tipos, etc., de modo que siempre tengamos nuestras canciones favoritas perfectamente organizadas.

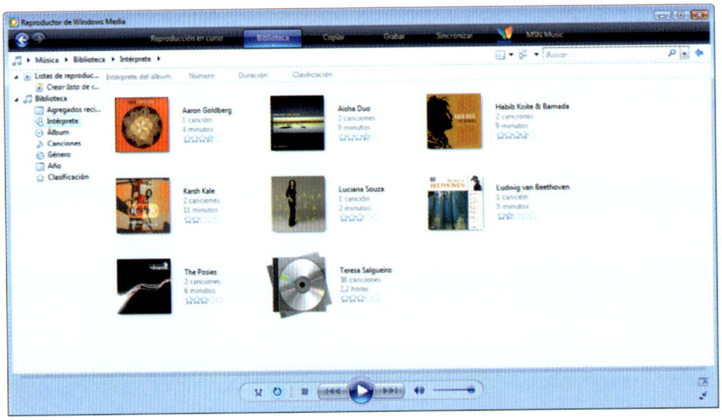

Una de las nuevas ventajas del Reproductor de Windows Media es que podemos minimizarlo en la barra de tareas, de modo que no ocupará prácticamente espacio en nuestro escritorio y siempre podremos manejar sus controles sin necesidad de cambiar de pantalla.

> **Nota**
> Al igual que en otras versiones anteriores del Reproductor de Windows Media, tenemos la posibilidad de maximizarlo, minimizarlo o ponerlo en el conocido "modo máscara". Esta opción nos permite ver el reproductor bajo un diseño moderno y muy personal. Estos diseños del modo máscara podemos descargarlos gratuitamente de la página Web.

Windows Media Center

Windows Media Center es una de las grandes novedades del sistema operativo Windows Vista. A través de esta aplicación (Iniciar>Todos los programas>Windows Media Center) podemos gestionar todo el contenido multimedia de nuestro equipo. Su menú (más o menos como puede ser el menú de un DVD) nos acompaña por una serie de sencillas pantallas muy visuales y desde las que podemos acceder a música, películas, fotografías e incluso televisión.

En caso de que tengamos una tarjeta sintonizadora de televisión o TDT podremos ver la televisión en nuestro ordenador. De igual modo tenemos la posibilidad de escuchar la radio, grabar música, películas, o reproducir cualquier contenido multimedia. Al igual que sucede con el Reproductor de Windows Media, con Windows Media Center podemos personalizar la Biblioteca con nuestra música, nuestras películas y nuestras fotografías preferidas, de modo que siempre las tengamos disponibles y de fácil acceso. Podemos ver nuestras fotos preferidas, hacer presentaciones y realizar cualquier operación con estos ficheros (borrar, guardar, copiar, etc.) sin necesidad de cambiar de menú y de forma muy rápida.

En definitiva, Windows Media Center es el paso definitivo en lo que a software se refiere para convertir nuestro ordenador en una auténtica plataforma multimedia.

Juegos para PC

Como dijimos anteriormente, una de las funciones que hicieron que los ordenadores llegasen al gran público (especialmente al juvenil) fueron los juegos informáticos. Los primeros juegos para PC eran sencillos y con unos gráficos bastante pobres. Actualmente podemos encontrar el polo opuesto: juegos que exigen el máximo a las capacidades de nuestro ordenador.

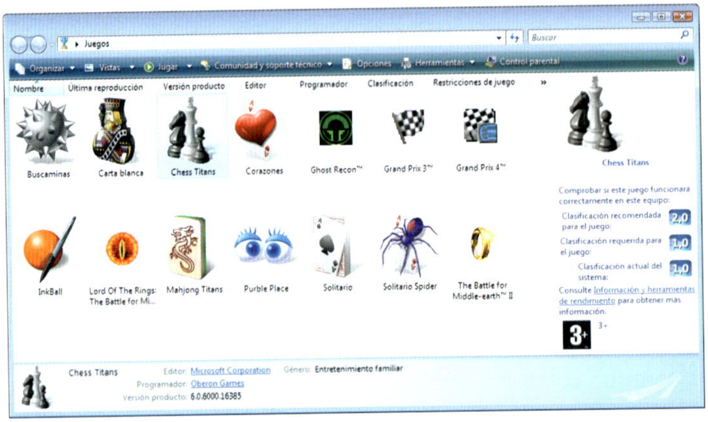

Algo muy importante a tener en cuenta a la hora de utilizar juegos en nuestro ordenador es la tarjeta gráfica que tengamos. Una tarjeta gráfica de poca capacidad hará que no carguen correctamente los juegos o que directamente no puedan reproducir correctamente las opciónes multimedia (vídeos, animaciones, etc.).

> **Nota**
> Siempre que compremos un juego para PC debemos comprobar los requerimientos técnicos que exige. Normalmente suelen llevar en la parte trasera las características mínimas que necesitan para funcionar, así como los requisitos recomendados para que funcionen mejor.

Videoconsolas

Aunque no son propiamente ordenadores, lo cierto es que son componentes informá-ticos que hoy en día nos permiten realizar las mismas funciones de ocio y multimedia que los mejores ordenadores. Con ellas podemos ver películas en DVD, jugar a los juegos más avanzados, conectarnos a Internet y un largo etc. De hecho estas videoconsolas suelen ser más potentes y mejores que los ordenadores a la hora de sacar el máximo partido a nuestros juegos. Algunas de ellas ya valen más que un ordenador, ya que tienen unos componentes de memoria y gráficos muy evolucionados y potentes.

©Copyright Microsoft Corporation

La historia de las videoconsolas se resume en la lucha por el mercado que han mantenido los principales fabricantes de estos elementos: Nintendo, Sony y más recientemente Microsoft. De sus factorías han salido las mejores videoconsolas del mercado. Cada año luchan entre ellos por sacar la definitiva, con más potencia, más prestaciones y con más juegos disponibles. Nombres como PlayStation, GameCube o Wii, constituyen la historia viva de las videoconsolas modernas.

Uno de los fabricantes más famosos, Nintendo, revolucionó el mercado a finales de los años 90 con su pequeña consola de bolsillo Game Boy. Su tamaño compacto y la gran cantidad de juegos, hizo que fuese el juguete preferido muchos niños. Aunque bien es cierto que no tenía ni de lejos las posibilidades que hoy nos ofrecen las videoconsolas, significó todo un avance dentro de las opciones de ocio de la época y, lo más importante, logró introducir el mundo de la informática aplicada a los videojuegos dentro del gran público.

Pero el fabricante japonés siguió evolucionando sus productos en dura competencia con el otro gran fabricante del mismo país asiático: Sony. La dura pugna hizo que los sistemas se fueran mejorando. Después de la Game Boy vinieron nombres como Super Nintendo, Nintendo DS, Game Cube y la más moderna de todas, la Wii.

La novedad de esta videoconsola consiste principalmente en la versatilidad de sus mandos. El usuario no se limita a estar sentado en el sofá, sino que con el mando de la consola emula lo movimientos del juego, de ahí su gran uso para juegos de deportes.

En gran medida este es el futuro de las videoconsolas, no una mera máquina frente a la que nos sentamos enbobados en el sofá, sino un elemento que nos hace cada vez más interactuar de un modo dinámico y más activo, permitiéndonos, además, gozar de todo el contenido multimedia (películas, música, Internet, etc.).

Sony ha sido el otro gran gigante de las videoconsolas. Si bien no tiene tanta historia dentro del mundo de las videoconsolas, lo cierto es que desde su fundación ha revolucionado el mundo del ocio en todos sus aspectos. Estamos hablando sin duda alguna de la empresa que ha avanzado más en muchos aspectos: juegos, cámaras, sonido digital, copiadoras, CD, DVD, y un largo etcétera. Uno de sus grandes inventos fue el Walkman en 1979. Fue el primer casete portátil que nos permitía oír música por la calle. A él le siguieron CD portátiles y la tecnología que los acompañaba (recordemos el sonido Megabass de Sony).

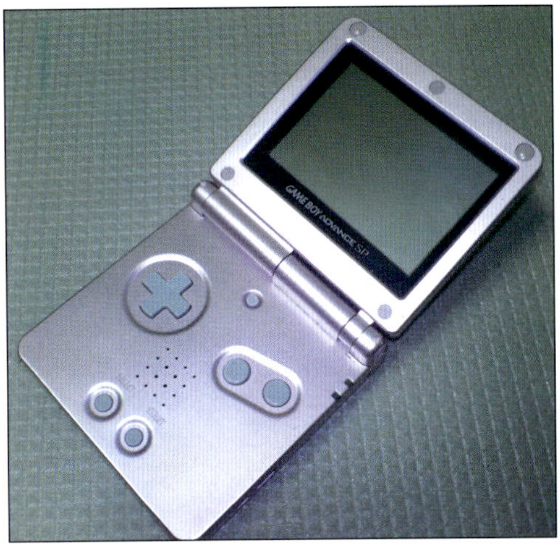

Pero dentro el mercado de las videoconsolas su gran invento no es otro que la PlayStation.

Esta videoconsola fue una auténtica revolución por las grandes capacidades gráficas que tenía. Durante muchos años ha sido el nuevo sueño de niños y jóvenes. Si en otra generación todos los chavales querían la Game Boy, la PlayStation conquistó el corazón de las nuevas generaciones.

Durante estos últimos años hemos visto las versiones PlayStaion2 y la reciente PlayStation3 (a unos 600 euros en el mercado, más que algunos ordenadores personales). Se han ido incorporando mejoras, como la posibilidad de conectarse a Internet (y jugar en red tanto interna como en Internet) y reproducir música y películas en DVD con una gran calidad de audio e imagen.

Al igual que la Wii, lo que pretenden estas modernas videoconsolas es conseguir que el usuario pueda hacer algo más que sentarse frente a un televisor, y tenga un amplio abanico de posibilidades multimedia a su alcance, y todo ello con una sólo máquina y de gran calidad.

Sony, siguiendo su línea de minimizar los tamaños, también dispone de una videoconsola de bolsillo muy demandada en el mercado: la PSP o Play Station Portable. A pesar de su reducido tamaño, la PSP nos permite disfrutar de juegos con gran calidad, escuchar música, ver películas, etc.

©Copyright Microsoft Corporation

Durante los últimos años, Microsoft también ha intentado entrar en esta lucha de los gigantes japoneses dada la gran demanda de estos productos. Su apuesta ha sido la Xbox, una consola que también dispone de toda la potencia necesaria para jugar a los juegos más exigentes y disfrutar de todos los contenidos multimedia.

La Xbox ha ganado adeptos en Europa y Estado Unidos, pero no ha sido capaz de alcanzar el enorme mercado japonés de Sony y Nintendo.

A pesar de todo, goza del respaldo de una de las empresas informáticas más importantes del mundo, como es Microsoft Corporation, lo que la hace una candidata a tener en cuenta si queremos comprar una videoconsola para nuestro hogar.

Nota: La ventaja que pretende ofrecer la Xbox es que, al ser de Microsoft, gran parte de los formatos y archivos son compatibles con los del sistema operativo de Microsoft. Puede reproducir archivos de Windows Media, además de que suele disponer en exclusiva (o por lo menos de su lanzamiento) de los juegos de la marca Microsoft.